国际传播

和 曼 白树亮 才让卓玛 王卫明 著
胡正荣 审定

中国轻工业出版社

图书在版编目（CIP）数据

国际传播 / 和曼等著 . — 北京：中国轻工业出版社，2023.8

ISBN 978-7-5184-4401-4

Ⅰ . ①国…　Ⅱ . ①和…　Ⅲ . ①传播学　Ⅳ . ① G206

中国国家版本馆 CIP 数据核字（2023）第 058435 号

责任编辑：郭挚英　　责任终审：李建华　　整体设计：锋尚设计
策划编辑：刘忠波　　责任校对：吴大朋　　责任监印：张　可

出版发行：中国轻工业出版社（北京东长安街6号，邮编：100740）
印　　刷：三河市国英印务有限公司
经　　销：各地新华书店
版　　次：2023年8月第1版第1次印刷
开　　本：710 × 1000　1/16　印张：13
字　　数：213千字
书　　号：ISBN 978-7-5184-4401-4　定价：39.80 元
邮购电话：010-65241695
发行电话：010-85119835　传真：85113293
网　　址：http://www.chlip.com.cn
Email：club@chlip.com.cn
如发现图书残缺请与我社邮购联系调换
221213J1X101ZBW

推荐序

一起开创国际传播的新格局

2022年10月16日，习近平总书记在党的二十大上强调："增强中华文明传播力影响力。坚守中华文化立场，提炼展示中华文明的精神标识和文化精髓，加快构建中国话语和中国叙事体系，讲好中国故事、传播好中国声音，展现可信、可爱、可敬的中国形象。加强国际传播能力建设，全面提升国际传播效能，形成同我国综合国力和国际地位相匹配的国际话语权。深化文明交流互鉴，推动中华文化更好走向世界。"

其中，"加强国际传播能力建设，全面提升国际传播效能"，"坚守中华文化立场，提炼展示中华文明的精神标识和文化精髓，加快构建中国话语和中国叙事体系，讲好中国故事、传播好中国声音"，是我们开展国际传播活动的重要路径。

"展现可信、可爱、可敬的中国形象"，"增强中华文明传播力影响力"，"推动中华文化更好走向世界"，"形成同我国综合国力和国际地位相匹配的国际话语权"，是我们开展国际传播活动的重要目标，也是我们开展国际传播活动的现实意义。

当然，在个人、企业、政党、政府、国家等层面，国际传播的路径、目标、意义各有不同。结交国际友人，学习国外优秀文化，开展国际贸易，都离不开国际传播。"各美其美，美人之美，美美与共，天下大同。"站在全人类的视角积极开展国际传播，是构建人类命运共同体的必由之路。

在互联互通、大数据、人工智能等传播技术的助力下，国际传播没有我们想象的那么难。国际传播的历史，由来已久。国际传播史上的成功经验，我们可以借鉴。国际传播史上的失败教训，我们应当谨记。不断涌现的国际传播新技术，我们要主动学习、大胆采用。

在刻板成见等传播障碍的影响下，国际传播也没有我们想象的那么容易。"走遍千山万水、说尽千言万语"，是我们开展国际传播活动的工作常态。"想尽千方百计、吃尽千辛万苦”，是我们开展国际传播活动的应有心态。

《孙子兵法·谋攻篇》有言：“知彼知己者，百战不殆；不知彼而知己，一胜一负；不知彼，不知己，每战必殆。”开展国际传播活动，理应“以我为主”，但也应重视对传播主体、受众心理、传播语境、传播手段、传播效果的研究，输出内外有别、因地制宜、因人施策的传播内容，“到什么山上唱什么歌”，如此便有可能取得事半功倍的成效。

在这个意义上，和曼等学者所撰写的《国际传播》，因其兼顾国际传播理论和国际传播实践，就具有了相当的出版价值。

在“百年未有之大变局”之中，让我们群策群力，以强烈的政治责任感和历史使命感，一起开创中国的国际传播新格局吧。

是为序。

胡正荣

2023年5月4日

序

“国际传播”作为一个新词语，是在20世纪80年代由《多种声音，一个世界》引入我国，经过近些年的发展，已经成为一门学科。

国际传播是一门研究什么内容的学科呢？简要来说，国际传播是研究国家与国家之间信息交流的学科。根据研究对象，国际传播主要包括理论和实践两个层面。在我国，理论上，坚持以马克思主义新闻观为根本指导，需要我们认真学习马克思、恩格斯、列宁与中国共产党领导人有关国际传播的重要论述，汇总我国新闻传媒行业优秀编辑、记者关于国际传播实践的宝贵经验，将其理论化、体系化，从西方国际传播中汲取对我们有益的理论知识。实践上，既要把国际传播工作看作一个整体，以系统思维开展综合研究，也要对其具体环节加以细致探讨，以形成中国特色的国际传播学。可以说，这两者就构成了国际传播学研究的具体内容。

国际传播具有怎样的学习价值呢？2010年，我国经济总量跃居世界第二，成为世界第二大经济体，成为名副其实的经济大国。国际交往不断增多，从奥运会到世博会再到冬奥会，从亚信会议到APEC会议再到“一带一路”倡议，我国在世界舞台上扮演着越来越重要的角色。同时也要认识到，我国的国际传播能力还有待提升。目前来看，全世界每天传播的国际新闻中，由美联社、路透社、塔斯社、法新社和合众国际社等世界五大通讯社发布的新闻仍占很大比重，这种信息逆差直接或间接影响了我国参与国际事务的主动权[①]。为了能够更好地传播中国声音、塑造国家形象，需要进一步提高我国的国际传播能力。2021年5月31日，习近平总书记主持中共中央政治局集体学习时强调：“要深刻认识新形势下加强和改进

---

① 高晓虹，赵晨，赵希婧．中国特色国际新闻传播人才培养模式与创新［J］．对外传播，2015（6）：48-51，1.

国际传播工作的重要性和必要性，下大气力加强国际传播能力建设，形成同我国综合国力和国际地位相匹配的国际话语权，为我国改革发展稳定营造有利外部舆论环境，为推动构建人类命运共同体作出积极贡献。”①

怎样做才能提高国际传播的学习效果呢？首先，要有一定的理论积累。如果把国际传播的学习比作建筑高楼大厦，理论就像不可缺少的工具，学好理论如同筑牢大厦的根基，有助于我们进一步理解国际传播的内在规律。关于这个方面，本书介绍了很多国际传播理论，涉及国际传播手段的有符号学理论、文化实践理论、公共领域理论和风险社会理论等，涉及国际传播效果的有社会批判理论、媒介决定理论、议程设置理论和沉默的螺旋理论等，涉及国际传播受众的有直接效果论、有限效果论、创新扩散理论、使用与满足理论等。其次，要关注当前的国际传播实践。虽然国际传播从属于大众传播，但是二者存在明显的差别。大众传播研究的是传播的一般现象和规律，即哈罗德·德怀特·拉斯韦尔（Harold Dwight Lasswell）提出的“5W”传播模式，谁（Who），说了些什么（Says What），通过何种渠道（In Which Channel），对谁说的（To Whom），取得了怎样的效果（With What Effect）；国际传播研究的是国际传播过程中的特殊现象和特殊规律，是依据具体的国际传播实践活动而定的。究其原因，国际传播是一种跨越国界的、跨越文化的传播活动，而不同民族、不同国家拥有不同的习俗、历史等，在接收信息上存在一些差异，因此，不能简单地一概而论，应当针对目标国受众的喜好，制定精准的对外传播策略，以期达到良好的传播效果。再次，要加强国际传播的学术研究，学以致用，只有在学术研究中，才能将所学知识内化为自身的能力。以国际传播的论文写作为例，需要使用恰当的研究方法，比如，内容分析法、文本分析法、个案研究法、文献研究法、比较研究法和知识图谱分析法等，研究方法得当，可以达到事半功倍的效果，研究方法直接决定论文的写作质量。

综上，掌握国际传播的理论知识具有重要的现实意义，不仅有助于完成建设中国特色、世界一流的国际传播学专业的使命——能够在马克思主义新闻观指导下，建设中国特色的国际传播学专业，跻身世界一流专业序列，也有助于培养国际传播专业人才——适应时代潮流，能够讲好中国故事、传播好中国声音的高素质、全媒化、复合型、专家型国际传播人才。②

---

① 加强我国国际传播能力建设，习近平再作部署［EB/OL］.［2021-06-02］. http://politics.people.com.cn/n1/2021/0602/c1001-32120815.html.

② 姜飞. 新时期对未来国际新闻传播人才培养的思考［J］. 新闻与写作，2020（7）：37-42.

目录

上篇 国际传播理论

下篇 国际传播实践

上篇

国际传播理论

第一章

国际传播概论

国际传播不仅是新闻事业的重要组成部分，也是新闻传播学学科开设的一门重要课程。从字面上来看，国际传播课程的英文名称有两个单词：international 和 communication，可以将其直译为在国际社会中所进行的信息传播活动。

立足新闻实践，国际传播需要我们学习有关的国际新闻报道，显而易见的是，这与我们此前所学习的国内新闻报道具有明显差别。两者所关注的对象不同，国内传播是在本国之内进行的新闻传播活动，国际传播是在国家与国家之间进行的信息流通。

有同学会问："国际传播这门课程主要讲授哪些内容呢？"本章主要对国际传播的概念、学术研究现状、研究对象、内容和方法等进行简单介绍。概括地讲，国际传播课程兼具理论性和实践性，是针对国内高等院校新闻传播学专业本科高年级、博士和硕士研究生开设的，不仅要求学生掌握有关国际传播的理论，也要求学生了解现阶段国际传播的实践，以期帮助大家提高明辨性思维能力，学会立足全球视野发现问题、分析问题并且解决问题。

第一节　国际传播的学科性质

国际传播作为传播学的一个重要分支，属于新闻学与传播学的学科范畴。[①]本节主要从学科划分视角出发，介绍国际传播的研究对象、研究内容、研究方法和研究现状。

一、国际传播的研究对象和内容

我们知道，传播学是伴随报刊、广播、电视大发展诞生的一门新兴学科，其研究的主要问题与大众传播媒介密切相关，是信息的点到面的传播中的问题。更进一步来说，传播学研究的是人与人之间的关系，以及与他们所属的集团、组织和社会的关系；研究人们之间的分享信息的关系；研究他们怎样相互影响、受影响等。[②]学者们按照不同标准，将人类社会的传播活动与传播现象进行了不同分类：以传播主体为标准划分，包括人际传播、组织传播和大众传播；以传播内容为标准划分，包括政治传播、经济传播和文化传播等；以传播范围为标准划分，包括国内传播、国际传播和全球传播等。

具体来说，什么是国际传播呢？我们主要从国外和国内两个层面来梳理一下国际传播的概念。

从国外来看，国际传播概念从被提出之时就强调是以国家为主体的跨国交流，美国的国际传播学者罗伯特·福特纳（Robert S. Fortner）将其定义为："超越各国国界的传播，即在各民族、各国家之间进行的传播。"[③]他认为国际传播具有目的性、频道、传输技术、内容形式、文化影响和政治本质等诸多特性。[④]与之持相似观点的有日本的国际传播学者鹤木真，在他看来，"国际传播是以国家社会为基本单位，以大众传播为支柱的国与国之间的传播。"[⑤]西方世界对国际传播概念的理解大体上有广义与狭义两种方式，狭义上的国际传播特指借助大众传媒进行的跨国信息交流与传播活动，广义上的国际传播特指通过个人、群体、政府等多元主体跨越国际边界或文化边界传递价值、态度、观

---

① 程曼丽. 国际传播学教程［M］. 北京：北京大学出版社，2006：1.

② 威尔伯·施拉姆，威廉·波特. 传播学概论［M］. 陈亮，周立方，李启，译. 北京：新华出版社，1984：1.

③ 罗伯特·福特纳. 国际传播——全球都市的历史、冲突与控制［M］. 刘利群，译. 北京：华夏出版社，2000：12.

④ 吴飞，王怡霖. 国际传播研究的新语境［J］. 当代传播，2017（4）：20-22.

⑤ 王君燕. 国家形象的塑造与国际传播——以商务部CNN"中国制造"广告为例［J］. 新闻传播，2010（1）：22-23.

念信息的活动。[①]有学者从概念的再认识出发，认为西方世界从最初的宣传研究演变为国际传播、全球传播、世界传播、跨文化传播、软实力传播等不同概念，并未刻意对相关概念作硬性区分，而是主动把国际传播与全球化、跨文化传播、公共外交、国际政治、国际关系、公共领域等单一领域结合起来进行研究，以强势的姿态强化问题本身的思考。[②]

从国内来看，按照国际传播定义所强调的重点，可以将这些定义分成五种类型。

第一种类型，强调国际传播的主体。北京大学关世杰教授认为，“国际传播是通过政府、组织、个人进行的跨越国界的传递信息过程。”[③]在他看来，政府、组织和个人都可以成为国际传播的主体。与之观点相似的定义有很多，比如，“国际传播是指以民族、国家为主体而进行的跨文化信息交流与沟通。”[④]该定义之所以认为民族、国家是国际传播主体，是站在国家民族的历史发展视角进行观察的。近代中国在向现代化迈进的过程中，国际传播深受“西学东渐”之风的影响，从西方传教士来华创办中文报刊、介绍西学，到我国第一代报人自办报刊、发展新闻实务，国际传播不仅加强了中西文化交流，也推动了我国社会的现代化发展。又比如，“国际传播是以主权国家以及其他国际组织为主体，兼顾各类社会和民间机构与个人等传播主体的跨国传播。”[⑤]与之前的定义相比，该定义将国际传播的主体进行了扩展，包括国家、国际组织、社会和民间机构、个人等。

第二种类型，强调国际传播的特质。“国际传播是一个以大众媒体为载体，力图吸引国外受众的注意，促进国家之间相互理解的跨疆界的信息交流过程。”[⑥]可见，国际传播是一个动态的发展过程，并非是一种静止的状态或一系列行为，它作为大众传播的类型之一，其载体是大众媒体，以特定的国际受众为目标群体进行跨疆界的信息交换。对此，有学者认为，长期以来，我国的国

① 胡正荣，王天瑞．能力与价值：新时代国际传播人才队伍培养的关键［J］．中国编辑，2022（8）：45-51.

② 严功军．全球化转型：国际传播与能力建设再思考［J］．新闻界，2018（8）：84-92.

③ 关世杰．国际传播学［M］．北京：北京大学出版社．2004：1.

④ 叶青青．从中国中心到胸怀世界——“开眼看世界”与近代中国的国际传播活动［J］．新闻爱好者，2010（2）：89-90.

⑤ 王石泉．中国国际传播的挑战与能力建设［J］．新闻记者，2012（10）：83-87.

⑥ 熊慧．解析国际传播研究的若干“迷思”——兼议中国媒体国际传播能力的提升机制［J］．新闻记者，2013（9）：51-56.

际传播基本上属于传统意义上国际传播的范畴，近年来在多种因素的推动下，我国的国际传播正在向大传播，即多主体、多通道、多样式的传播过渡，呈现出新的繁盛景象。①

第三种类型，强调国际传播的功效。郭庆光教授认为，“国际传播是一种通过新闻报道全方位塑造国家形象的活动，具有很强的政治性。”②与之类似的定义比较多，比如，“国际传播是指所有跨越国界或者跨越民族边界的传播活动。”③又比如，国际传播“指称为了打破西方话语垄断，维护国家形象、确保国家利益而进行的国际间的信息交流活动。”④又比如，有学者认为关于国际传播的含义可以从多个维度加以把握，首要维度是国际传播具有鲜明的目的性。⑤又比如，“国际传播是一项带有浓厚政治经济色彩和功利诉求的传播活动。”⑥具体来说，它是以国家战略目标为引擎的跨国传播，宏观上注重战略布局，微观上讲求方法与效果。从本质上看，国际传播是由国家利益所驱动，传播效果的产生与国家战略主导下的传播能力建设是分不开的，它集跨国界、跨文化、跨语言等多种跨界要素于一体，既要遵循一般传播的普遍规律，又有其自身的特殊性。⑦

第四种类型，强调超越功能主义路径，用系统思维来看待国际传播。比如，“国际传播是一种全球行动、一类文化现象和对全球化的一种想象建构。”⑧可见，该定义是从全球传播视角出发，将国际传播视为一种文化交流。又比如，“国际传播是一种跨国界、跨民族的信息交流与分享。”⑨又比如，“国际传播是指不同民族和国家之间各种信息的跨国、跨文化的交流和传播。”⑩

---

① 刘明洋，王景强. 多元与整合：中国国际传播的新趋势［J］. 青年记者，2017（34）：46-47.

② 郭庆光. 打造国际传播力——第二十一届中国新闻奖国际传播奖项评述［J］. 新闻战线，2011（11）：33-35.

③ 王庚年. 中国国际传播的三重境界［J］. 中国广播电视学刊，2013（11）：29-31.

④ 朱戈. 新形势下提升中国国际传播能力路径［J］. 中国出版，2016（8）：11-14.

⑤ 刘琛. 国际传播理论及其发展的主要阶段与反思［J］. 中国人民大学学报，2017，31（5）：112-121.

⑥ 刘燕南，谷征. 我国国际传播受众研究的现状与问题探讨［J］. 现代传播（中国传媒大学学报），2012，34（9）：24-28.

⑦ 刘燕南，刘双. 国际传播效果评估指标体系建构：框架、方法与问题［J］. 现代传播（中国传媒大学学报），2018，40（8）：9-14.

⑧ 沈国麟. 论国际传播研究中的功能主义路径［J］. 新闻大学，2012（2）：37-40.

⑨ 李冰，汤嫣，张梓轩. 主流媒体国际传播的新特点——以新华社Twitter两会报道为例［J］. 新闻与写作，2015（5）：98-101.

⑩ 杨晓菲. 加强中国国际传播能力建设——从里约奥运会中国运动员遭受歧视谈起［J］. 中国广播电视学刊，2016（10）：53-55.

又比如，“国际传播的最终目标是价值观的传播，传播主体将推动其他国别地区群体对本国价值观的认可与共享为目标，通过各种方式推动价值观的全球化。”①

第五种类型，强调国际传播的不同范畴。北京大学程曼丽教授认为，“国际传播是指跨越国界的大众传播。”②该定义是从狭义范围来定义国际传播的，也有学者分别从广义和狭义的范围入手定义国际传播，比如，国际传播广义上指的是通过政府、组织、个人进行的跨越国界的信息传递过程；狭义上指的是超越各国国界的传播，即在各民族、各国家之间进行的信息传播，排除了个人之间的交流或非大众的交流。③又比如，广义的国际传播，包括所有的国家与国家之间的外交往来行为，例如首脑互访、双边会谈、地区间峰会以及其他相关事务；狭义的国际传播，是指在大众传播基础上所进行的国与国之间的传播。④又比如，广义的国际传播，是指通过个人、群体、政府等社会主体跨越被国际社会所承认的地理性政治边界或不同文化群落区隔之间关于价值、态度、观念的信息传递活动；狭义的国际传播，是以国家社会为基本单位，通过大众传播媒介面向他者进行的跨国传播或全球传播实践。⑤

通过耙梳国内外关于国际传播的定义发现，其内涵和外延主要包括三个维度：其一，国际传播的主体是主权国家、跨国组织、社会团体和个人。其二，国际传播的内容主要包括政治传播、学术传播和商务传播。其三，国际传播是一项以大众媒介为渠道的动态文化实践，涉及政治、经济和文化等多个层面。需要说明的是，伴随互联网的普及，国家作为国际传播主体，其在国际交往中的角色开始隐形化，人们将人际传播、组织传播和物际传播等也纳入到国际传播的范畴之中，形成了全球传播。

立足大众传播学的研究视角，国际传播与国内传播虽然具有很大差异，但是最终落点还是传播。一提起传播，我们自然会想到，自从有了人类就有了传播。最早的传播是怎样的情形呢？在人类社会中，最早诞生的是口头传播。远

---

① 蒋东旭，胡正荣. 系统思维与顶层设计：新时代国际传播布局的逻辑与实践［J］. 当代传播，2022（2）：25-28.

② 程曼丽. 国际传播学教程［M］. 北京：北京大学出版社，2006：3.

③ 聂树江. 国际传播如何讲好中国故事［J］. 新闻战线，2016（23）：107-109.

④ 荆学民. 论新时期国际传播的政治维度［J］. 新闻大学，2022（5）：28-35，118-119.

⑤ 张毓强，潘璟玲. 国际传播的实践渊源、概念生成和本土化知识构建［J］. 新闻界，2021（12）：41-55.

古时代，人们以部落的形式过着群居生活。一个部落的人们可能居住在树上，也可能居住在山洞里，还可能居住在自己建筑的茅草屋中。到了晚上，大家为了防范野兽侵袭或者其他部落的侵扰，会安排专人值班。值班员一旦发现有危险，就会在第一时间内大声叫喊，提醒本部落的人们赶紧做好应对准备，确保大家的生命安全。从这个意义上看，自从有了人类也就有了传播。

那么，从何时起产生了国际传播呢？在一些国际传播学者看来，国际传播是随着国家的产生而产生的，因此从时间顺序上讲，国际传播要比传播晚些诞生。国家又是从何时诞生的呢？距今五六千年前诞生了国家，如此说来，国际传播大约出现在距今五六千年前。对此，有同学会问："那个时候还没有现代化的大众传播媒介，人们是如何在国与国之间进行信息流通的呢？"实际上，这个问题涉及国际传播的介质，我们知道，报纸、杂志、广播、电视、互联网等都是传播介质，但是在国家诞生初期，这些传播介质还没有出现，当时人们使用的传播介质大多是就地取材，有动物骨、石头、竹简等。当然，这是从广义视角来理解国际传播，如果从狭义视角来理解，国际传播学界一般认为国际传播是从1835年法国的哈瓦斯通讯社诞生之日起才产生的，这才是真正意义上的国际传播，因为通讯社的出现，加速了不同国家之间的信息流通，首先在金融领域，信息流通变得非常活跃。关于国际传播的产生，如果从19世纪上半叶开始算起，到今天也不过百余年，可见国际传播学的确是一门新兴的学科。

二、国际传播的研究方法

相比国内传播，国际传播的传播过程表现得更为复杂。因为国际传播经常会涉及国际间的文化与经济等很多方面的因素制约，所以我们在进行国际传播的时候一定都要考虑周全。在此基础上，运用多种研究方法，提升国际传播研究的科学性和有效性。下面，我们主要介绍国际传播研究中常用的六种方法。

第一种，比较研究法。对比、比较是学术研究中经常使用的一种方法，它是根据一定的标准，对两个或两个以上具有某种联系的事物进行考察，探寻其异同，寻找普遍规律与特殊规律的方法。比较研究法按照不同标准可以分成不同类型：以属性的数量为标准划分，包括单向比较和综合比较；以时空的区别为标准划分，包括横向比较和纵向比较；以目标的指向为标准划分，包括求同比较和求异比较；以比较的性质为标准划分，包括定性比较与定量比较；以比较的范围为标准划分，包括宏观比较和微观比较。[①]我们可以将国际传播的特殊现象、事件等进行对比发现差异，凸显研究的价值和意义。

比如，《中美环境新闻记者气候报道知识之比较研究——一种第三世界生态批评的阐释》[②]围绕中美环境记者的气候报道知识进行了对比，包括气候变化科学知识指标、正式学校教育以及非正式学习中获取的相关知识、消息来源。经过几个指标的衡量对比后发现，中美环境记者在选择的信源上存在差异；美国记者的非正式学习的能力要比我国的记者强；同时还发现，中美记者因为目前所面临的环境问题不同，所报道的话语也存在差异。

又比如，《社交网络中全球媒体的国际传播效果提升策略研究——基于CGTN和BBC推特账户的比较分析》[③]将研究重点放在全球媒体在社交网络中的国际传播效果，旨在通过对比分析的研究方法，为提升我国全球媒体的国际传播效果提供建议。该文首先将评估全球媒体在社交网络中传播效果的维度以及全球媒体的新闻体系和受众群体相结合，构建出评估框架。其次，选取2017年中未发生主导性国际事件的7月，收集中国国际电视台（简称CGTN）与英国广播公司（简称BBC）Twitter账户发表的新闻帖及引发的所有转发和回复帖共计40余万帖，对比两个Twitter账户在传播广度、深度和参与度上的差别，分别对两个Twitter账户发布的新闻议题以及议题偏重区域、主要受众群体、传播行为等进行分析，从而在媒体的国际传播力、国际引导力、国际影响力上对比两大媒体的不同。通过比较分析，论文提出，提升媒体的国际传播效果，需要扩大新闻聚焦范围以提升国际传播力，培育全球性核心受众群体以扩大国际传播引导力，增强新闻议题社交特征以提升国际传播影响力。

又比如，《比较视野下〈武汉战疫纪〉的国际传播策略——基于YouTube平台的传播效果分析》[④]选取由CGTN、德国之声、BBC三个源自不同国家且拥有较大规模用户的非商业性主流公共媒体制作，与中国新冠肺炎疫情相关且时长大于10分钟的三部高阅读量纪录片为对象，分析其在YouTube平台的传播效

---

① 王卫明. 新闻传播学论文写作理论、方法与案例［M］. 武汉：华中科技大学出版社，2020：68.

② 王积龙，路鹏程，黄康妮，David Paulson.中美环境新闻记者气候报道知识之比较研究——一种第三世界生态批评的阐释［J］. 新闻与传播研究. 2016，23（12）：25-37，126.

③ 罗雪. 社交网络中全球媒体的国际传播效果提升策略研究——基于CGTN和BBC推特账户的比较分析［J］. 电视研究，2018（2）：92-94.

④ 唐俊，雷霖. 比较视野下《武汉战疫纪》的国际传播策略——基于YouTube平台的传播效果分析［J］. 电视研究，2021（10）：89-92.

果。该文通过收集三部纪录片的观看次数、观众态度、评论内容倾向等多个数据指标，对比得出《武汉战疫纪》取得更好传播效果的结论。最后，笔者在此基础上，将导演深度访谈与文本比较分析相结合，探讨了纪录片的生产和传播策略，认为《武汉战疫纪》由于在新闻式生产、两面性叙事和情感传播上表现突出，推动该片在海外社交媒体平台上产生了良好的国际传播效果，为我国重大现实题材纪录片的生产和传播开辟出一条新路径。

第二种，内容分析法。内容分析法是一种对具有明确特征的传播内容进行的客观、系统和定量的描述的研究技术。它作为传播学研究中一种非常重要的方法，包含定性分析法和定量分析法两种类型，前者比较注重对文本讯息相关意义的研究，后者是系统地使用数字来代表讯息的意义，并且引用统计来分析经过测量过程所收集到的文本讯息数据。①

比如，《共情·创新·融合：文化符号与国家话语体系构建——基于“冰墩墩”的社交媒体平台内容分析》②运用内容分析法，以北京冬奥会期间备受关注的奥运吉祥物“冰墩墩”作为研究对象，借助大数据分析软件对冬奥会期间与“冰墩墩”相关的国内外社交平台热门贴文进行分析，以此探析其传播热度、传播内容和情感走向，并根据研究结果提出基于文化符号的国家话语体系再塑策略。研究样本取自国内社交平台新浪微博以及国外社交平台Twitter、Instagram等。样本时间为2022年2月4日至2月21日，样本数据抓取工作使用了Python、八爪鱼等工具。其中在新浪微博的数据抓取依据内容、关键词、图片等条件作加权处理，将“冰墩墩”作为关键词在微博热门类型中检索出301篇帖文；国外社交平台以“BingDwenDwen”“BingDunDun”“冰墩墩”为主要关键词进行样本抓取，得到有效帖文50篇，并对发帖者ID抓取对应评论数据。研究还运用KHCoder、Voyant-Tools、集搜客等文本分析工具对帖文内容进行语义、情感、共现关系等多个层面的解读，进而分析了“冰墩墩”的传播热度、叙述内容和情感基调。研究发现表明：“冰墩墩”是富含极具国际共识的文化符号，“冰墩墩”在社交媒体平台的广泛传播改变了我国原有的“自塑”话语体系，形成了具有共识性的“他塑”话语体系。

又比如，《论“中国梦”的对外传播战略——基于对〈华盛顿邮报〉和

① 王卫明. 新闻传播学论文写作理论、方法与案例［M］. 武汉：华中科技大学出版社，2020：54.

② 薛可，古家谕，陈炳霖. 共情·创新·融合：文化符号与国家话语体系构建——基于“冰墩墩”的社交媒体平台内容分析［J］. 新闻与写作，2022（5）：35-45.

CNN有关“中国梦”报道的内容分析研究》[①]对《华盛顿邮报》和CNN自2012年11月至2013年11月一年间针对“中国梦”的报道内容进行了分析，以期探索“中国梦”对外传播的效果现状，并针对当前情况，在理论政策、媒体建设以及智库资源建设等多个层面提出对外传播“中国梦”理念的战略建议。该文主要从报道主题和消息来源两个方面进行分析，首先是围绕报道主题，《华盛顿邮报》和CNN对于“中国梦”的理解有多重层面：一是经济层面，认为中国梦的本质代表了经济的繁荣，并以此与美国梦进行类比；二是个人层面，认为中国梦是提升个人的生活水平和幸福感；三是政治层面，认为言论自由象征着中国梦；四是认为中国梦或许代表着中国将要在国际社会上发挥更大作用。由此看出，虽然外媒对中国梦含义的理解非常多元，但大多较为片面，需要中国对此进行更详细和具体的传播解读。其次，针对消息来源分析发现，源于中方的消息较少，大多数消息源是西方学者。

又比如，《哈萨克斯坦主流报刊对中国国家形象的建构——基于〈真理报〉2013—2017年涉华报道的内容分析》[②]对2013年1月1日至2017年12月31日哈萨克斯坦《真理报》的涉华报道如何建构中国国家形象进行了探究。该文共收集1385篇有效报道样本，根据新闻来源、报道主题、报道体裁、报道篇幅和报道倾向进行类目划分，并进行编码统计和定量分析。数据分析表明，在新闻来源上，接近半数报道来源于本报记者，三成报道来源于哈萨克斯坦通讯社，超过一成报道来源于新华社等中国主流媒体；在新闻议题上，涵盖经济、政治、文化、社会、军事等多个方面，主要聚焦中国的国际经济议题（“一带一路”倡议、中哈霍尔果斯跨境经济合作区建设等）和国内经济议题（中国网络银行、金融政策等），报道数量占比超过一半，其次是中国政治议题和中国社会议题，中国文化议题和中国军事议题占比最少；在报道体裁和篇幅上，消息是主要体裁，新闻评论占比最少；在报道倾向上，《真理报》涉华报道大多持中立客观的态度，在对中国经济、政治、文化进行报道时多呈现出中立偏正面的态度。研究结果表明，《真理报》涉华报道建构的是中国崇尚和平、敢于担当的政治形象，稳健发展、寻求共赢的经济形象，底蕴深厚、海纳百川的文化形

① 段鹏. 论“中国梦”的对外传播战略——基于对《华盛顿邮报》和CNN有关“中国梦”报道的内容分析研究［J］. 现代传播（中国传媒大学学报），2016，38（8）：30-34.

② 佘世红，黄维媛，萨尔托夫·耶地力汗. 哈萨克斯坦主流报刊对中国国家形象的建构——基于《真理报》2013—2017年涉华报道的内容分析［J］. 新闻与传播评论，2020，73（1）：107-116.

象，日益壮大同时面临潜在威胁的军事形象，发展与问题并存的社会形象。

第三种，个案研究法。又被称为案例研究法，指的是对某一个体、群体或者组织等在较长时间里连续进行调查，重点研究其行为发展变化的整个过程。它通常采用观察、面谈、收集文件证据、描述统计、测验、问卷、图片、影片或者录像资料等方法，如果是在现场收集数据的则称为实地调查。①

比如，《了解国际媒体及受众，做好精准对外传播——国际友城媒体合作问卷调查结果分析》②运用调查问卷的方式了解海外受众的收视习惯以及对浙江的关注点。参与本次调查的受众都是与新闻行业密切相关的人员，通过调查了解到他们日常看电视的方式、时长等习惯，对浙江的信息需求以及关注重点，进而总结出电视新闻应当多注重深度报道；要加强与境外媒体的合作；兼顾不同国家地区的黄金时间；坚持内容为王的同时也要提升受众的观看体验；要打造全民化的外宣平台等。

又比如，《讲好中国扶贫故事的国际传播策略——以中国国际电视台英语频道为例》③主要是以CGTN作为个案，分析讲好中国扶贫故事的国际传播策略。由于CGTN在讲好扶贫故事中取得了不错的成果，故总结了它的几点传播经验以供其他媒体借鉴。首先，立足中国特色社会主义制度与道路的优越性；其次，重塑中国扶贫故事的价值内涵，将扶贫放在国际视野下，为其他国家扶贫提供借鉴意义；最后，通过以小见大的手段来讲述中国故事，为了提高对外传播效果，也要借嘴说话、借船出海。

又比如，《用“国际范儿”舞动“中国风”——网上讲好中国故事的中新网实践》④对中新网构建对外话语体系和叙事体系的实践进行了分析。首先，中新网以举行会议论坛的方式搭建国际线上线下传播平台，邀请多国政要、企业家、专家等进行同台同屏的交流，对于消除国家间隔阂、构建全球抗疫格局发挥了积极作用。其次，中新网注重借力意见领袖来扩大知华友华朋友圈，不仅推出《东西问·中外对话》等系列中英文新闻产品，请外国具有影响力和权

---

① 王卫明．新闻传播学论文写作理论、方法与案例［M］．武汉：华中科技大学出版社，2020：59.

② 王曦．了解国际媒体及受众，做好精准对外传播——国际友城媒体合作问卷调查结果分析［J］．中国广播电视学刊，2020（9）：91-92，122.

③ 邓德花．讲好中国扶贫故事的国际传播策略——以中国国际电视台英语频道为例［J］．传媒，2020（17）：76-78.

④ 俞岚．用“国际范儿”舞动“中国风”——网上讲好中国故事的中新网实践［J］．传媒，2022（2）：63-65.

威性的政要、智库专家等讨论中国热点议题，也联合其他领域培养各界的对外传播领军人才，例如，同金融机构联合启动2021年新金融青年领军者训练营全球招募活动，旨在从金融领域培养知华友华的金融精英，还深度挖掘有中国经历的外国网红资源，打造具有亲和力的对外传播，为中国故事“吸粉”。最后，中新网利用交流与交锋并举的方式展开国际舆论斗争，设置“谎言与真相”议题，让中外嘉宾讨论中国真相和西方谎言，组建“蒋鲤评论工作室”，在海内外社交平台推出创意漫评、英文微评等栏目，打造讲理品牌。

第四种，文本分析法。这是一种根据文本的实际情况进行解析的过程，隶属定性分析法。它通过对文本本身的文字、符号、语境等进行解析、鉴别并进行归类整理，在此基础上挖掘文本的间接的、潜在的动机和效果，具有客观性、系统性和非接触性等特点。①

比如，《国际传播视角下讲好中国故事的“无语别”策略——基于〈与世界说〉的文本分析》②通过分析研究“无语别”叙事策略的基本逻辑，提出重塑国际传播的叙事话语体系。该文的第一部分从典型人物精神观的文化尺度、人类命运共同体思想引领下的价值表达共意、抵达内心的情感动员等，分析“无语别”叙事策略的基本逻辑。第二部分结合《与世界说》提出相关策略，主要有借力新技术构建一体化话语秩序，围绕主题开垦国际青年的价值共识，捕捉燃点提升传播场域的情感张力等。最后一部分进行总结，以《与世界说》为代表的富有创新性的媒介表达形式，经由小切口、个人化的叙述表达，更好地彰显了大国精神和民族担当。

又比如，《国际政治传播中的议程设置——基于2003－2015年〈新闻联播〉国际新闻文本分析》③，首先，明确研究问题：倘若民众对社会现状的看法容易受到国际新闻的影响，那么，我国主流媒体有关国际新闻的议程设置怎样塑造民众对国际社会的认知呢？其次，对《新闻联播》国际新闻政治传播议程设置的效果进行类型划分，分为知晓模式、显著模式和优先模式，通过分析2003年至2015年的新闻文本，研究其关注度、显著性及特殊性。最后，对国际新闻议

① 王卫明．新闻传播学论文写作理论、方法与案例［M］．武汉：华中科技大学出版社，2020：55.
② 孙鸿菲，漆亚林．国际传播视角下讲好中国故事的“无语别”策略——基于《与世界说》的文本分析［J］．当代电视，2022（5）：48-52.
③ 邵梓捷，戴遥遥，徐湘林．国际政治传播中的议程设置——基于2003—2015年《新闻联播》国际新闻文本分析［J］．国家行政学院学报，2016（4）：29-34.

程设置效果进行实证分析，包括运用显著模式进行被强调国家和主题的话语分析，运用优先模式进行国际新闻头条分析等。

又比如，《国际传播中的“概念创造”——基于习近平涉外演讲文本的政治话语分析（2012—2021）》[①]对习近平主席2012年以来的92篇涉外演讲文本进行研究，着重分析中国是如何基于特定的历史、文化和政治语境“创造概念”，构建出融通中外的政治话语。首先，从中国政治话语的历史脉络、概念隐喻和合法性建构分析其研究现状。其次，从历史、社会、文化的维度出发，论述政治话语分析的再语境化。再次，基于中国特定的历史语境、文化语境、政治语境，分析对外政治话语概念的创造与创新。最后，文章指出要在“行省化”的视域下对中国政治话语进行建构，“行省化”的概念从根本上挑战了“西方中心主义”，追求探索多元的政治话语建构路径。文章还指出，中国政治话语的建构与跨文化传播，必须立足于中国实践，从中西比较的视角出发，加强政治问题的全球性、前瞻性研究，力求创造出原创性概念，形成中国特色政治话语框架。

第五种，文献研究法。文献不仅包括图书、期刊、学位论文、科学报告、档案等，也包括有实务形态在内的各种材料。文献研究法，是指搜集、鉴别、整理文献，并通过对文献的研究，形成对事实科学认识的方法。[②]

比如，《近十年国际跨文化传播研究进展的文献计量分析》[③]借助Cite Space软件对2009年至2018年Web of Science数据库中SSCI来源期刊收录的关于跨文化传播论文进行分析，探究近年来国际跨文化传播研究发展的总体趋势、相关研究主题、影响力较大的理论等。研究发现，发表在SSCI期刊上跨文化传播论文数量总体呈现逐年上升趋势，涵盖学科广泛，主要分布于传媒、教育、语言、心理、经济与管理、社会学等领域，一定程度上反映出国际跨文化传播的包容性以及国际学术界对于跨文化传播研究的重视程度。在此基础上，生成的关键词可视化共现知识图谱显示，跨文化传播研究热点主要集中于跨文化教育与留学；跨文化理论、模型、量表和框架；跨文化传播动态、跨文化差异研

① 张广昭. 国际传播中的“概念创造”——基于习近平涉外演讲文本的政治话语分析（2012—2021）［J］. 新闻与传播研究，2022，29（3）：5-18，126.

② 王卫明. 新闻传播学论文写作理论、方法与案例［M］. 武汉：华中科技大学出版社. 2020：61.

③ 史兴松，徐文娟，单晓晖. 近十年国际跨文化传播研究进展的文献计量分析［J］. 全球传媒学刊，2019，6（4）：103-120.

究、跨文化能力等多个主题。该文提取出被引频次不低于30的节点文献共12篇，通过研究发现，在国际跨文化传播领域内，较有影响力的理论包括跨文化能力理论、跨文化敏感度理论、跨文化与外语教学、文化维度理论、高低语境理论、跨文化适应理论等。

又比如，《美国媒体是怎样报道国际新闻的？——对相关研究文献的回顾》[①]梳理了1990年以来《国际传播学学报》关于美国媒体国际报道研究的37篇论文样本。首先，总结了国际新闻在美国媒体中的地位与报道内容特征：在美国，少数精英媒体对国际新闻报道进行把控，驻外记者被视为美国记者中的精英，受教育程度高；在报道内容上，美国的国际新闻偏向硬新闻且在地理分布上明显地不平衡，很少报道发展中国家，更多地报道发达国家。其次，分析了国际新闻与美国外交政策的关联，通过文献分析指出，美国媒体的国际新闻反映本国外交政策，维护自身国家利益。再次，文章指出影响美国媒体国际新闻报道的主要因素还有主导意识形态：当事件越符合某个组织的文化或意识形态标准，就越有可能成为新闻。最后，文章对国际新闻报道的新发展进行介绍，指出几个值得关注的方向：互联网带来国际受众；外籍记者比例增加；国际公关影响媒介内容。

又比如，《新闻传播学领域对"一带一路"倡议的研究——对2013—2019年新闻传播学CSSCI来源期刊的文献分析》[②]对2013年至2019年的15种新闻传播学CSSCI期刊的205篇文献进行研究，总结新闻传播学领域与"一带一路"相关议题研究的主题与方法、问题与观点以及未来发展趋势。首先，在主题与方法上，研究发现大多数文献是建立在经验研究的基础之上，多数文献从"一带一路"相关的媒体报道、出版发行、国家形象塑造等展开研究。其次，在研究问题与观点上，主要分为五点：第一，强调提升我国国际话语权，探寻增强"一带一路"倡议的国际性，提升"一带一路"价值观的普适性和感召力。第二，关于媒体对"一带一路"的报道需要转变思路，继续挖掘"软新闻"或者实现"硬主题软传播"。第三，要充分发挥边疆媒体的作用，依托文化共同点进行传播。第四，在翻译、出版发行方面，要以讲好中国故事作为追求的首

① 陈红梅．美国媒体是怎样报道国际新闻的？——对相关研究文献的回顾［J］．新闻记者，2011（12）：20-24.

② 任孟山，王琳．新闻传播学领域对"一带一路"倡议的研究——对2013—2019年新闻传播学CSSCI来源期刊的文献分析［J］．传媒，2020（6）：37-39.

要目标。第五，要扩展研究视野，加强对非英国家的媒体进行研究。最后，文章根据文献梳理指出未来关于“一带一路”相关研究的发展趋势：针对树立国家品牌形象策略进行研究；从宏观研究转向更加精细的研究，做到一国一策。

第六种，知识图谱法。又被称为科学知识图谱法，是指利用数据挖掘、图形映射、科学测量和信息分析等方法进行构建，揭示知识领域的动态发展规律。运用知识图谱分析方法，可深入挖掘并可视化展示该学科的发展历程、知识结构、前沿领域及热点演进。[①]

比如，《新闻传播学领域“一带一路”研究的知识图谱》[②]基于Cite Space可视化图谱，对2013年至2020年国内新闻传播学领域“一带一路”研究进行文献计量分析，全景式总结其知识结构和知识特征，揭示“一带一路”传播研究的发展趋势和热点主题，并就研究结果反思研究局限，对后续研究提供参考。该研究的数据来源选取自中国知网期刊数据库，以“新闻与传媒”作为文献分类目录限定，“一带一路or丝绸之路经济带or21世纪海上丝绸之路”为主题限定，“2013—2020”为发表时间限定进行检索，剔除不符合条件的文章得出1914条可用数据。然后将筛选的文献题录数据按照发表时间降序排号，导出Refworks格式，并利用Cite Space中的数据转换功能将字段转换为可处理的数据格式。处理完毕的数据导入Cite Space 5.6.R3并设置参数，设置完毕后选择样本文献的作者、机构、关键词等项作为分析对象，进行作者合作分析、机构合作分析、关键词共现分析，最终绘制相应的知识图谱，得出文献作者共现图谱、机构共现图谱及关键词共现图谱。文章还运用了LLR（对数似然比）算法将语义一致的关键词进行归并处理后，生成关键词聚类图谱，归纳热点研究主题。在文献关键词共现图谱的基础上，制作关键词共现图谱时区视图，分析中国新闻传播学领域“一带一路”研究热点随时间的演变趋势。

又比如，《议题、变迁与网络：中国国际传播研究三十年知识图谱分析》[③]对中国国际传播研究30年进行结构化解析与图谱式呈现，对我国国际传

① 王卫明. 新闻传播学论文写作理论、方法与案例［M］. 武汉：华中科技大学出版社，2020：70.

② 赵永华，王睿路. 新闻传播学领域“一带一路”研究的知识图谱［J］. 厦门大学学报（哲学社会科学版），2022，72（2）：88-98.

③ 相德宝，张弛. 议题、变迁与网络：中国国际传播研究三十年知识图谱分析［J］. 现代传播（中国传媒大学学报），2018，40（8）：73-77.

播30年研究热点进行汇总，对国际传播学术共同体建设现状进行梳理，为未来国际传播方向提供参考。该研究使用关键词“国际传播”与“国家形象”在中国知网进行检索，最终得出从1981年至2016年发表的6000篇有效论文。通过Refworks导出包括作者、题目、关键词与摘要等文献数据，运用Cite Space Ⅱ绘制“中国国际传播知识图谱”。在图谱中，关键词用结点来表示，结点越大说明出现频率越高；关键词之间的关系用结点连线来表示，出现时间用结点年轮状结构来表示，内圈表示出现的时间较早，从而直观地反映出我国国际传播研究的热点研究领域。该研究亦将文献数据输入到Cite Space Ⅱ中，将时间切片选为一年，制作出“中国国际传播研究关键词时区图”，直观地展现了中国国际传播研究发展历程。最后，绘制出“中国国际传播研究突变词图表”，分析国际传播研究领域的新趋势和新方向，对国际传播未来可能的研究方向提供参考。

又比如，《“一带一路”新闻与传媒研究的知识经验与趋势分析——基于Cite Space科学知识图谱（2013—2019）》[①]基于Cite Space科学知识图谱，归纳2013年至2019年中国知网中以“一带一路”为主题的期刊文献，对“一带一路”相关研究的焦点与发展趋势进行科学计量和图谱分析，根据结果总结“一带一路”传媒研究的热点议题与研究缺陷，为未来推进“一带一路”倡议的新闻与传媒研究提出多个思考角度。该研究的数据来源是中国知网，选择“一带一路”为主题、篇名和关键词的文献，学科来源为“新闻与传播”，检索时间为“2013—2019”，筛选不符合条件的无效数据后得出1215条有效文献数据，绘制出我国“一带一路”传媒研究关键词共现图、研究作者共现图、研究机构共现图。研究还将“一带一路”图谱聚类信息中包含的及引用与论述频率较高的关键词进行词频统计，制作出“一带一路”新闻与传媒研究关键词聚类信息统计表。通过关键词聚类信息统计表与关键词共现图相结合，归纳总结“一带一路”传媒研究中的热点议题以及侧重点。文章还制作出“一带一路”新闻与传媒研究者信息统计表和研究机构统计表，与研究者共现图及研究机构共现图结合，分析具有较大影响力的研究者之间的关系以及主要的科研知识产出机构。

---

① 谢博闻，张瑜烨，刘儒田．“一带一路”新闻与传媒研究的知识经验与趋势分析——基于CiteSpace科学知识图谱（2013—2019）[J]．中国出版，2021（11）：63-67.

第二节　国际传播的研究现状

在本节中，我们主要介绍关于国际传播的研究现状，按照时间顺序可以将相关研究分为古代、近现代和当代三个阶段。

一、古代关于国际传播的研究

我们已经知道，国际传播从广义上是指国与国之间的信息流通，涵盖的范围比较广泛。早期的国际传播主要是不同国家之间、地区之间的沟通交往，包括贸易往来、使节交换与文化交流等多个方面的信息流动。在西方可以追溯到古希腊罗马时期，比如，古希腊史学家修昔底德撰写的《伯罗奔尼撒战争史》，记录了公元前430年的雅典瘟疫，他在书中描述了一个“陷阱”，即公共危机事件造成的严重后果，需要有一个有分量的人物来承担责任，这个人物不是更高层级的部门审定的，而是危机引发的舆论选择的。[①]在东方可以追溯到两汉时期，比如，西汉的刘向编订了国别体史书《战国策》，包括东周、西周、秦、齐、楚、燕、赵、魏、韩、宋、卫、中山等12国策。

在西方，13世纪时意大利的旅行家和商人马可·波罗来到元朝的首都大都，他所写的《马可·波罗游记》原稿已经遗失，现存最早的版本是由西班牙托莱多教会图书馆收藏的拉丁文抄本，书名是《对世界的描绘》，可以被视作较早的国际传播作品。15世纪意大利航海家哥伦布发现新大陆，同一时期的葡萄牙航海家达·伽马从欧洲绕好望角到印度，开辟出新的航海路线，16世纪葡萄牙航海家麦哲伦完成了人类历史上首次环球航行等，这些冒险都可以被视作较早的国际传播活动。

在中国，可以将进行国际传播的时间向前推进1000多年。公元前2世纪，汉武帝希望联合月氏夹击匈奴，派遣使节张骞出使西域各国。公元7世纪，玄奘从长安出发，经姑臧出敦煌，经新疆及中亚等地，辗转到达中印度摩揭陀国王舍城，最终进入当时印度佛教中心那烂陀寺，于贞观十七年返回长安，前后

---

① 韩立新. 危机传播：突发公共事件的干预和控制——读《伯罗奔尼撒战争史》关于雅典瘟疫的记载［J］. 新闻战线，2020（17）：85-86.

历时17年，他根据亲身经历的所见所闻撰写了《大唐西域记》，是非常珍贵的国际传播历史文献。公元15世纪，郑和担任使团正使，率领船队从福建福州长乐的太平港出发，前后7次远航西太平洋和印度洋，拜访了30多个国家和地区，最远到达了东非和红海。由此可见，人类历史上较早的国际传播活动主要是国家、地区之间的航海探险、经济往来与文化交流等。

二、近现代关于国际传播的研究

19世纪，伴随资产阶级工业革命的完成，生产力获得了空前发展，金融资本逐渐形成，不仅为报业发展提供了巨额资金，还为报业繁荣提供了重要的物质条件。1820年，新造纸法采用氯气漂白造纸原料技术的发明，使得木浆可以充作造纸原料，致使纸张价格下降了近四分之一。[①]随后，双滚筒印刷机、高速滚筒印刷机以及自动连续进纸技术等纷纷亮相，极大提高了报纸的印刷速度，这些都为廉价报纸的快速发展提供了必要的物质条件。1845年，随着电报的正式开通，信息传递变得非常快捷，人类社会步入电子媒介时代。之前主要依靠海运和邮政，比如，一条消息从葡萄牙的里斯本出发，经过印度的果阿到达中国的澳门，至少需要5个月的时间，如果使用电报可以在1个小时之内完成信息传递。[②]到了1850年，英国与欧洲大陆的海底电缆铺设完成，1866年欧洲与美洲大陆的海底电缆铺设成功，自此欧洲与美洲可以互通电报，为超越国界进行新闻传播活动提供了可能性。[③]对此，马克思在《1857—1858年经济学手稿》中提出了著名的经济学命题“用时间消灭空间”，后来被国内传播学界引入，并将其延展为一则“时间完胜空间”的传播学信条。[④]关于“用时间消灭空间”，这是“马克思谈到电报作用的认识。现代商品生产条件下，克服交换和交往方面的空间距离成为一种内在驱动，促使运输和通信手段不断改革。他认为，由于交往革命，资本力求摧毁对交往一切方面的限制，力求超越一切空间界限来创造交换的物质条件——交通运输工具，其本质便是用时间去消灭空

① 童兵. 比较新闻传播学［M］. 北京：中国人民大学出版社，2002：26.
② 程曼丽. 国际传播学教程［M］. 北京：北京大学出版社，2006：5.
③ 同① 27.
④ 陈长松. “时间完胜空间”？对“用时间消灭空间”信条的新闻传播学再思［J］. 编辑之友，2020（10）：67-73.

间。现代新闻传播的时效要求，是这一情形的产物”①。

20世纪上半叶，大众传播学作为一门独立学科崭露头角，这主要得益于众多传播学者所作的理论贡献。1923年德国法兰克福大学建立起社会研究所，在所长马克斯·霍克海默（Max Horkheimer）的带领下开启了法兰克福学派的辉煌历程，以社会批判理论所著称，并且孕育了西奥多·阿道尔诺（Theodor Adorno）、赫伯特·马尔库塞（Herbert Marcuse）、瓦尔特·本雅明（Walter Benjamin）、尤尔根·哈贝马斯（Jürgen Habermas）等多位知名的思想家。1926年，24岁的拉斯韦尔完成了他的博士论文，题目是《世界大战中的宣传技巧》，1927年成书出版，该书对第一次世界大战中的美国、英国、德国、法国等的宣传组织形式和宣传技巧进行了全面细致的介绍。1948年，拉斯韦尔在《社会传播的结构和功能》中提出了“5W”传播模式：谁（Who），说了些什么（Says What），通过何种渠道（In Which Channel），对谁说的（To Whom），取得了怎样的效果（With What Effect）。1949年，克劳德·艾尔伍德·香农（Claude Elwood Shannon）和瓦伦·韦弗（Warren Weaver）在《传播的数学理论》中提出传播过程的数学模式，通过噪声、冗余信息、信息熵、反馈等核心概念，以数学模型诠释了信息发生、传播的基本方式与原理，为传播学理论研究提供了一种简洁的范式。

三、当代关于国际传播的研究

第二次世界大战之后，电视业蓬勃发展，这一时期主要的代表人物是加拿大多伦多学派的师徒二人：哈罗德·伊尼斯（Harold Innis）和赫伯特·马歇尔·麦克卢汉（Herbert Marshall McLuhan）。20世纪50年代，伊尼斯撰写了有关传播学研究的三部著作，分别是《帝国与传播》《传播的偏向》《变化中的时间观念》，提出了帝国论、偏向论和媒介决定论。1964年，麦克卢汉出版了《理解媒介：论人的延伸》一书，他并没有对媒介进行调研或者实验，而是以哲学的、美学的和历史的方式思考媒介，提出了“媒介即讯息”“媒介是人的延伸”“冷媒介和热媒介”等一系列著名论点。在他看来，媒介将世界统一为一个“地球村”，未来是新的

---

① 陈力丹. 马克思主义新闻观名词［J］. 编辑之友，2017（5）：78-89.

世界性社区。[①]麦克卢汉的儿子埃里克·麦克卢汉（Eric McLuhan）也是媒介环境学家，他生前是多伦多哈里斯艺术学院主任，从1964年以来，埃里克开始在报纸和期刊上发表论文，内容涵盖传播学、心理学和修辞学等。在媒介研究中，埃里克出版了三本著作，分别是：《媒介定律：新科学》《传播理论》《媒介和决定原因》，主要是围绕“文艺复兴”，对媒介环境学理论研究应当关注的重点问题进行了探讨。比如，埃里克指出，1845年“文艺复兴”一词第一次出现在英语当中，电报也是在这一年发明的，可以说是媒介技术引发了“文艺复兴”这种文化边界现象，基于此，20世纪和21世纪媒介环境学考察的客体应当包括大规模的位于媒介技术影响下的环境变化。[②]

迈入21世纪，国际传播快速发展，相关研究更加深入，主要体现在三大领域：一是教育界大力推进国际传播学科建设，二是学术界加强国际传播的理论研究，三是传媒界国际传播获得大发展。

首先，教育界国际传播学科的推进情况。20世纪60年代初，国际传播发展成为一门独立的学科。在美国，传播学课程首先设立在硕士课程里面。比如，1971年，美国的美利坚大学国际关系学院率先开设国际传播硕士课程。伴随国际传播这门学科的诞生，研究国际传播的学术组织和团体飞速发展。1946年，联合国教科文组织为促进全世界新闻工作者的培训和新闻问题的研究，提议成立“国际新闻媒体研究所”。1952年，联合国教科文组织将新闻学教育计划分为两类：一类是建立新闻工作者培训中心，另一类是建立一个促进大众传播科学研究的国际组织。1957年，国际大众传播协会正式成立，主要致力于促进媒体和传播研究领域的公众参与，并支持研究人员对地方、国家和全球政策议程以及媒体教育和媒体实践的发展。1978年，联合国教科文组织下属的国际大众传播协会设立国际传播分会。国际大众传播协会在波兰华沙举行了主题为“大众传媒与文化”的会议，决定组建三个新的部门：政治经济学、国际传播、卫星通信与技术。1994年，国际传播分会开始出版《国际传播》会刊，半年出版一期，并且召开国际大众传播协会年会。20世纪末，国际传播开始引入我国，最早是开设国际传播课程的是北京大学国际政治系国际文化交流教研室。1999

① 保罗·莱文森，梁颐．麦克卢汉的研究方法是哲学的、美学的和历史的——对话保罗·莱文森［J］．现代视听，2021（9）：45-49.

② 梁颐，唐远清．埃里克·麦克卢汉媒介环境学研究述评［J］．国际新闻界，2019，41（10）：166-176.

年，北京广播学院成立了国际传播学院，同年清华大学成立了国际传播研究中心。2007年，上海交通大学开始举办全球传播论坛（ICA），2012年在美国的菲尼克斯市举办了ICA专题论坛暨第五届全球传播论坛，这标志着中国传播学界首次走出国门。

其次，学术界对国际传播的理论研究情况。伴随互联网的日益普及，国际舆论格局开始发生巨变，旧有的国际传播秩序日益退出历史舞台，新的国际传播秩序正在重构，为研究学者们提供了新的领域，一些理论成果纷纷涌现，并且被翻译成中文传入国内。比如，2000年，美国加尔文学院罗伯特·福特纳（Robert S.Fortner）教授的《国际传播：地球都市的历史、冲突与控制》，该书系统回顾了1835年以来大众传媒的演变历程，论述涉及政治、经济、宗教、文化等多个方面的知识内容，阐释了国际传播从属于大众传播的观点。2003年，美国普渡大学叶海亚·R. 伽摩利珀（Yahya R.Kamalipour）教授的《全球传播》，该书汇集了全球化的文化含义、国际广播、国际传播的法律和法规等多个论题以及世界上著名传播学学者的观点。2004年，英国威斯敏斯特大学达雅·基山·屠苏（Daya Kishan Thussu）教授的《国际传播：延续与变革》，该书考察了所有发生在社会、经济和政治领域的相关重要论述，是关于国际传播较全面的概论。

在同一时期，国内学者也开始了国际传播理论研究，比如，2004年，北京大学关世杰教授的《国际传播学》，该书对国际传播的理论体系进行了搭建，包括国际传播的历史、国际传播者、受众、信息、渠道以及相关理论等。同年，上海外国语大学郭可教授的《国际传播学导论》，该书是面向研究生撰写的教材，编写思路是“全面回顾、客观评估、突出重点、以我为主”，包括国际传播研究范式、国际媒体、信息流动，并且辅以多个案例分析。2006年，北京大学程曼丽教授的《国际传播学教程》，该书从学科属性界定视角出发，分析归纳了国际传播活动的规律和特征，适应了教学实践对逻辑性、理论性和体系性等多重需要。2013年，中国传媒大学李智教授的《国际传播》，该书将知识层次定位于新闻传播、国际关系等专业的本科高年级学生和硕士研究生，全景式呈现了国际传播学知识版图和谱系。

再次，传媒界国际传播的发展情况。目前，我国进行国际传播的主要媒体有《人民日报》、新华社、中央广播电视总台、《中国日报》、中国国际电视台等。中国国际电视台（CGTN）自开播以来，共有6个电视频道、3个海外分台、1个视频通讯社和新媒体集群，经过多年的运行，在国际传播方面积累了丰富的经验。2019年5月29日，CGTN的女主持人刘欣接受了美国福克斯商业频道的女主播翠西·里根（Trish Regan）的邀约，在节目中进行了16分钟的对话，共同探讨中美关系，引发了网民的广泛关注。随着新技术的发展，我们进入5G时代，智能化、共享化成为未来信息科技的发展趋势。比如，被誉为中国硅谷的深圳，代表着我国信息科技的创新能力，尤其是华强北国际创客中心，是深圳最大的电子产品集散地。深圳经过几十年发展，已经成为以新兴产业为主的高科技发展型城市。全国电子信息产品的新技术最早都是在华强北流行起来的，比如无人机，那里的元器件应有尽有，可以满足全国甚至全世界的制造及生产需求，创业者可以通过数据化资源对接平台实现高效的业务处理，并享受政府专为创业者提供的绿色通道。

由此可见，在国际传播的理论研究、学科教育和媒介发展等各个方面，我国已经做到了与世界同步，因此我们完全可以独立地研究国际传播现象，发挥我们作为研究主体所应有的作用，加速建立中国特色的国际传播理论体系，这也是本书为之努力的方向。

思考题

1. 国际传播研究的对象是什么？
2. 国际传播研究的内容有哪些？
3. 国际传播的研究方法有哪些？请结合近年来的国际传播学术论文列举一两种。
4. 国际传播的研究现状是怎样的呢？

第二章

国际传播的历史

国际传播的历史也是人类文明的历史。英国历史学家阿诺德·约瑟夫·汤因比（Arnold Joseph Toynbee）认为在人类近6000年的历史发展中，文明的存在形式是多样化的，在《历史研究》中他将历史、地缘和宗教作为人类文明的划分标准，确立了古代希腊文明、古代中国文明、苏美尔文明、赫梯文明、巴比伦文明、古代埃及文明等26种文明。以此作为参照，国际传播可以按照不同历史时期与国际传播的不同载体作为标准进行划分，如果粗略地来划分，大致包括四个发展阶段：人类早期的国际传播、机器印刷时期的国际传播、电子媒介时代的国际传播和互联网时代的国际传播。以伊尼斯在《帝国与传播》的媒介分期法为基础，结合当下国际传播学界按照媒介类型进行划分的方法，主要将国际传播的发展历程分为八个时期：埃及文明时期、巴比伦文明时期、希腊文明时期、罗马文明时期、中国纸笔时期、机器印刷时期、电子媒介时期和互联网时期。下面我们就详细地介绍国际传播的发展过程。

第一节　人类早期的国际传播

有同学会问："人类早期的国际传播究竟有多早呢？有没有一个具体的时间节点呢？"这里的"早期"特指国家诞生之日，通过对不同文明古国的国际传播状况进行简要回顾，了解国际传播的演变历史。依照时空观来看，人类传播在时间跨度上有数千年，在空间广度上横亘数万里，要想对其进行全面了解，可以借用“总体场论”的研究方法，即把人类传播的整个发展历史看作一台戏剧，整个世界就是剧组，需要我们探究的就是国家与传播之间的关系以及由此形成的恢宏模式。换言之，学习国际传播需要以大历史观的视角，既要了解人类在不同时代诞生的不同文明，也要了解不同文明所诞生的不同古国。一般认为，国际传播始于国家的诞生。距今6000多年前，世界上出现了国家，中南美洲和欧亚大陆是两大文化区域，前者诞生了玛雅文化、阿兹特克文化以及印加文化，这些都属于原生型文化；后者诞生了古埃及、古巴比伦、古印度和中国等文明古国，随后希腊文化、希伯来文化、波斯文化逐渐兴起。下面，我们主要对埃及文明时期、巴比伦文明时期、希腊文明时期、罗马文明时期和中国纸笔时期的国际传播进行简要介绍。

一、埃及文明时期的国际传播

提起人类文明，我们首先会想到埃及，相比中华文明，埃及文明还要早1000多年。从新闻传播学的视角出发可以发现，埃及人非常关注时间偏向和空间偏向的媒介。有学者认为，埃及君主热衷修建金字塔，他们通过推行与石头相关的知识垄断来增强控制时空的权力，却带给社会沉重的负担，因此无法长久。伴随莎草纸的发明，与复杂文字相关的新型知识垄断随之出现，并且受到宗教权力的支配，使得宗教组织地位不断提升，埃及的政治制度和宗教制度由此发生了巨大变化。

距今五六千年前，埃及人结合恒星天狼星的升降规律与尼罗河的泛滥规律制定出历法。为了记录方便，他们在竹竿上刻下尼罗河每次泛滥的时间，对比之后发现，河水两次泛滥的时间差都是365天，而且每当尼罗河开始泛滥的时候，天狼星与太阳同时从地平线上升起。以此为据，埃及人将每年尼罗河开始泛滥、天狼星开始出现的那一天定为一年之首，每年分为12个月，每月30天，岁末再加5天，全年共365天，这是人类历史上较早的历法。历法是君主权威的重要来源，埃及普通民众的信仰、生活、习俗等都围绕着君主打转，由此形成了统一的王朝，并且为文字发明提供了必要的社会环境。公元前3500年，埃及人发明了由图画发展而来的象形文字，开始使用印章、花瓶等器物来记录君主的名字、战争、政治事件和宗教教义等。这在当时被视为具有神秘力量的智慧代表，称之为“圣书文字”（hieroglyph），值得注意的是，中文没有将其直译为“圣书文字”，而是将其译成“古埃及象形文字”。[①]从埃及第一王朝提尼斯王朝的开国之君美尼斯提出绝对王权开始，埃及文明最初是绝对王权，到了公元前2540年之后，王权逐步衰落，向着贵族、僧侣等组织机构转移，最终由王族权力所取代，特权也开始向着僧侣阶层延伸，在这样的背景下，抄书人的地位不断上升。

在绝对王权向着相对民主的王族权力转移时，传播媒介也开始从倚重石头转至倚重莎草纸。最初主要倚重石头，工匠在石头上契刻文字时需要小心翼翼，一般是形成四方形的文字，直上直下，内容多是记录政治、财经和宗教事宜等。随后转至倚重莎草纸，莎草纸是埃及人的一项重大发明，大约在公元前3000多年问世。埃及人认为莎草纸是非常神圣的，将其尊称为“pz-per-aa”，意指“法老的财产”。在尼罗河三角洲，生长着一种特殊的植物，名叫纸莎草，阿拉伯音译为“伯尔地”，野生的纸莎草茎秆可高达3米，比甘蔗还要粗，但是茎秆是三角形的，茎中心有白色疏松的髓，茎端有细长的针叶，仿佛小号的松树。[②]纸莎草经过加工后可以制作莎草纸，主要经过采摘草秆、削成薄片、多层交叠、摊平锤打、压平晾干等多道工序，就可以制作成方便携带的纸卷。然后，搭配上由灯心草做成的笔蘸着墨水书写，从右向左或垂直或横排文字，每列每行长度相等，构成一页莎草纸卷。人们在阅读时，握在左手，渐次展开。[③]

随着文字记录载体越来越轻便，书写量在逐步增加，为了书写更加快速便捷，原本复杂的圣书文字被僧侣们简化为草书，如此一来，人们的阅读量也随着增加。为了满足人们对阅读的需要，公元前2000年，埃及政府雇用了一支专门从事文职工作的抄书队伍，他们可以有不纳税等特权。从历史上看，除了在公元前1660年至公元前1580年被闪米特人短暂占领之外，埃及的政治维持了较长时期的稳定，客观上就为埃及的经济发展提供了必要条件，到了公元前1460年至公元前1360年，埃及的国力达到了前所未有的鼎盛时期。[④]莎草纸的流通变得更为普遍，在这个时期，复杂的圣书文字开始退出历史舞台，简洁的楔形

① 王海利. 象形文字与圣书文字——兼谈古埃及文字的中文名称问题［J］. 东北师大学报（哲学社会科学版），2014（3）：12-17.

② 毕淑敏. 世界如锦心如梭［M］. 杭州：浙江摄影出版社，2017：81-82.

③ 伊尼斯. 帝国与传播［M］. 何道宽，译. 北京：中国人民大学出版社，2003：13.

④ 同③ 13-16.

文字受到人们的普遍欢迎。关于楔形文字的起源，德国亚述学家德利奇指出楔形文字是由21个基本符号变化而来的，而不是从图画演变而来。[①]与此同时，文字的演进促使世俗文学逐渐繁荣，埃及由此被誉为短篇小说的故乡。

二、巴比伦文明时期的国际传播

巴比伦和亚述冲积平原上存有很多黏土，是制作泥版的好材料，可以用来记账或者记录一些重要事件，比如，法律合同、买卖契约、土地交易文书等。这种记录方式很有特点，首先将黏土压成薄片，使用锋利如刀的芦苇秆在上面书写楔形文字。需要注意的是，书写速度必须要快，一定要在黏土泥版干透之前将内容写完，否则泥版一旦变硬，就无法书写了。在这个过程中，人们发现需要用文字表达复杂的词汇，于是增加了很多符号，同时在词汇中还出现了音节符号，逐步形成一符一词的现象，使得楔形文字不仅有音节文字的属性，也有会意文字的性质。黏土泥版的记录方式有很多优点，比如，能够保证书写的内容不易被篡改，可以长久地保存等。但是也有许多不足之处，比如，由于黏土泥版的体量非常笨重，不太适宜进行远距离搬运，因此不利于知识的大范围传播。值得一提的是，黏土泥版记录是当时的主要记录方式，对于抄写员的需求量比较大，逐渐地，僧侣阶层开始负责对抄写员进行写字训练，伴随文字的发展，僧侣组织机构聚敛财富的能力在不断提高，最终实现了对文字和教育的掌控。

当时，各个城邦之间的战事非常频繁，其直接影响主要有两个方面。其一，直接影响到僧侣阶层的权力。公元前2450年，乌鲁卡吉那国王赢得城邦战争的胜利，开始推行政治改革，建立起君主制。当时，拉伽什的土地主要集中在神庙和王室手中，国王一般由最高祭祀担任，由于各级官僚机构对农民的劫掠，使得很多人破产，并且沦为神庙和王室的依附劳动者。因此，乌鲁卡吉那通过废除债务奴隶制、遏制奢靡葬礼和促进民法建立等诸多措施，极大地削弱了僧侣阶层和王室的权力。[②]其二，直接影响到文字的演变。在巴比伦王国形成的过程中，先是苏美尔人被阿卡德人征服，接着阿卡德人又被埃兰人摧毁。

---

① 拱玉书．楔形文字起源新论［J］．世界历史，1997（4）：8.

② 李忠存．乌鲁卡吉那改革与梭伦改革的比较研究［J］．零陵师专学报，1987（Z1）：7-12.

公元前18世纪，汉穆拉比战胜了埃兰人，巴比伦王国至此形成。需要关注的是，巴比伦国王汉穆拉比完成了语言的转变，他根据巴比伦人用音节拼写单词的习惯，汲取了苏美尔文字中非象形的音节符号、表征物体和观念的符号等，创立出一种官方文字，由于没有发明相应的字母表，只能用不同的符号表示原音和辅音的组合。比如，《汉穆拉比法典》是最具有代表性的楔形文字法典，其石柱高2.25米，底部圆周1.9米，顶部圆周1.65米，由浮雕绘画和文字构成。①

巴比伦王国的建立，不仅加强了商业贸易的往来，也使得行政体制和社会生活等变得更为复杂，人们对各级法庭的需求也更加明显，于是汉穆拉比将民事法庭置于宗教法庭之上，进一步削弱了僧侣阶层的权力。伴随而来的是都市革命的爆发，特别是文字和数学等飞速发展，大约在公元前2000年就发明了九九表，在运算时主要是加减法，那时的人们已经掌握了分数，后来又衍生出欧几里得定理。历法也进行了调整，并且由中央机构统一制定，白天和夜晚分别有12个小时，每四年增加一个闰月，度量衡在全国范围内开始统一标准等。经历了都市革命之后，在接下来的1000多年时间里，赫梯人、米坦尼人、凡尼人和卡西特人等相继进攻巴比伦，一直攻打至卡帕多西亚地区。战事接连不断，客观上促使了楔形文字在卡帕多西亚地区广泛传播，与之形成鲜明对比的是，该地区原有的象形文字没有得到任何发展。我们在前面提到，楔形文字主要是书写在由黏土制成的泥板上面，由于北方的黏土数量很少，直接导致了书写更加简便的线形文字的出现，大约在公元前10世纪前后，叙利亚北部出现了一种由22个线形符号组成的字母表，到了公元前9世纪中叶，这种线形文字得到普遍使用。②

在幼发拉底河左岸，亚述帝国凭借先进的行政管理体制开始崛起。亚述人延续了巴比伦文明，并且继承了阿卡德语。公元前12世纪，亚述受到阿拉米人的入侵，这在客观上促进了主流语言的更迭，比如，由于阿拉米语更加便于书写，不久之后就取代阿卡德语，成了亚述人的官方和日常用语。③与此同时，亚述人注重构建严密的组织机构，比如，撒缦以色三世完善了省政府体制，纳西拔二世加强了骑兵、步兵的建设等，国力逐步强盛起来。公元前1050年，赫梯人霸占了位于幼发拉底河上的卡尔基米什，直到公元前877年，亚述人终于

---

① 赵立行.《汉穆拉比法典》——第一部完备的成文法典［J］. 历史教学问题，2010（1）：62-67.
② 伊尼斯. 帝国与传播［M］. 何道宽，译. 北京：中国人民大学出版社，2003：33-35.
③ 黄民兴，张娟娟. 试析伊拉克亚述人的族群——国家认同问题［J］. 世界民族，2022（2）：13-24.

夺回了该地，并且在公元前717年将其建成亚述帝国的一个行省。相比巴比伦人，亚述人是将神庙和宫廷合二为一，国王担任大祭司，实现了神权和王权的高度集中。公元前689年，亚述王塞纳克里布攻陷了巴比伦城，巴比伦王国灭亡。然而，巴比伦僧侣的影响力依然很大，特别是其宗教仪式在一定程度上削弱了国王的权力。为了巩固王权，在萨尔贡父子的努力下，开始大规模扩建宫殿和图书馆，不仅增添了苏美尔古方言的文本，也搜集了汉穆拉比的楔形文字，促进了文艺复兴与商业繁荣。当时的一些图画，描绘的大多是老师和学生两个抄书人的形象，所不同的是，老师使用泥版，学生使用羊皮纸。大约在公元前12世纪出现了羊皮纸（parchment）。[①]其质量好坏取决于制作工艺，首先把牛羊生皮放进石灰水中浸泡脱毛，搭在架子上自然晾干，然后用水和浮石将其打磨平滑，再按照标准的薄木板将其切割成块，上面还要打蜡，如此一来，人们可以在羊皮纸上使用苇管笔和墨水书写文字。随着羊皮纸这种新媒介的应用，逐步取代了莎草纸，极大提高了行政工作的效率，特别是在字母表发明以后，促使文字传播变得更加迅速高效。公元前10世纪，阿拉伯半岛西北部出现了闪米特字母表，用来书写阿拉姆文字。相比楔形文字，阿拉姆文字书写变得更加简明，还加入了阿拉伯数字，在公元前500年，它成了波斯帝国的外交用语，在公元前400年，它又发展成为继希伯来语之后的一种普遍使用的口语。[②]

三、希腊文明时期的国际传播

希腊文明也被称为口语的文明，究其原因，在一定程度上得益于字母表的诞生。字母表作为一种高效的传播媒介工具，由于具备有效的表音功能深受希腊人的青睐，希腊的口头传统就是在此基础上逐渐形成的。在希腊文中包括闪米特人用来表示辅音的24个字母，比如，起始的α和β这两个字母均是闪米特字母，分别是指公牛和房屋，但是这两个字母在希腊文中不表示任何意思。同样，这些辅音字母与希腊文的结构和语音都不相同，而将其改变为元音。因此，在希腊语中，每个词都含有元音和辅音，可以表达更加细腻的情感，促使希腊的口语文化诞生出最早的文艺作品。史诗的诞生犹如人类历史长河中一颗

① 安红，马艺蓉，谢守斌．欧洲古代皮革鞣制工艺研究［J］．文博，2018（6）：80-86.
② 伊尼斯．帝国与传播［M］．何道宽，译．北京：中国人民大学出版社，2003：36.

璀璨的明星，从公元前13世纪至公元前7世纪，史诗的风格经过了漫长的演化逐步定型，形成了情节复杂的长篇史诗。这门艺术需要记忆力好、吟诵能力强、语言表达能力卓越的人来表演，往往在家族成员中传承，《伊利亚特》《奥德赛》等长篇史诗成为不朽的传世佳作。

伴随商业贸易的繁荣，海外殖民开始兴起，掠夺是殖民者惯用的手段，在这种背景下，为了维护共同生命财产安全的需要，希腊城邦应运而生，逐渐形成人类较早的社区，奥林匹克运动会的诞生促使这种社区氛围变得更加浓厚。当时，文字不仅得到广泛使用，也逐渐实现了统一，识字的人越来越多，人们对法典的需求更加凸显。为满足人们的现实需求，雅典拟定了公共立法的官方文本，由专人保管，每年审查一次，还建立起公示制度。比如，雅典执政官梭伦致力于废除平民债务、取消一切债务奴役制度的立法改革，就是铭刻在木板或者石板上面，悬挂在公共建筑的墙上进行公示。作为雅典民主政治的创始人，克莱塞尼兹在改革中实施了允许外地人入驻雅典的措施，客观上大大促进了人才的流动，自此之后天性聪颖、富有胆略的爱奥尼亚人移居雅典，对雅典人的思想产生了深远影响。比如，赫拉克利特强调动态观念，他认为一切存在于动态的生成中，活动是实在的全部实质。在他看来，人的语言是一种智慧的表现，其结构体现了世界的结构。

关于文字，苏格拉底有着独到的见解，他认为文字虽然能够帮助人们回忆，但是不利于帮助人们记忆，在他看来，文字容易让写字人的心灵患上健忘症。柏拉图强调阐述苏格拉底的对话，并且运用了散文形式。亚里士多德认为柏拉图的写作风格是介于散文和诗歌之间，仍旧能够体现出口头传统的力量。与柏拉图不同的是，亚里士多德虽然继续使用对话，却改变了对话形式，他将自己变成说话的人，从而削弱了口语的表达力量，使得书面表达得到了加强，自此之后希腊世界开始从口耳相传向着书面阅读转变。公元前6世纪，文字传播日益加速，涌现出很多笔录的个人抒情诗。如此一来，文学作品可以通过书面语的方式长久保存，继而淡化了希腊各地方言的差别。比如，散文在哲学、地理和历史等著作中出现，并且开始转向编写故事，出现了抒情诗、剧情诗等不同形式。当时，莎草纸的供应十分充足，对哲学发展起到了直接推动作用，哲人在社会生活中的地位大大提升，与之相对的是，吟游诗人的地位被大大削弱。比如，米利都派的创始人泰勒斯原本是一名海运商人，据说他在岸上测量航船的距离时发明了三角形，由此对几何学产生了浓厚兴趣，并且提出了一些普遍规律。在泰勒斯看来，万物的性质是水，万物皆有生命。这种基本的哲学概念具备了最初的科学观念，引领着人们从宗教教条的束缚中解放出来。

四、罗马文明时期的国际传播

罗马模式在很大程度上模仿了希腊模式，比如，罗马人将法律拟定成官方文本，并且予以公示，而之前的法律条文大多是记在调解人的头脑之中，进行的是口口相传。亚历山大国王去世之后马其顿帝国分裂成托勒密、塞琉西、安提柯和阿塔里兹四大王朝。其中的托勒密王朝控制了埃及，托勒密一世开始在亚历山大城兴建图书馆，主张抛弃埃及文字，推崇使用希腊字母表。莎草纸容易制作，并且供应充足，为图书馆丰富藏书提供了基础支撑，一时间，哲学和宗教思想在这里得以汇集。几乎就在同一时间，托勒密王朝的劲敌安提柯王朝也开始兴建大型图书馆，但是莎草纸供应被托勒密二世垄断，无法从埃及进口。为了解决纸张问题，欧迈尼斯二世修建了皇家加工厂生产羊皮纸，并且垄断了生产，还鼓励全国使用羊皮纸。由此可见，各个王朝的做法虽然不尽相同，归根结底都是希腊模式的翻版，希腊语不仅成了通用语言，莎草纸和羊皮纸也都供应充足，致使书籍数量不断增加，逐渐形成了一个庞大的读者群。

直接课税制度被元老院废除，引发了大规模的奴隶起义。反对者在公开讲演中使用的是希腊修辞，继而塑造出生动洪亮的散文风格，紧接着一些拉丁语学校开设了专门的修辞课，促使散文写作获得快速发展，并且在西塞罗时期达到了顶峰。西塞罗是古罗马共和国晚期最重要的政治家和雄辩家，他在担任执政官时领导元老院粉碎了贵族喀提林领导的动乱计划，从此之后运用自己的修辞才能，发表了一系列政治演说词，并且用希腊文写成了《执政官纪事》，在当时风靡一时。[①]西塞罗的朋友阿提库斯由于搜集了大量藏书成为出版商，他开始训练专人努力抄书，建立起了抄书产业。随后，抄书产业的影响越来越大，开始在日常生活中得以延展，继而促使剧本、论文、法律文书和报纸等快速发展。比如，公元前59年，元老院出版了官方报纸《日报》，恺撒担任执政官时还创办了《记事报》。[②]

---

① 唐莉莉．西塞罗的视角：修辞、记忆与历史书写［J］．学习与探索，2022（1）：160-167.
② 伊尼斯．帝国与传播［M］．何道宽，译．北京：中国人民大学出版社，2003：101.

屋大维时期，莎草纸的人工种植、制作和销售等都被私人控制，并且将生产从小村落迁移至城市，手工匠人成为产业工人，一时间，莎草纸风靡不列颠和两河流域，与此同时，出版贸易发展成为可以获取高利润的行业，比如，一个书商如果雇用100个训练有素的人努力抄书，可以运用口述方式，10个小时之内就可以生产1000册《马提雅尔铭辞集·卷二》，简装本售价在6—8分钱，利润率百分之百。[①]莎草纸虽然容易制作，但是也容易破损，只适合水运，不适合陆运，逐渐退出历史舞台，继而被耐久易保存且适宜陆运的羊皮纸取代。

五、中国纸笔时期的国际传播

在古代，中国人书写文字时主要使用文房四宝——笔墨纸砚。毛笔是一种独特的书写工具，相传由秦始皇时期的著名将领蒙恬发明。蒙恬驻守边疆，需要向秦始皇奏报军情，当时的文字书写是用刀刻在竹简上，但是边情瞬息多变，书信往来频繁，刀刻速度太慢，蒙恬急中生智，从士兵武器上撕下一缕红缨绑在竹竿上，蘸着颜色在白色丝绢上书写，大大提高了写作速度。此后，经过不断改良，根据北方狼多、羊多的特点就地取材，使用狼毛和羊毛做笔头。当时是在丝绢、竹简上写字，由于丝绢的造价较高，竹简较为笨重、不易随身携带，都不是理想的写作载体。国际上公认造纸术起源于古代中国。根据《后汉书·蔡伦传》记载：自古书契多编以竹简，其用缣帛者谓之为纸。缣贵而简重，并不便于人。伦乃造意用树肤、麻头及敝布、鱼网以为纸。元兴元年，奏上之，帝善其能，自是莫不从用焉，故天下咸称“蔡侯纸”。[②]关于造纸工艺，《说文解字》上有简要地记载：纸，絮一苫也。意思是说纸是漂在水里的絮状纤维通过滤水的席子（苫）均匀分散沉积而形成的。关于造纸的方法，除了漂絮法之外，还有捣浆法，首先将碎布捣烂成纤维，再浸泡在水中，等待纤维散布均匀后用网捞出，平铺晒干即可使用。墨水起初是用灯烟制作的，经过不断的工艺改进，制作的墨水可以永不掉色。相比西方国家的文字，中国文字是象形字，属于一字一词。在秦始皇时期，小篆被中央机构作为统一文字推行至全国，从而削弱了各地方言的差别。大约在公元8世纪，造纸术通过阿拉伯人传

① 伊尼斯．帝国与传播［M］．何道宽，译．北京：中国人民大学出版社，2003：106.
② 范晔．后汉书［M］．北京：中华书局，2007：735.

到欧洲，很快就代替了当地的羊皮纸。因为在羊皮纸上进行书写是一项非常费力的工作，即使抄书人一天可以工作6小时，也只能抄两三页，照此速度，若抄完一本《圣经》差不多要一年的时间。[①]纸张的传入在很大程度上解决了这个难题，因此得到快速传播，到了十二三世纪，希腊和意大利已经普遍使用纸张。

唐朝时，出现了雕版印刷术。最早的雕版印刷品是“历日”，在古代，这是用来记录节气、提醒农事的历书，多以表格为主，篇幅不大，却是家家户户必备的图书。由历日之版印催生出了雕版印刷行业，之后有了刻字工匠。但是，版印历日遭到禁止，根据《旧唐书·文宗本纪》太和九年十二月记载：“丁丑，敕诸道府不得私置历日板。”[②]从而促使相关从业者转向佛经印刷，比如，公元868年4月15日，王玠为二亲敬造普施的《金刚经》残卷被认为是现存最早的，并且明确标有印刷时间的印刷品。[③]当时，雕版工匠先把文字抄在又薄又透明的纸张上面，然后将纸张反贴在一块枣木或者梨木上进行雕刻，如此一来就做成雕版，用来进行印刷复制。这在客观上促进了佛教和中国文化的传播，后来经由日本遣唐使和留学生大量传入日本，促进了大化革新。

北宋的印刷工匠毕升在雕版印刷基础之上发明了活字印刷术。相传他是从图章上受到启发的，在雕刻时模仿图章，一个字一个字地单独来刻，将常用字刻好之后，按照字的读音进行归类，一种韵部为一个类，同一类的字放在一起，需要时再选择使用。最初的材料是木头，但是木头比较吸水，还容易变形，印出的字常常笔画模糊不清。毕升认为可以使用胶泥制成坯刻上字，再放进窑里煅烧，就可以做成不吸水又不易变形的活字。当时的科学家沈括在《梦溪笔谈》中记录了活字印刷术的技术程序：“庆历中，有布衣毕升又为活板。其法用胶泥刻字，薄如钱唇，每字一印，火烧令坚。先设一铁板，其上以松脂腊和纸灰之类冒之，欲印则以一铁范置铁板上，乃密布字印，满铁范为一板，持就火炀之，药稍镕，即以一平板按其面，则字平如砥。若止印三、二本，未为简易，若印数十百千本，则极为神速。常作二铁板，一板印刷，一板已自布字，此印者才毕，则第二板已具，更互用之，瞬息可就。每一字皆有数印，如‘之’、‘也’等字，每字有二十馀印，以备一板内有重复者。不用则以纸

① 伊尼斯. 帝国与传播［M］. 何道宽，译. 北京：中国人民大学出版社，2003：143.
②《旧唐书》卷一七下《文宗本纪》［M］. 北京：中华书局，1975：563.
③ 王传龙. 雕版印刷“捺印起源说”献疑［J］. 中国典籍与文化，2021（4）：114-121.

帖之，每韵为一帖，木格贮之。有奇字素无备者，旋刻之，以草火烧，瞬息可成。不以木为之者，文理有疏密，沾水则高下不平，兼与药相粘，不可取。不若燔土，用讫再火令药镕，以手拂之，其印自落，殊不沾污。”①相比雕版印刷术，活字印刷术大大提高了印刷效率。

第二节　机器印刷时期的国际传播

在印刷时期，纸张和字母表都发挥了重要作用，不仅促进了世俗文学的繁荣发展，也满足了大规模机械化生产的需求，为当时的报刊书籍扩大发行规模提供了物质条件，促进了大众化报纸的诞生。

一、书籍与国际传播

15世纪，德国人约翰内斯·古登堡（Johannes Gutenberg）在德国的美因茨发明了铅活字印刷术。他经过多次试验，终于找到了一种熔点低并且不收缩膨胀的铅、锡、锑与铋合金，用来浇铸字钉。这种合金材料用于制作字钉是非常理想的，当字钉受热时，一种成分膨胀而另一种成分收缩，保障了字钉体积的稳固并且非常坚硬，即使反复使用也不会变形，大大节约了制作成本。古登堡还改良了印刷机，使得印刷效率再度提升。后来美因茨被瑞士和法国抢占，那里的印刷工人纷纷逃离，流散到欧洲各地，这在客观上促进了欧洲印刷业的发展。到了15世纪末，欧洲许多国家已经建立起许多印刷工厂，开启了印刷机的时代，书籍贸易也逐渐繁荣起来。

在印刷品中，宗教、哲学等书籍都使用专门术语，这对于文化水平不高的读者来说阅读很困难，于是使用通俗语的书籍相应而生，比如，白话的《圣经》深受读者青睐，反过来也促进了书籍的出版和流通。欧洲各国的文学作家基本上都使用通俗语写作，使得图书品种极大丰富，比如，1744年，英国童书作家约翰·纽伯利（John Newberry）开始出版插图本儿童图书。由于读者对

---

① 沈括．梦溪笔谈［M］．金良年点校．北京：中华书局，2017：137．

当代作家作品的需求日益增加，开始涌现出一批支持通俗语的印刷商。当时，法国里昂的印刷商们大力推崇拉伯雷的通俗文学作品，以此对抗学院派文学的酸腐味儿。为此，法国政府采取了限制书籍出版的政策，但是却鼓励生产纸张，逐步垄断了欧洲的纸张供应。与此同时，法国的邻国们可以使用来自法国的物美价廉的纸张，在本国印刷书籍，再通过走私运回法国销售。

与法国的做法相类似的还有英国，不但推行了书籍出版限制政策，还强行压制使用印刷术。如此一来，英国人对于戏剧的兴趣更加浓厚，莎士比亚戏剧在这个时期内展现出非凡魅力，特别是悲剧戏剧风靡一时。当时，除了允许从荷兰进口图书之外，英国通过授予特权和赋予专利权加强对出版事业的控制。1530年，亨利八世建立了第一个许可制度，1543年，首次出现了专门针对未经许可的印刷书制定的处罚措施，1637年，时任大主教劳德提出了一条法令，规定将伦敦的印刷厂限制在20家、铸字厂限制在4家，该法令在4年后废止。1643年6月14日，议会颁布《出版管制法》恢复许可制，由此直接引发了争取言论自由的斗争，约翰·弥尔顿（John Milton）的《论出版自由》就是在这一时期问世的。①

随之而来的是宗教权威与世俗权威的长久论争，宗教界倚重经教，主要通过压制出版来打压科学。伴随哥白尼和伽利略“日心说”的提出、哥伦布发现新大陆、吉尔伯特发现电磁现象、哈维发现人体血液循环等一系列重要事件的发生，科学的观念在人们头脑中不断得到强化，与经教的教义发生了严重冲突。在这个夹缝中，散文诗歌获得了快速发展，弥尔顿巧妙地借助《圣经》中的资源写出了史诗《失乐园》，他将“战争英雄”撒旦设置为史诗主人公“循道英雄”亚当的对敌，从而改写了“史诗英雄”。②

二、报纸与国际传播

在印刷业保持增长的同时，新闻业也蓬勃发展起来。当时，英国允许出版小型报纸，但是不允许议论国事，否则就要受到限制。即使如此，报业也迎来了发展的机遇，广告业成为报业解决财政危机的大救星，最初的广告有图书、药品、茶叶和巧克力等。1695年，英国的《执照法》被废止，为出版业燃起希

---

① 吴静. 弥尔顿出版自由思想的矛盾性解读［J］. 国际新闻界，2022，44（2）：98-114.

② 吴玲英. 弥尔顿对“史诗英雄”的改写——论《失乐园》中“战争英雄”与“循道英雄”的二元对立［J］. 中南大学学报（社会科学版），2016，22（1）：146-152.

望，但是限于当时的生产力，还是以小型报纸为主，小册子的发行在这个时期达到高峰，并且成为政党斗争争夺的重要武器和阵地。1712年开始强制执行印花税，目的在于管控出版业以及解决战争带来的财政赤字的需要，特别是在首相罗伯特·沃波尔（Robert Walpole）上台之后，对新闻业开始施行垄断政策。[①]印花税的数额不断增长，到了1855年，印花税才被取消。

在这种情形之下，读者需求成为印刷商们的关注重心，他们纷纷将精力集中在出版周刊、文摘等，还创新出花样繁多的书籍，以更好地满足读者的阅读需要。与此同时，一些大型出版社开始转向出版昂贵图书，比如，18世纪末，苏格兰书商安德鲁·贝尔（Andrew Bell）与科林·麦克法卡尔（Colin Macfarquhar）开始经营《不列颠百科全书》他们聘请作家威廉·斯梅利（William Smellie）担任主编，于1771年在爱丁堡出版，还给书加了一个副标题："一本按照新方法编纂的艺术与科学词典"，该书在按照字母顺序编排词条的同时，引入了众多的专业论文。[②]又比如，1802年，三个在爱丁堡颇有名气的年轻人因为拥护辉格党而受到托利党排挤，他们创刊了《爱丁堡评论》，专论时事与文学，接续了英国文学批评传统的"权威正统"谱系，引领了反浪漫主义行动，基于资产阶级现代性，在审美意识形态上塑造了英国年轻一代的文化价值观，由此成了当时最有影响力的文学期刊。[③]

德国作为近代印刷术的故乡，较早地催生出近代报业。1554年之后，德国的实业家族富格尔家族开始使用大量的通讯。[④]16世纪末，德国的科隆已经开始出版报纸，比如，世界上第一张日报就是诞生在德国，即1650年创刊于莱比锡的《新到新闻》。到了17世纪末，德国很多地方已经出现了定期出版的日报，由于受到书报检查制度的束缚，德国报业的发展远远落后于欧洲其他国家。

18世纪下半叶，战争新闻变得炙手可热，加上来自广告业的大力支持，报纸的独特地位崭露头角。就在英国本国新闻业蓬勃发展之时，其殖民地的新闻

① 伊尼斯．帝国与传播［M］．何道宽，译．北京：中国人民大学出版社，2003：162-167.

② 吴晗．启蒙的畅销书——《不列颠百科全书》早期编纂史探源［J］．新世纪图书馆，2019，(10)：92-96.

③ 陈礼珍．《爱丁堡评论》反浪漫主义潮流探源——文学期刊与文化领导权之战［J］．北京第二外国语学院学报，2014，36(4)：61-66.

④ 同① 159.

业也开始发展起来，比如，美国著名的曾格报案就发生在这一时期。1733年12月3日，约翰·彼得·曾格（John Peter Zenger）创办的《纽约新闻周报》刊登了一则新闻，对英国总督威廉·科斯比（William Cosby）允许法国军舰侦察美国南部海湾防御工事的做法进行了批评，该报受到总督起诉。曾格被陪审团宣判无罪，由此拉开了争取言论出版自由斗争的序幕。1765年，美国爆发了抵抗不列颠征收印花税的运动，取得了革命成功，并且于1791年通过了《人权法案》。在这个时期，报纸除了关心如何影响公共舆论之外，还有一个最直接的变化，就是鼓励报纸副刊刊登文学作品。

19世纪初期，工业革命对造纸业产生了重要影响，相比传统的碎布造纸法，使用木浆造纸不仅保障了充足的原材料来源，也提高了纸张的产量和质量。比如，英国的纸张总产量从1800年的11000吨跃升至1900年的652000吨。[①] 大众化报纸最早出现在16世纪的威尼斯，有人将城内流传的新闻进行选择、记录发送给部分市民，逐步形成了定期的新闻出版物，被称之为“Gazette”，意思是指新闻纸。对此，伏尔泰曾经在《百科全书》中说：“Gazette”是威尼斯人发明的，是指每周发行的新闻纸。[②]1609年，“Gazette”一词被卢卡斯·舒尔特（Lucas Schulte）的周报所采用，此后，其作为“新闻纸”的含义频繁地出现在各种语言中和各类报纸的报头中。直至今日，还有些媒体仍然在使用，比如，美国哈佛大学的校园新闻网站名是The Harvard Gazette，中国作家协会的机关报《文艺报》英文刊名是*Literature Gazette*。与Gazette较为类似的是，Times一词也具有特殊的含义。比如，值得关注的一份报纸是《泰晤士报》，英文名称是*The Times*，意思是“记录时代”，1788年约翰·沃尔特（John Walter）将*Daily Universal Registe*（《每日环球纪录报》）更名为 *The Times*（《泰晤士报》），该报以庄重、客观、公正的办报路线，逐步发展成为英国第一大报。[③]《泰晤士报》在19世纪上半叶差不多处于垄断地位，在抨击《谷物法》、废除印花税、广告税与废除纸张纳税等运动中起到了很大的鼓动作用。

随着信息流通的加速，思想的流通也就更加快捷。一些空想社会主义思想家们开始创办报纸宣传社会主义思想。比如，法国著名的空想社会主义者埃

① 伊尼斯．帝国与传播［M］．何道宽，译．北京：中国人民大学出版社，2003：171.
② 米切尔·斯蒂芬斯．新闻的历史［M］．北京：北京大学出版社，2014：103-104.
③ 陈艳辉．基于媒体命名视角的新闻业边界探讨——以“Gazette”和“Times”为例［J］．文化与传播，2021，10（2）：14-20.

蒂耶纳·卡贝（Etienne Cabet）创办了《人民报》，发行量高达万份，该报从1833年至1851年出版，在当时空想社会主义者所创办的报纸当中是存在时间最长的一份报纸。由于卡贝在报纸上宣传激进的民主主义思想，被七月王朝政府审判并且判处两年徒刑，卡贝被迫开始了政治流亡生活。1841年，《人民报》复刊，主要宣传“伊加利亚共产主义”，在该报的宣传鼓动之下，在法国形成了伊加利亚运动，信徒将近50万人，成员多为手工业无产阶级。[①]1848年，欧洲大革命爆发，在这个时期，最重要的一份报纸是马克思和恩格斯合办的《新莱茵报》。从1848年6月1日至1849年5月19日，该报在德国的科隆出版，是世界上第一份无产阶级日报，一共出版了301号正刊（实际出版298号，其中第12和13号、77号78号、88和89号合期出版），还出版了各类非正刊。马克思收集了全套的《新莱茵报》，并且将其制作成多套合订本，其中一套始终留在身边。在马克思和恩格斯的著作和书信中，提及《新莱茵报》超过600次。其中，《新莱茵报》影响力最大的一组文章《雇佣劳动与资本》在1919年传入我国。当时，李大钊在北京《晨报》副刊开设了“马克思研究”专栏，转译自日本马克思主义理论先驱河上肇的日文版，该专栏从1919年5月9日至6月1日分作24期进行了连载，可以视为《新莱茵报》在中国传播的起点。[②]

大众化报纸的盛行，加强了其作为文学媒介的地位，相继诞生了一系列影响力较大的报纸，有《新闻报》《每日电讯报》等，并且对美国产生了重要影响。当时美国没有保护国际版权的立法，英国作家的大量文学作品被刊登在报纸和杂志上出口到美国，美国作家也纷纷效仿，开始在报刊上发表作品。换言之，当时的美国文学主要以报纸为传播载体，直到1790年《版权法》确立之后，才开始对作家的权益加强保护。几乎在同一时期，美国报业发展迅速，并且催生了新的发行手段，比如，1835 年5月6日，詹姆士·戈登·班内特（James Gordon Bennett）在纽约创办了《纽约先驱报》，该报4页篇幅只售1便士，在街头零售，对商业大报订阅系统形成了一定冲击。美国南北战争之后，纽约成为新闻业务的中心，普利策、赫斯特等作为民主党的赞助人提升了新闻业务的运行速度，不仅如此，两人还上演了黄色新闻大战。1883年，普利策买下了老牌的《世界报》，赫斯特则买下了普利策的哥哥在1882年创办的《新

① 访君. 卡贝尔及其伊加利亚共产主义社会［J］. 历史教学，1985（1）：19-21.

② 夏琪，陈力丹. “不忘来时的路”：中国共产党百年历程中的《新莱茵报》编译与研究［J］. 新闻与传播研究，2021，28（11）：5-22，126.

闻报》，两家报纸的定位基本一致，主要面向工业革命之后城市中的中低阶层市民，其中大多是外来移民。为了在争斗中占得领先地位，《世界报》推出“黄孩子”漫画，一个身穿黄色大衫、没有牙齿、咧嘴而笑的男孩子形象，以此描写纽约的市井百态，滑稽幽默。赫斯特将该漫画的作者全班挖走，普利策另寻人马继续创作，于是两家报纸出现了同一个“黄孩子”。[①]除此之外，两家报纸还是美西战争的推波助澜者。1898年美西战争爆发，它虽然参战人数不多、规模也不大，但是作为第一场帝国主义战争，在世界战争史上具有一定的标志性意义。在美国国内，很多人将这场战争视为“报纸的战争”，当时为了煽动美国民众反对西班牙的情绪，黄色报刊可以说是不择手段，不只夸大事实、歪曲事实、策划新闻，甚至捏造新闻。1898年1月，古巴的革命力量发生暴动，美国人费特朱非·李是驻古巴总领事，他先是申请美国政府派“缅因号”战舰到哈瓦那，随后又撤销了这一申请，美国政府还是将战舰开到了哈瓦那港口。2月15日夜，“缅因号”战舰突然发生爆炸。事后，船长赛斯毕接受了记者采访，他的措辞非常谨慎，强调需要等到进一步的研究报告出来再发表意见。然而，报纸搁置了赛斯毕的建议，立即捏造了西班牙人炸沉美国战舰“缅因号”的新闻，不久之后美西正式宣战。[②]

第三节　电子媒介时期的国际传播

电子媒介是通过先进的电子信息技术，主要是使用电信号来传递文字、声音和图像等，比如，电报、广播、电视等均属于电子媒介。

一、电报的诞生与通讯社的产生

由于这个阶段涉及较多的事件，我们先对其进行简要梳理，进而详细地了解电报的诞生以及通讯社的产生。

① 张隆栋，傅显明. 外国新闻事业史简编［M］. 北京：中国人民大学出版社，1998：217-218.
② 杨柳. 报纸与美西战争［J］. 新闻爱好者，2004（2）：20-21.

- 1835年，哈瓦斯社成立，即法新社的前身。
- 1848年，港口新闻社成立，即美联社的前身。
- 1849年，沃尔夫社成立。
- 1851年，英法之间穿越多佛尔海峡的海底电缆铺设成功，路透社成立。
- 1865年，欧洲和印度的电报连通。
- 1866年，跨越大西洋的海底电缆铺设成功。

具体来看，通讯社诞生于19世纪，它是专门从事新闻采集、加工等信息服务的专业机构。1835年，夏尔·哈瓦斯（Charles Havas）在法国巴黎创办了哈瓦斯社，即法新社的前身，这是世界上第一家通讯社。国际传播学界普遍认为哈瓦斯社的成立标志着国际传播的正式诞生，因此我们有必要来详细了解一下哈瓦斯本人以及他所创立的通讯社。法国大革命时期，哈瓦斯从葡萄牙迁居到了法国，他注重把国外报刊上的新闻译成法文卖给报社与商户，后来专门经营翻译外报新闻的业务，设立了翻译事务所。哈瓦斯还在欧洲各大城市招聘通讯员，逐渐地搭建起一张庞大的新闻采集网，欧洲各地的新闻经由邮局、专人等送达巴黎，编译之后再分送给客户。当时，哈瓦斯社主要使用信鸽从英国伦敦、比利时布鲁塞尔向巴黎传递新闻，当日就能送达。1848年，港口新闻社在美国成立，是美联社的前身，但是它的影响力有限。1849年，曾经在哈瓦斯社当过翻译员的德国人贝纳德·沃尔夫（Bernard Wolff）在柏林创立了沃尔夫社，是德国最早的通讯社。1851年，德国人保罗·路透（Paul Reuter）创建了路透社。哈瓦斯社、港口新闻社、沃尔夫社和路透社四大通讯社的业务蓬勃发展，到了19世纪60年代末，它们基本上把世界的新闻市场瓜分完毕。比如，哈瓦斯社的业务覆盖法国、瑞士、意大利、西班牙、葡萄牙、埃及、中美洲和美洲，港口新闻社的业务范围只限于美国本土，沃尔夫社的业务覆盖德国、奥地利、荷兰、斯堪的那威亚、俄国、巴尔干各国，路透社的业务覆盖英国、埃及、土耳其、远东地区。在各大通讯社迅速发展的过程中，技术也在飞速进步，当时的先进技术是电报，下面我们来具体了解一下电报的产生过程。

美国人萨缪尔·莫尔斯（Samuel Morse）发明了电报。他原本是一名画家，1832年在从法国回国途中，同船的朋友向他演示了电磁铁通电之后能够吸铁的现象，他由此受到启发，之后投入实验，想用电流来传递信息。1835年，世界上第一台电报机问世，但是还不能将其与人类语言连接起来。莫尔斯发现电流只要停止片刻，就会出现火花，于是根据电流的“通、断、长断”来代替人类的文字，编制出莫尔斯电码。1843年，莫尔斯用美国国会赞助的3万美元，在华盛顿和巴尔的摩两座城市之间搭建起一条长约64千米的电报线。1844年5月24日，莫尔斯在华盛顿国会大厦最高法院会议厅，向巴尔的摩发出第一封电报，内容选自《圣经》：“上帝啊，你创造了何等的奇迹！”电报发明之后，很快就被应用到新闻行业。比如，次年，哈瓦斯社开始使用巴黎至里昂的电报线传输新闻。6年之后，哈瓦斯社已经发展成为通过电报连接欧洲各国首都的现代通讯社。为加强世界各大洲的信息联络，开始铺设海底电缆。1851年，英法之间穿越多佛尔海峡的海底电缆铺设成功。1865年，欧洲和印度的电报连通。1866年，跨越大西洋的海底电缆铺设成功。可以说，电报的发明是人类科技历史中的一座里程碑，在此之前需要几十天几百天才能通过远洋海运送到的信息，缩短在一个小时内就能送达，从而加强了世界各国之间的信息交流。

电报的发明为信息传播带来了便利，并且使国际传播成为可能。其一，信息传播摆脱了人力中转。电报发明之前，通讯社主要使用快马、信鸽等传递信息，如果是较长距离的信件邮寄需要借助交通工具，比如，远洋游轮，再由一个邮递员专门负责把信件送到收件人面前。在这个过程中，受天气、地形等外界因素影响较大，送达时间往往不能保证。电报发明之后，信息传递不再依靠交通工具，转为电报局之间的业务往来，寄件人（收件人）到电报局拍发（自取）电报就可以，大大减少了人力中转这样一个中间环节。其二，信息传播速度大大加快。用电报传播的信息是以每秒30万千米的速度传向远方，极大缩短了传播和接收信息的时间。比如，从欧洲到亚洲，如果依靠远洋航运，大概需要半年时间，通过电报只需要一个小时就能把信息送达。其三，信息传播行业的职业化水平不断提升。传送和接收电报信息需要专业的电报员，他们需要学习莫尔斯电码，才能够拍发或者接收电报。

同时也要看到，电报存在一些不足之处，拍发电报的收费比较高，它是按照字数来收费的。比如，在《平凡的世界》这部小说中就提到中国20世纪七八十年代发电报的收费标准，一个字一毛四分钱，孙少安的妻子在给娘家发电报时为了省钱，就尽量压缩字数，用最少的字把事情说清楚。再比如，在信息发送过程中经常会突发信号中断，使得信息传输受到影响。当时的国际新闻主要使用电报传输，一旦信号中断，就会影响新闻报道的时效，对此新闻记者们在实践中逐渐摸索出倒金字塔的写作结构。所谓倒金字塔结构，就是记者在写作消息时，按照重要性从大到小进行排序，他们往往把最重要的材料放在导语位置，比较重要的随后安排，再次要的再向后排，最不重要的放在文章末尾。可以说，就是因为当时的电报信号不够稳定，为了保证及时报道新鲜的新闻而产生的一种变通办法。

二、广播的产生与国际传播

关于广播的产生，主要是与电磁波密切相关，下面我们先简要了解一下从发现电磁波到广播诞生的全过程。

- 1864年，英国人麦克斯韦提出存在电磁波的猜想。
- 1873年，英国人麦克斯韦撰写了《电磁学通论》。
- 1884年，德国人赫兹通过实验证实了电磁波的存在，并且提出测量波长的方法。
- 1895年，俄国人波波夫和意大利人马可尼分别进行了无线电传送信号的实验。
- 1906年，美国人李·德福雷斯特制作出三级真空管。
- 1906年，美国人雷金纳德·费森登进行第一次声音广播。
- 1920年，美国的西屋电气公司建立KDKA电台。

具体来看，关于广播的产生，最早始于科学家们的一种猜想，他们认为有可能存在电磁波。当然，科学家们不是随便提出的，而是在实验室里发现了这种现象，然后才进行大胆猜想，可能会存在一种人的肉眼看不到、摸不到的电磁波。1873年，英国科学家麦克斯韦在他撰写的《电磁通论》一书中大胆推论，由于电磁波的存在，人们可以在相距遥远的两地之间建立起瞬时可达的通信联络。紧接着，科学家们开始通过实验来证实电磁波的存在。1884年，德国科学家赫兹通过实验不仅证明了电磁波的存在，还研制出测量波长的方法，因此电磁波一度被称为赫兹波，国际无线电协会通过了以“赫兹”作为电磁波频率的计算单位。随后，各国的科学家们着手进行无线电传送信号的实验。1895年，俄国人波波夫和意大利人马可尼几乎在同一时间分别制作出无线电接收机，由此引发科学界的普遍关注。但是问题来了，实验室里没有任何干扰，所以可以确保电信号的有效传输，一旦放到外部很嘈杂的环境中，电信号就显得非常微弱，难以传送到远方，如何才能将微弱的电信号放大并且进行远距离传输呢？1906年，美国科学家李·德福雷斯特解决了这个难题，他发明了三极真空管，不仅能够传送声音，也能够将很微弱的电信号放大，从而实现了人类远程传送声音的梦想，他因此被誉为“广播之父”。[①]

20世纪初，广播的客观条件基本具备了。在1906年的圣诞夜，美国匹兹堡大学的费森登教授在实验室里做了一次非常有趣的广播试播，他朗读了《路加福音》、演奏了小提琴、播放了韩德尔的《慢板》以及他们的圣诞问候，完成了世界上的第一次声音广播，远至西印度群岛都可以收听得到。[②]这次试验很快得到了一些企业的关注，他们从中看到了商机，比如，美国的西屋电气公司赞助了这位大学教授继续进行试验。西屋电气公司申请了第一个全商业性的标准广播执照，建立了KDKA电台，成为举世公认的第一座广播电台。KDKA电台于1920年11月2日开始运营，它播出的第一条新闻是当年美国总统竞选中各方的得票数，当时有数千人收听了这个长达18个小时的节目。[③]随后美国的无线电广播迅速普及，1922年1月只有30座电台，到了1923年3月，已经达到556座。[④]

无线电广播自诞生之日起，就在战争中发挥了重要作用。在反法西斯的第二次世界大战中，战场遍及三大洲四大洋，无线电广播的出现为其提供了先进的技术支撑，同时对敌对双方的宣传心理战产生了直接影响，被称为“广播战”“电波战”等。据统计，在第二次世界大战之前，全世界有27个国家开办了国际广播。首先来看欧洲战场，1933年，“德国广播协会”成立，随即宣布将全国所有电台收归国有，并且在4月份还开办了英文广播，主要针对北美进行播音。到了1939年，德国的对外广播已经达到7个语种，每天播音15个小时，范围遍及美洲、非洲、阿拉伯地区、南亚和东南亚。1938年9月1日，纳粹德国国防委员会宣布，禁止本国人民收听外国广播。几乎在同一时期，意大利法西斯集团也建立起对外广播电台，到了1939年12月发展到21种语言，每天播音将近6个小时。面对这种情况，英国积极应对，BBC开办了对外广播，到

---

① 迈克尔·埃默里，埃德温·埃默里，南希·L·罗伯茨．美国新闻史：大众传播媒介解释史（第9版）［M］．展江，译．北京：中国人民大学出版社，2004：339-340.

② 同① 339.

③ 同① 343.

④ 张彩．世界广播发展研究［M］．北京：中国传媒大学出版社，2007：2-3.

1938年9月有18种语言，每天播出将近42个小时。在战争结束时，BBC已经发展到45种语言。BBC在战时播出了许多具有历史意义的节目，比如，英国首相丘吉尔通过广播发表了著名演讲《我们将战斗到底》，并且明确表示："我们决不投降！"当时，几乎所有的英国人都通过广播收听了丘吉尔的演说，有条件的家庭就在家里收听广播，因为当时收音机非常昂贵，个头也很大，跟桌子几乎一般大，甚至还要大一些，属于家中的奢侈品。又比如，1940年10月，BBC播放了丘吉尔向法国人的演讲，开场白十分具有鼓动性，他说："法兰西，这是我，丘吉尔，在向你们讲话。"

同时，苏联开始发展对外广播，在大战前夕开办了12种语言，以政治宣传为主，向外界介绍苏联的建设成就。在这一时期，苏联莫斯科电台与法西斯纳粹德国电台展开了激烈较量，并且展现出卓越的技术能力，比如，为了压垮和干扰德国的广播，莫斯科电台的工作人员主要使用与德国相同的频率进行播音。与此同时，他们还聘请了一位称为"艾艾同志"的人监听德国电台的德语国内广播，"艾艾同志"能够讲述一口流利的德语，挖苦德国电台播放的似是而非的谎言，他甚至还可以模仿希特勒的声音，并且能够做到与德国电台一样清晰。同时，还有女播音员使用英语播送节目，节目最后的结束语是"给德国侵略者予以死亡"。

再来看亚洲战场，1934年，日本军阀对广播实行全面控制，先后在中国的大连、沈阳、哈尔滨、长春等地建立电台，实行原稿审查制度，由"广播编成会"决定最后播出的节目。为了反对日本的反动宣传，当时的中国国民党政府早在1932年就建立起一座电台开始对外广播。1936年12月12日，张学良、杨虎城两位将军发动了西安事变，震惊中外，他们立即接管了西安的报社、广播电台。当时西安广播电台有英语广播节目，主要是由史沫特莱、贝特兰等一批国际友人来主持，他们对外报道了西安事变的事实真相。不久之后，国民党政府在重庆建立了国际广播电台，并于1939年2月开始播音，可以使用十多种语言对欧洲、北美、苏联东部、中国东北部、日本等进行广播，每天播音十多个小时。1937年卢沟桥事变前后，中国共产党领导的上海戏剧界救亡协会留在上海的剧团，经常在广播电台开展救亡宣传活动。在此后一年多时间里，中国共产党代表团驻在武汉，当时的汉口广播电台、汉口短波广播电台和长沙广播电台成为抗日宣传的主力，周恩来、彭德怀、郭沫若等都曾到电台发表抗日广播演说，激励民众的抗日斗志。1938年4月7日至13日，武汉举行了"抗战扩大宣传周”活动，周恩来发表了广播演讲，题目是《争取更大的新的胜利》，绿川英子担任日语播音员，揭露了日本侵略者的罪行，报道了中国军民英勇抗敌的事迹，在侵华日军中引起强烈反响。[1]同时，中国共产党开始在抗日根据地筹建延安新华广播电台，这是中国人民的第一座广播电台。1945年8月10日，延安新华广播恢复播音，第一天播送的是中国人民解放军总部朱德总司令向所有解放区的人民军队发布的反攻进军命令。到了1945年9月5日，正式开始播音。[2]

广播的诞生对国际传播产生了直接影响。其一，中转人力进一步减少。比如，广播和电报不同，不需要去电报局办理相关业务，只需购买一台收音机放在家里，就可以足不出户地收听到来自世界各地的新闻信息。其二，广播产生的影响力在大幅提升。比如，第二次世界大战期间英国首相丘吉尔的广播演说，有效地提振了英国人民抗击德国纳粹的决心和信心，当时的英国君主乔治六世也通过广播向国民发表演说，激励英国人民勇敢作战，这些都为扭转战局发挥了作用。其三，出现了进行国际传播的专门频道。比如，1938年，英国广播公司最早开创了一个面向全球的外文广播频道“BBC阿拉伯语电台”。我国最早自主创办的广播电台是哈尔滨无线广播电台，于1926年10月1日成立。1927年3月，上海新新公司建立起一座电台，主要播出唱片，以推销无线电器材，这是中国人自己开办的首座民营商业电台。

三、电视的产生与国际传播

（一）电视、卫星电视的产生过程

除了电报、广播之外，电视是第三种电子媒介，首先简要了解一下电视的产生过程。

- 1884年，德国人尼普科发明了机械扫描图盘。
- 1900年，法国人彭凯发明了电传影像机，将其称之为电视。

---

① 赵玉明. 旧中国广播的产生、发展和终结三、抗日战争时期的广播事业［J］. 现代传播，1982（3）：92-96.
② 康蔭. 中国人民的第一座广播电台——延安新华广播电台［J］. 新闻战线，1960（2）：32-33.

- 1911年，俄国人鲍里斯·罗津发明了电视接收机。
- 1923年至1924年，美国人兹沃雷金发明了光电摄像管和电子显像管。
- 1925年，英国人贝尔德进行了传送和接收电视画面的实验。

具体来看，1817年，瑞典化学家巴瑞利斯发现了硒元素。1872年，英国人约瑟夫·梅发现硒元素能够传递电能。如此一来，从理论上证明任何物体的影像可以通过电子信号进行传播。1884年，德国科学家尼普科发明了机械扫描图盘，是在机械电视系统中，以适当的次序扫描一个图像小单元的圆盘，它有一条或者多条沿外缘开洞的螺旋线，在适当位置依次开洞，使圆盘旋转时进行扫描，从而解决了使用无线电进行图像传送的难题。1900年，法国科学家彭凯在巴黎世界博览会上展示电传影像机时，将其称为电视，自此电视一词为世人所熟悉。1911年，俄国科学家鲍里斯·罗津研制出电视接收机。美国科学家兹沃雷金被世人公认为开辟了电视时代，他于1923年发明了光电摄像管，能够使用电子束的自动扫描组合画面，取代了机械圆盘扫描，实现了使电视摄像与显像完全电子化，为电视摄像机的设计做出了重要贡献，后来他又发明了电子显像管，也是现代电视接收管的原型。1925年英国科学家贝尔德成功地进行了传送和接收电视画面的实验，他因此被人们尊称为“电视之父”。

当时，苏联是发展电视最早的国家之一。1931年，图片报道式的电视开始了试验性的发送。1932年，首次播出有活动画面的电视节目。1934年，开始有了正规的有声伴奏的电视广播，这些都被视为较早的电视演播活动。[①]几乎就在同一时间，世界上的许多国家开始着手电视演播实验。1933年，美国无线电公司的一家分公司全国广播公司组建起一个3H电视演播室，并且在物理学家兹华伊金的领导下研制生产电视。6年之后，世界博览会在纽约举行，美国无线电公司在此次博览会上公开展出了自己生产的电视产品，轰动一时。当时的电视机显像管只有5～6英寸，后来发展到12英寸，售价在200美元至600美元不等。[②]1954年，美国正式开播彩色电视节目，从此告别了黑白电视的时代。1958年3月，我国第一套电视发射设备和电视接收机试制成功。[③]同年，北京电视台建立，也就是中央电视台的前身，从1973年开始播放彩色电视节目。电

---

① 王武录. 苏联的电视［J］. 新闻战线，1981（10）：46-47.
② 赵平. 电视的诞生［J］. 新闻与写作，1986（1）：27.
③ 羽禾. 我国第一套电视设备的诞生［J］. 新闻战线，1958（4）：57.

视自诞生之后，受到人们的青睐，反过来也促进了电视的快速发展。到了20世纪90年代，人们对电视节目的需求更加多元，促进了电视栏目对象化、电视频道专业化的变化，中国电视进入了分众时代。比如，2001年4月，首届中国大学生电视节在南京举行，通过问卷调查和学生代表投票相结合的方式评选出获奖项目，第一次实现了真正的分众评选。①

伴随通信卫星技术的发展，国际传播进入了一个新时代。总体来说，卫星电视时代主要分为卫星转播和卫星直播两个阶段，下面我们先简要介绍一下卫星电视的产生过程。

- 1962年，通信卫星“电星”一号发射成功。
- 1963年，同步通信卫星“辛康姆”一号发射成功。
- 1965年，第一颗商用同步通信卫星“国际通信卫星”一号发射成功。
- 20世纪70年代，用来传输电视广播信号的广播卫星诞生。
- 1983年，卫星直播电视进入实用阶段。

具体来看，1962年，美国发射了通信卫星“电星”一号，它首次突破国界，在美洲和欧洲之间实现了电视、电话和传真等传输。此后，美国接连发射了三颗“辛康姆”卫星用于通信：1963年发射了第一颗同步通信卫星“辛康姆”一号，使美国和欧洲、非洲等能够进行电话、传真等通信业务，但是只过了几个月，由于电力枯竭而停止使用。同年，又发射了“辛康姆”二号。1964年还发射了“辛康姆”三号，将第18届东京奥运会的实况传送到了美国、加拿大、墨西哥和欧洲各国。

伴随卫星转播的日益发展，相应的国际组织得以建立。1964年，美国、加拿大、法国等多个国家联合组成临时性的国际通信卫星组织，1973年成为了常设机构。国际通信卫星组织自成立至今，已经发送了几十颗通信卫星，分别放置在大西洋、印度洋和太平洋上空，这些卫星不仅担负着全球的通信任务，也用于电视节目的同步传送，世界从此进入使用通信卫星传送电视节目的时代。需要注意的是，国际通信卫星组织只拥有国际线路的空中部分，接收和发送信号的地面站是由各个国家的电信主管部门拥有并管理的。在卫星转播时代，一

① 李幸. 中国电视进入分众时代［J］. 中国新闻周刊，2001（22）：80.

个标志性事件就是人类登月成功的实况转播。1969年，阿波罗11号宇宙飞船首次成功登上月球。当时，这一实况通过卫星向全世界播放。

相比地面电视，卫星直播电视的覆盖面大，投资较少。比如，一般电视台的服务半径大约在40千米，其覆盖面积约为5000平方千米，倘若以这样的电视台覆盖整个中国，需要建设2000多座电视发射台，还需要建立数倍于此数的中继站，如果是直播卫星电视，只需要一颗直播卫星就可以了。卫星直播电视的时代开启于20世纪80年代。1982年，美国联邦通信委员会批准卫星电视公司经营电视直播卫星。1983年，美国卫星电视公司委托RCA宇航电子公司研制两颗电视直播卫星。1984年，美国的USCI公司首次开始卫星直播，最初预定的五个频段里已经有三个开始广播，其中两个是图像广播，一个是体育节目，另外两个频段还在讨论中，安装费是300美元，视听费每月39.95美元。与卫星转播电视相比，卫星直播电视的转发器输出功率较大，电视机用户只要在家安装一个简单的小型蝶式天线，就能接收卫星传送来的节目，而不必经过地面站和当地电视台的中转，而且抗干扰性强，音像清晰度高。比如，1980年，美国有线电视新闻频道（Cable News Network，简称CNN）正式开播，创办人是特纳，与以往的电视新闻频道相比，CNN确立的是“24小时新闻”的理念。1990年，CNN率先提出在全球范围内建设电视信息网，随后，它在全世界的几十个国家寻找到150余家电视机构进行合作，合作方式是依照CNN提供的电视新闻制作理念、节目制作类型和节目制作长度等具体要求，由这些电视机构为CNN免费提供新闻。1991年海湾战争爆发，当多国部队的第一颗炸弹落在伊拉克境内时，CNN通过卫星直播电视将这一画面传遍了全球。

（二）世界信息与传播新秩序的演变

关于传媒和信息旧秩序，它既是西方发达国家商业媒体利益的重要来源，也是其经济和政治殖民的有力捍卫者。广大发展中国家在争取政治和经济独立的斗争中明显感到，他们的话语权长期处在被忽视的困境，而争取世界信息与传播新秩序的运动，恰是对殖民霸权的整体性反抗。[①]1955年，在印度尼西亚召开了万隆会议，有多个新独立的亚非国家参加，此次会议主要倡导“世界和

① 李艾珂，吴敏苏，赵鹏. 世界信息传播秩序演变与中国的贡献——以中国国际电视台（CGTN）的传播实践为例［J］. 现代传播（中国传媒大学学报），2018，40（6）：65-69，75.

平与合作”，还关注到各种影响国家主权的问题。自此，第三世界集团开始给世界政治经济结构带来根本性改变。第三世界集团发起不结盟运动，这些成员国都努力在美苏对峙的夹缝中开辟本国发展的空间，而这场运动的改革议程也确实受到越来越多人的青睐，各国越来越把通信、文化和信息看作重要事项。

1970年，联合国教科文组织在法国巴黎召开会议，围绕新闻和信息传播不均衡不平等问题展开辩论。由于发展中国家和发达国家在一些关键性的问题上各执己见，这场辩论实际上进行了长达八年之久。在此期间，发展中国家为建立“世界信息与传播新秩序”进行了不懈努力和斗争。1973年，第四届不结盟国家政府首脑会议通过《阿尔及尔宣言》，会议不仅将新闻传播问题提了出来，也达成了相互交换新闻的协议，为“消除殖民时代的有害影响”，参会方还一致同意加强各自的传播工作。[①]1974年，在联合国教科文组织第十八届大会上，发展中国家与发达国家的代表围绕新闻传播问题展开激烈辩论。发展中国家认为每个国家都有权采取措施保护本国不受不负责任的新闻传播工具之害，发达国家认为发展中国家不应该有“限制新闻自由的倾向”。[②]为抵制西方大通讯社的控制与垄断，第三世界国家纷纷建立和加强自己的通讯社和广播联盟，比如，1975年，加勒比地区13个使用英语的国家成立了加勒比通讯社。[③]又比如，1976年，不结盟国家通讯社联盟成立，约有80个国家加入，每天发布6万字消息，对西方持批判态度，还致力于改进第三世界中一些较弱的或没有通讯社的国家的通讯工作，包括降低通讯关税、改进传播工作、促进设备标准化与培训技术人才等。[④]1976年，不结盟国家首次提出“世界信息与传播新秩序”概念，其中世界范围内的传媒以及信息的不平等是其关注的重点。[⑤]1977年年底，联合国教科文组织设立的国际交流问题研究委员会投入工作，这为南北国家对话提供了机会。[⑥]1978年，联合国教科文组织通过了《大众传媒宣言》，不少发展中国家代表对其定稿过多地强调新闻自由，而删去了关于新闻工作者的责任的内容表示

---

① 卡拉·诺顿斯登 文，徐培喜 译.世界信息传播新秩序：浴火重生的主张[J]. 中国记者，2011(8)：35-37.

② 程曼丽. 外国新闻传播史导论（第二版）[M]. 上海：复旦大学出版社，2007：259.

③ 林珊. 建立世界新闻新秩序的潮流不可阻挡[J]. 国际新闻界，1981(4)：14.

④ 潘玉鹏. 发展中的第三世界通讯社[J]. 新闻大学，1989(3)：46.

⑤ 李艾珂，吴敏苏，赵鹏. 世界信息传播秩序演变与中国的贡献——以中国国际电视台（CGTN）的传播实践为例［J］. 现代传播（中国传媒大学学报），2018，40（6）：65-69，75.

⑥ 同③。

不满，认为这只是妥协的产物。[1]1980年，联合国教科文组织举行会议，国际交流问题研究委员会提交了麦克布莱德主编的报告《麦克布莱德报告》，即《多种声音，一个世界》，该报告对西方国家鼓吹的新闻自由进行了批评，指出：新闻自由“这种不受政府干涉的独立性，虽然确立了新闻出版界本身成为一种力量，但是它往往并不带来同时也能摆脱控制新闻出版界的私人势力的同等独立性。”同时，该报告还明确提出世界新闻传播存在不均衡、不平等状况，表示“许多从事交流的专业人员认为，既然不可否认存在着这些不均衡现象及其带来的危险，那么强调单向新闻流通就会导致进一步限制新闻自由和加强主张减少消息情报流入的那些人的实力；其结果将是同自由流通这个概念发生彻底决裂。”[2]这份报告被认为是卫星电视时代世界信息与传播新秩序运动的开创性文件。[3]

应该说，发展中国家和“世界信息与传播新秩序”在联合国教科文组织框架内的斗争中取得了胜利。然而，这个胜利没有能够持续太长时间，以美国为首的西方国家提出强烈反对，1981年，20多个发达国家代表在法国召开会议通过了《塔鲁瓦宣言》，他们重申新闻自由，猛烈抨击《麦克布莱德报告》，指责联合国教科文组织支持第三世界国家“侵蚀国际传播”“侵蚀信息的自由流动”。[4]1984年，美国退出联合国教科文组织，随后其盟国英国和新加坡也宣告退出，使得这一斗争陷入僵局，建立世界信息新秩序的进程也受到搁置。1991年，联合国教科文组织在纳米比亚温得和克会议上通过《温得和克宣言》，鼓励国家间的信息自由流动，促进信息广泛均衡的传播，在发展中国家开发一切有利于加强通信能力的手段，提高交流能力，促进媒体独立、经营自由化和多元化。当美国重返联合国教科文组织时，其国际传播政策已经很少遇到新秩序运动的阻碍了。对此，英国传播政治经济学家柯林·斯帕克斯（Colin Sparks）教授认为，“这种失败不仅是政治上的，也是意识形态上的”[5]。

---

① 王志兴. 南北国家的新闻自由与责任之争［J］. 国际新闻界，1984（4）：2.

② 麦克布莱德. 多种声音，一个世界［M］. 中国对外翻译出版公司，教科文组织出版办公室，1981：13，52.

③ 徐佳. 下一代互联网：中国参与构建国际传播新秩序的新起点［J］. 新闻记者，2012（5）：74-79.

④ 同③.

⑤ 柯林·斯帕克斯，吴长伟. 不断进行有价值的探索与努力——国际传播与信息新秩序漫谈［J］. 中国记者，2011（8）：42-45.

第四节 互联网时期的国际传播

互联网自诞生之日起，就以其独有的优势成为目前最为先进的传播媒介。

一、互联网的产生与国际传播

我们先简要了解一下互联网的产生过程。

- 20世纪60年代，美国国防部高级研究计划署（Advanced Research Projects Agency，编写为ARPA）研制的阿帕网诞生。
- 1971年，英特尔公司生产出第一枚微处理器芯片。
- 1974年，“互联网之父”文顿·瑟夫（Vinton Cerf）研究出传输控制协议/网络间协议，即TCP/IP。
- 1981年，IBM公司生产出第一台个人电脑。
- 1983年，TCP/IP标准被许多计算机网络所接受，标志着全球互联网正式诞生。
- 20世纪80年代末，美国生产出笔记本电脑和掌上电脑。
- 1990年，高速信息网络（NSFnet）取代了阿帕网络（ARPAnet），成为互联网的主干网。
- 1993年，美国提出“信息高速公路”计划。
- 1998年，联合国新闻委员会提出“网络媒体为第四媒体”。
- 2000年，中国颁布《中华人民共和国电信条例》。
- 2002年，首届“中国互联网大会”在上海举办。
- 2009年，英国颁布《政府部门Twitter使用指南》。
- 2014年，首届“世界互联网大会”在浙江乌镇举办。
- 2017年，《中华人民共和国网络安全法》正式施行。

国际互联网的前身是阿帕网，它是由隶属于美国国防部的高级研究计划署主持研制的，这一设想最初是由美国军事智囊团兰德公司提出的。当时，美苏处于冷战对峙状态，美国军方为了减少集中的信息站点易受攻击的危险，提出建立一个分布式冗余的计算机网络，使得所有消息拆分为一个个分组并且可以通过协议发送，这样可以确保信息通道畅通。[①]不久之后，阿帕网发送电子邮件的功能被开发出来，由此一个原本用于保护军事通信系统的网络转变为可供日常使用的交互式通信网络。1972年，阿帕网已经连接了40多个节点互联互通。1973年，美国的节点通过卫星通信与夏威夷州、英国伦敦和挪威等地连接。1974年，“互联网之父”斯坦福大学文顿·瑟夫博士研究出传输控制协议/网络间协议（TCP/IP），该协议在1982年被美国国防部定为标准，要求所有接入阿帕网的计算机网络采用这一协议。到了1983年，这个协议被许多计算机网络所接受，标志着全球互联网正式诞生，更名为Internet，互联网的名称正式出现。由此可见，这些协议使得因特网的概念从本地网到广域网成为现实。

1990年，由美国国家科学基金会（National Science Foundation，简称NSF）出资建立的NSFnet逐步形成全国性网络，并且取代了阿帕网，成为互联网的主干网。1991年，为了减轻政府负担，美国国家科学基金会提出可以由私人公司承担一些责任，标志着互联网迈向商业化。在这个过程中，出现了“万维网”，又被称为“环球网”，英文标识是WWW，即World Wide Web。万维网不是互联网之外独立存在的一种网络，而是互联网中的一种多媒体信息服务系统，它是以超文本链接的方式存取信息文档，支持图形、声音、视频和文本等。1990年，“万维网之父”英国计算机科学家蒂姆·伯纳斯·李（Tim Berners Lee）所写的超文本传送协议和超文本标记语言的程序成为万维网的基础。次年，该程序被放置在互联网上，任何人都可以使用并且能够对其进行改善，由此网页浏览器和搜索引擎被开发出来。迈入21世纪，高新技术发展优势成为各大国争夺的焦点，旨在通过高速大容量计算机通信网络为社会各个领域、各行各业乃至家庭提供话音、数据、电文和视频业务。在这个方面，美国率先加入，1994年，美国副总统戈尔在国际电信联盟世界电信发展大会的演讲中，提出建立“全球信息高速公路”的设想，其正式名称是“国家信息基础结构”（National Information Infrastructure，简称NII），要在2001年使美国率先进入信息时代。信息高速公路，是指高速计算机网络，经由光缆把政府机构、学校、图书馆、企业、科研单位、商店以及家庭的计算机连接起来，所有用户即使足不出户，也可以利用计算机终端快捷地传送或者处理信息，最大限度实现

---

① 殷晓蓉. 阿帕对于因特网的贡献及其内在意义［J］. 现代传播（中国传媒大学学报），2002（1）：49-52.

信息资源共享。[①]

1994年4月20日，经由一条64K的国际专线，中国全功能接入国际互联网。关于互联网的发展阶段，我国的国际传播学界是从技术、传媒与标志性事件等不同视角进行了划分。具体来说，第一种划分方式是从技术史视角审视互联网的发展过程，认为互联网的本质是“连接”，将互联网的发展过程划分成四个阶段：第一个阶段是前Web时代机器连接的终端网络，第二个阶段是Web 1.0时代超链接形成的内容网络，第三个阶段是Web 2.0时代个体链接形成的关系网络，第四个阶段Web 3.0时代意味着内容网络、终端网络的质变，但仍是一个以“连接”的演进为主线的发展过程。[②]

第二种划分方式是从传媒视角审视互联网的发展过程，将互联网业态的发展划分成三个阶段：第一个阶段是Web 1.0内容媒体阶段，将内容集成在微博、微信、客户端上，实现传统媒体流量到两微一端流量的转化；第二个阶段是Web 2.0社交媒体阶段，通过社交和互动聚集用户黏性，进而掌握用户的使用习惯和喜好，做到初级的个性化分发；第三个阶段是Web 3.0智能媒体阶段，将用户价值和内容价值高度匹配起来，充分实现社会价值与经济价值。[③]

第三种划分方式是以标志性事件审视互联网的发展过程，将互联网的发展过程分为四个阶段：第一个阶段20世纪90年代是以三大门户网站（新浪、搜狐、网易）为代表，标志性事件是首个互联网法规出台，1996年2月1日，出台了《中华人民共和国计算机信息网络国际联网管理暂行规定》，确定了网络治理制度设计的基本框架。第二个阶段21世纪前10年是以百度、阿里和腾讯崛起为代表，标志性事件是汶川特大地震展现互联网的力量，网民作为一支独立力量介入报道当中，开展了一场“ Web 2.0式”的救灾。第三个阶段21世纪10年代是以百度、阿里和腾讯称霸，今日头条、美团和滴滴崛起为代表，标志性事件是《中华人民共和国网络安全法》正式施行，这对保障我国网络安全、维护国家总体安全具有深远而重大的意义。第四个阶段21世纪20年代以来，主要呈现出以智能为特性的新特征和格局。[④]

---

① 林立.“信息高速公路”激起全球信息革命新浪潮［J］. 国际技术经济研究学报，1994（3）：44-47.
② 彭兰.“连接”的演进——互联网进化的基本逻辑［J］. 国际新闻界，2013，35（12）：6-19.
③ 胡正荣. 智能化：未来媒体的发展方向［J］. 现代传播（中国传媒大学学报），2017，39（6）：1-4.
④ 方兴东，陈帅. 中国互联网25年［J］. 现代传播（中国传媒大学学报），2019，41（4）：1-10.

二、数字媒体的快速发展与国际传播

伴随数字技术的快速发展，促进新型数字媒体的出现，比如，数字电视、交互式网络电视（IPTV）、手机电视等。数字电视，是指在电视节目采集、录制、发射、接收、播出等环节全部采用数字编码与解码技术以及数字化传输技术的新一代电视，被视为继电视由黑白变为彩色的革命之后的第二次全球性的电视技术变革。[①]根据国际电信联盟的规定，所有国家在2015年前停播模拟电视广播，实现全面数字化。其中，英国是实现数字电视转化进展最快的国家之一，在2010年6月，已经有九成的英国家庭使用了数字电视，在2012年完成了从模拟信号到数字信号电视的过渡。为推进数字电视普及，英国政府推进了系列优惠政策，比如免费发放机顶盒，英国空中广播公司（British Sky Broadcasting，简称BSkyB）耗资10亿英镑为消费者免费发放机顶盒，短时间内快速发展成为英国最大的数字电视运营商，当时每个英国电视用户每月花费在付费电视上的费用为29.1英镑。[②]高清晰数字电视节目是数字电视服务的进一步升级，主要通过宽带电脑网络传播电视节目，同时拓展收看渠道，除了电视机之外，还可以通过电脑、手机等接收方式收看。

在我国，2001年制定的“十五”计划纲要中首次明确提出促进电信、电视、计算机三网融合，2006年制定的“十一五”规划纲要中指出建设集有线、地面、卫星传输于一体的数字电视网络。[③]我国的广播电视产业的数字化实行的是“三步走”的战略计划：第一步实现有线电视数字化，第二步实现数字卫星直播业务与地面数字电视试验，第三步全面推广地面数字电视，到2015年停止模拟广播电视的播出。关于数字电视，早在2000年6月，广西南宁有线电视台在国内第一个开通了数字电视业务，正式拉开了数字化帷幕。根据国家广播电视总局在2021年印发的《广播电视和网络视听“十四五”科技发展规划》，主要是以智慧广电建设为中心任务。

相比数字电视，基于电信宽带网传输的IPTV，既可以为用户提供更多的电视节目，也可以为用户提供节目的点播功能，还可以将电视服务和互联网浏览、电子邮件以及多种在线信息咨询、舆论、教育以及商务功能等结合在一

① 张丽，等．世界广播电视发展趋势研究［M］．北京：中国传媒大学出版社，2011：2.
② 同① 9.
③ 袁超伟，张金波，姚建波．三网融合的现状与发展［J］．北京邮电大学学报，2010，33（6）：1-8.

起，从而有效地扩展了其他电信增值业务。从全球来看，IPTV的发展过程可以分成三个阶段：第一个阶段，2003年之前是试水阶段。第二个阶段，2003年至2006年是启动阶段。比如，从2005年开始，美国的威利逊公司（Verizon）率先推出IPTV服务，拉开了美国IPTV发展的序幕。在内容上，主要以资讯类和娱乐类为主；在经营方式上，主要有网站方式、机顶盒方式、“苹果”方式、电信方式和专营方式等。[①]第三个阶段，2006年之后进入快速发展期，特别是2008年之后进入高速发展期。关于IPTV，各国的界定以及管制模式不太相同，大致可以分为三种形式：界定为媒体、界定为广播业务、界定为电信业务。从全球范围来看，在业务界定明确、管制到位、管制环境宽松的国家或者地区，IPTV发展良好，以亚洲为例，我国香港做得比较成功。2005年，国家广播电视总局发出了4张全国性的IPTV牌照，包括上海文广、央视国际、南方广电传媒和中国国际广播电台，其中以“上海模式”最具代表性，IPTV业务主要由中国电信上海公司与上海文广新闻传媒集团百视通公司（BesTV）具体实施，有效实现了后台业务管理和内容集成平台的对接，受益根据双方承担的职责和投入情况进行共享。[②]

手机电视的诞生，主要得益于移动数据业务的普及、手机性能的提高以及数字电视技术和网络的迅速发展。2003年5月，日本电信运营商KDDI和日本放送协会（NHK）开发出第一台带有数字电视信号接收功能的手机，带动了手机电视业务的兴起。[③]具体来说，手机电视业务的实现方式有三种：第一种是利用蜂窝移动网络实现，比如中国移动（联通）公司的手机电视业务；第二种是利用卫星广播实现，比如韩国的通信运营商所采用的就是这种方式；第三种是利用数字地面广播实现，比如韩国和日本是全球最早开展此种方式的国家，也是目前最被看好的方式。2004年3月13日，韩国电信公司（SKT）和日本移动广播公司（MBCO）联合发射了全球第一颗移动电话电视广播通信卫星，能够向移动电话、手持通信设备或者车载设备发射电视节目。2006年4月，日本开通了ISDB-T技术的地面移动电视，将模拟电视的6MHz频段分成13个频段，其中的1个频段是用来给手机、车载接收器等设备传送移动电视信号，因

① 张丽，等. 世界广播电视发展趋势研究［M］. 北京：中国传媒大学出版社，2011：22.
② 同① 27.
③ 同① 29.

此又被称为“One Seg”移动电视。[①]2012年4月1日，由日本的NTT DoCoMo通信公司和日本各大民间电视台共同出资设立的“手机电视台”（NOTTV）开播，主要面向手机和平板电脑等提供新闻、体育赛事直播和娱乐节目等，每月费用420日元。一些智能手机现在能够接收Full Seg，其分辨率与电视广播相同，从2013年推出的ARROWS NX F-06E开始，过去许多制造商，包括索尼、夏普、富士通、三星电子、LG和HTC，都推出了Full Seg兼容机型。目前，一段式（One Seg）和全段式（Full Seg）兼容机型的数量逐年减少，到2020年，只有两款机型，即索尼Xperia 1 II和夏普AQUOS R5G，但后续的Xperia 1 III和AQUOS R6既不兼容Full seg也不兼容One Seg。2020年发布的新机型只有三款仍然支持One Seg：京瓷的Easy Smartphone 2（软银——一个服务运营商）、夏普的Simple Smartphone 5（软银）和FCNT的Raku Raku Smartphone F-42A（NTT DoCoMo——一个服务运营商）。最近的机型是在2021年推出DoCoMo的乐乐智能手机F-52B，它也是唯一一款支持One Seg功能的智能手机。乐乐智能手机F-52B继续配备One Seg的原因是，对于乐乐系列的目标群体（高级用户），使用应用程序观看被认为是一个高障碍。这是由于One Seg是生活并且习惯于观看电视的一代人的重要功能，也是在灾难发生时获取信息的有用手段。在可预见的未来，配备One Seg功能智能手机似乎不太可能完全消失，但很可能只有非常有限的机型会继续配备这一功能。

在本章中，我们主要概述了国际传播的发展历史，从口语传播、印刷传播、电子传播、卫星电视传播到互联网传播，整个过程是非常漫长的。对此，美国传播学者威尔伯·施拉姆（Wilbur Schramm）曾说：“人类传播的时式和形式的变化速度本身，就是有重要意义的社会数据：从语言到文字，几万年；从文字到印刷，几千年；从印刷到电影和广播，四百年；从第一次实验电视到从月球播回实况电视，五十年。……我们正在进入一个信息时代，在这个时代里，与其说是自然资源而不如说是知识有可能成为人类的主要资源以及力量和幸福的必不可少的条件。”[②]

---

① 张丽，等. 世界广播电视发展趋势研究［M］. 北京：中国传媒大学出版社，2011：30-32.

② 威尔伯·施拉母，威廉·波特. 传播学概论［M］. 陈亮，周立方，李启，译. 北京：新华出版社，1984：19.

思考题

1. 人类早期的国际传播都包括哪些阶段呢？
2. 机器印刷时期的国际传播都包括哪些方面呢？
3. 电子媒介时期的国际传播都包括哪些阶段呢？
4. 世界信息与传播新秩序经历了一个怎样的演变历程呢？
5. 互联网的发展主要包括哪些阶段呢？

第三章

国际传播的主体和内容

本章主要包括两部分内容：国际传播主体和国际传播内容。国际传播主体就是拉斯韦尔“5W”传播模式中的Who，即谁在说，那么国际传播到底是谁在传播信息呢？一般来说，国际传播的主体不是单一的，而是多元的，主要有政府、跨国媒体企业、国际组织和自媒体等。国际传播内容就是拉斯韦尔“5W”传播模式中的What，即说了什么，那么，国际传播到底传播什么样的信息呢？本章主要探讨这两个问题。

第一节　政府传播

关于政府的定义，有广义和狭义之分。广义上的政府，是指国家公共机关的总和，包括国家立法机关、行政机关和司法机关等，也就是人们常说的国家政权。狭义上的政府，是指具体的行政管理机关，依法享有行政权力。比如，国务院组成部门主要包括外交部、司法部、教育部等国家部委。本书在阐释政府传播的相关内容时，指的是广义上的政府。

一、政府传播的行为规范

政府传播从严格意义上讲不属于大众传播，更接近于组织传播，因此在传播行为上要遵循一定的组织规范，包括政治规范和行政规范。

（一）政治规范

在我国，政府传播的政治规范要以“四项基本原则”为标准。1979年3月30日，邓小平在北京召开的党的理论工作务虚会上作了题为《坚持四项基本原则》的重要讲话，讲话中提出必须坚持四项基本原则，即第一，必须坚持社会主义道路；第二，必须坚持无产阶级专政；第三，必须坚持中国共产党的领导；第四，必须坚持马列主义、毛泽东思想。1981年，党的十一届六中全会决议对“四项基本原则”做了进一步明确规定，将其作为全党团结和全国各族人民团结的共同的政治基础，作为社会主义现代化建设事业顺利发展的根本保证。1982年通过的《中华人民共和国宪法》将“坚持四项基本原则”中的“坚持无产阶级专政”表述为“坚持人民民主专政”。1987年，党的十三大将“四项基本原则”写入党在社会主义初级阶段的基本路线中。1992年，党的十四大通过《中国共产党章程（修正案）》，将党的“一个中心、两个基本点”纳入党章。“一个中心、两个基本点”是党在社会主义初级阶段的基本路线的主要内容，一个中心是指以经济建设为中心；两个基本点是指坚持四项基本原则，坚持改革开放。2012年，党的十八大报告指出，党的基本路线是党和国家的生命线，必须坚持把以经济建设为中心同四项基本原则、改革开放这两个基本点统一于中国特色社会主义伟大实践。①2017年，党的十九大报告指出，全党要牢牢把握社会主义初级阶段这个基本国情，牢牢立足社会主义初级阶段这个最大实际，牢牢坚持党的基本路线这个党和国家的生命线、人民的幸福线，领导和团结全国各族人民，以经济建设为中心，坚持四项基本原则，坚持改革开放，自力更生，艰苦创业，为把我国建设成为富强民主文明和谐美丽的社会主义现代化强国而奋斗。2022年，党的二十大报告指出，坚持和加强党的全面领导，坚持中国特色社会主义道路，坚持以人民为中心的发展思想，坚持深化改革开放，坚持发扬斗争精神。

政府传播还要坚持“以人民为中心”的原则。我国宪法规定“中华人民共和国的一切权力属于人民”，人民是国家的主人，是国家权力的主体，一切国家机关及其工作人员都是人民的公仆。党的十八大以来，习近平总书记在多个

---

① 郎劲松，侯月娟. 政府传播［M］. 北京：中国人民大学出版社，2014：18-19.

场合、多个会议上反复强调，要“始终把人民放在心中最高位置”，要“依靠人民创造历史伟业”，要“朝着实现全体人民共同富裕不断迈进”，“党的执政水平和执政都不是由自己说了算，必须而且只能由人民来评判”，“人心就是力量”等。

（二）行政规范

政府传播的行政规范主要包括以下几个方面。

第一，坚持政治家办报，坚持正确舆论导向。毛泽东首创提出“政治家办报”的重要思想，其核心是办报人必须是政治家，既要懂政治、懂政策，也要善于凝聚各方力量集体办报。党的十八大以来，习近平总书记多次深入媒体一线调研，发表了一系列重要讲话，深化拓展了“政治家办报”思想。在政府传播中，政府传递的思想观点和价值理念等必须与党中央保持高度一致，深刻认识“两个确立”的决定性意义，增强“四个意识”、坚定“四个自信”、做到“两个维护”，还要做好正面宣传，大力宣传我国在脱贫攻坚、改善民生、环境保护等实践中取得的伟大成就，大力宣传富强、民主、文明、和谐、自由、平等、公正、法治、爱国、敬业、诚信、友善的社会主义核心价值观。

第二，坚持依法行政原则。随着我国法治的逐步完善，行政法治也受到人们的关注。政府作为行政主体，同时也作为政府传播的主体，必须接受法律监督，根据法律的相关规定履行相关职责，其行为结果要通过法律手段来解决。习近平主席强调，马克思主义权力观，概括起来是两句话：权为民所赋，权为民所用。相应地，政府传播不仅要树立“传播为民”的权力本位思想，也要加快构建依法依规进行政府传播的秩序。

第三，坚持信息及时公开原则。2011年，中共中央办公厅、国务院办公厅印发的《关于深化政务公开加强政务服务的意见》明确规定：按照“公开为原则，不公开为例外”的基本要求，推行政务公开工作。2016年10月31日，李克强总理在常务会议上明确表示：政务公开是政府必须依法履行的职责。只要不涉及国家安全等事宜，政务公开就是常态，不公开是例外！比如，政府在抗击新冠肺炎疫情的过程中快速反应，借助报纸、广播、电视、互联网等多种传播渠道及时发布相关信息，加大对不良信息和谣言传播的治理力度，消除了人们的心理恐慌，凝聚全社会同心协力、共同抗疫。

第四，坚持责任追溯原则。责任追溯是将不作为、乱作为、消极作为造成的不良后果追溯到具体的直接责任人，并且按照法律法规追究相关责任。目前我国已经形成一套完整的领导干部责任追究制度，坚持谁主管谁负责的原则，交由党风廉政建设工作领导小组认真调查、分清责任，提出处理意见，按照规定的权限和程序进行处理，具体包括情节较轻的，给予批评教育、责令作出书面检查、通报或诫勉处理；情节较重的，给予停职检查、调离岗位、限制提拔使用处理；情节严重的，应当引咎辞职或给予责令辞职、免职、降职处理，应当给予纪律处分的，依照有关规定追究纪律责任。涉嫌违法犯罪的，移送有关国家机关依法处理。

二、政府传播的特点

政府是国家行政机关，也是国家权力的执行机构，对国家事务具有管理、监督、指导和服务等多个方面的职能。一般来说，政府在进行国际传播时有两种方式：一种是通过新闻发言人直接发声，另一种是指定官方信息发布的新闻媒体。

（一）政府的双重身份

在政府传播中，政府作为传播主体具有双重身份，不仅是信息的传播者，具有绝对的权威性，也是信息传播的控制者，负责监督整个信息传播过程。在这个方面，美国、英国和法国有不少相似之处，主要以美国为例，政府是以司法行政权强制实行的调控以及通过其他渠道实行的非强制性调控等手段对新闻传播的若干环节施加影响，以调控新闻的质量、数量、流向和导向等。[①]1953年，美国新闻署（U.S. Information Agency，简称USIA）成立，行使对外传播管理职能，直到1998年，美国国会通过了外交事务改革和重组的相关决议，决定对其进行改组，原在美国新闻署的管辖之下的广播管理理事会（Broadcasting Board of Governors，简称BBG）开始独立出来，负责掌管美国联邦政府赞助的所有非军事国际广播服务，该理事会共由9名成员组成，其中的8名成员由美国总统指定并受美国国会认可，同时规定总统指定的成员不能超过4人来自同一党派。美国之音（VOA）、自由欧洲电台/自由电台（RFE/RL）、自由亚洲

① 童兵. 比较新闻传播学［M］. 北京：中国人民大学出版社，2002：210.

电台（RFA）、马蒂电视台和电台（Marti）、世界网络电视台（World Net）等媒体都接受理事会的直接管理，总共包括几十种语言，面向全世界百余个市场进行广播。2003年，美国成立了白宫全球宣传办公室，力图更好地传达美国政策，改善美国在国际上的形象。同年，由中国国务院新闻办公室编印的《世界部分国家新闻媒体简介》对该办公室的主要职能进行了介绍：一是对美国政府向海外公众发布信息采用的方法和战略作出评估；二是探索制定对外宣传美国政府、美国政策、美国文化的有效传播战略；三是向媒体高度关注且具有全球意义的地区派遣临时传播组，以便进行更有效的宣传；四是向政府建议并鼓励媒体采用先进的传播方式和技术手段。

（二）政府传播的职能

在政府传播中，政府的主要职能包括：促进国与国之间的信息交流，助推国际战略、外交政策的实施，应对复杂的国际舆论环境，树立良好的政府形象。

第一，促进国与国之间的信息交流。政府作为国家权力机构，对外传播的信息都是基于本国利益出发，注重加强与世界其他国家开展合作，加强彼此的信息沟通。世界百年未有之大变局加速演进，人类和平与发展面临着前所未有的挑战。在这种背景下，构建相互尊重、公平正义、合作共赢的新型国际关系，树立休戚相关、安危与共的共同体意识就显得格外重要，世界各国应加强团结合作、共克时艰。与此同时，在政府的倡导下，各国媒体也在加强合作、共促信息交流。2018年9月11日，在中国国家主席习近平和俄罗斯总统普京的共同见证下，中央广播电视总台与今日俄罗斯国际通讯社签署了国际战略合作协议，主要是在新闻交换、联合报道以及合作传播等方面开展务实合作，增加新闻信息数量，增进两国人民的感情。

第二，助推国际战略、外交政策的实施。当今世界，主权国家在参与国际政治事务时，需要遵循本国制作的国际战略、外交政策等活动原则，借助对外传播媒介展示政府的外交行为，并且将相关重要信息向世界公布。以韩国为例，自20世纪90年代提出文化立国国家战略以来，韩国文化在我国形成了一定的影响力，特别是在年轻人群体中出现了“韩流”一族。韩国文化成功走向世界的一个重要原因就是韩国政府在推动韩国文化国际化的不同模式中定位清晰明确，充分发挥了政府、市场和民间各自的作用。涉及国家层面的公益性、非营利性的文化国际化项目由政府主导，对可营利的文化国际化项目由市场主导，政府则通过制定政策进行扶持或协调。[①]

第三，应对复杂的国际舆论环境。政府传播通过专业媒体报道、召开新闻发布会等多种形式，赋予某一事件以显著性，进而影响国际舆论对其进行重要性的判断，强化事件在世界范围内的关注程度。比如，在2020年东京奥运会上，我国14岁的运动员全红婵在跳水项目女子10米跳台决赛中夺得冠军，却遭到西方媒体的恶意诋毁和攻击，挖苦她“跳水只是为了减轻家庭负担”“不识字”“不爱学习”等，甚至将她来自农村的背景、想给妈妈治病的朴素愿望都妖魔化，质疑中国农村现状。对此，新华社记者快速反应，对全红婵夺冠英文报道的快讯、简讯和详讯发稿时效全面领先，在和外媒稿件比拼中先拔头筹。这些报道突出了全红婵努力上进的性格特点以及她要为母亲治病的孝心善良等，有效回击了外媒对她的讽刺挖苦和刻意扭曲，从而传播了中国体育人的正能量。[②]

第四，树立良好的政府形象。政府形象是指政府在自身的行为与活动中产生出来的总体表现与客观效应，以及公众对这种表现与客观效应所作的较为稳定与公认的评价，具有形象性、可塑性、易损性和高度权威性等特点。[③]比如，在危机传播中，政府需要快速反应、正确应对，通过一系列公共手段维持好政府的声誉。在美国，从联邦、州到各级政府都设有专门从事政府形象管理的公共关系部门，每年经费支出高达十多亿美元。2001年“9·11事件”发生之后，美国公共外交的重点向伊斯兰世界扭转，加大了对南亚和中东地区国家的文化交流经费，使得和平队的工作重点也从推广“自由化、民主化”转为“争取人心”。对此有学者认为：成立于冷战时期的美国“和平队”，作为美国外交政策的有机组成部分，五十余年来围绕美国的国家利益开展公共外交的实质始终没有改变。和平队以对外援助的方式，润物细无声地传播着美国的文化意识及价值观念，同时发挥着政府智囊团的作用，从而使得美国的外交决策更具针对性和实效性。[④]

---

① 牛林杰. 韩国文化国际化战略的三种模式［J］. 人民论坛·学术前沿，2016（10）：28-33.
② 周欣. 复杂国际舆论环境下的全红婵夺冠报道［J］. 中国记者，2021（9）：42-44.
③ 郎劲松，侯月娟. 政府传播［M］. 北京：中国人民大学出版社，2014：132.
④ 何兰. 公共外交视角下的美国“和平队”作用评析［J］. 北方论丛，2013（6）：89-92.

三、政府传播的内容

由于政府是权力机构，具有很高的权威性，因此政府传播的内容多是具有时新性和重要性等特征。所谓重要，主要是看信息关联的人数，关联的人数越多，信息就越重要。一般来说，重要性新闻信息体现在几个方面：关系到党和国家前途及人民、民族命运；在某一领域、某个方面具有重大突破或者重大影响；能够引起广泛社会舆论的热点焦点问题；和人民群众的日常生活关系密切的话题；能够为人民群众释疑解惑等。对于政府传播而言，首要内容就是发布重要的新闻，比如，最新出台的政策、对原有政策的调整、对新政策的解读、国家领导人最近的活动等。按照政府传播内容的权威性程度，可以分为两类：权威性内容和一般性内容。

（一）政府传播的权威性内容

在政府传播中，绝大部分内容具有权威性，这是由政府的权威性所决定的。所谓权威性内容，主要包括以下几个方面。

第一，国家法律法规制定及颁布的信息。比如，2021年9月1日，《中华人民共和国数据安全法》开始施行，旨在规范数据处理活动，保障数据安全，促进数据开发利用，保护个人、组织的合法权益，维护国家主权、安全和发展利益。

第二，国家各级政府管理部门依法行政的信息。比如，2017年7月1日，《深化粤港澳合作，推进大湾区建设框架协议》正式签署，粤港澳大湾区建设正式启动。到了2021年，粤港澳大湾区经济总量比2017年增长约2.4万亿元，粤港澳合作更加深入，三地民众获得感更加充实。①

第三，国家发展的数据资料等。比如，2020年10月29日，党的十九届五中全会通过《中共中央关于制定国民经济和社会发展第十四个五年规划和二〇三五年远景目标的建议》，明确指出：预计2020年国内生产总值突破100万亿元。

---

① 张毅 等. 坚定不移维护香港长期繁荣稳定——习近平主席引领“一国两制”香港实践行稳致远［N］. 人民日报，2022-06-29.

（二）政府传播的一般性内容

相比权威性内容，政府传播的一般性内容的重要程度较为次要，主要包括：宣传性内容、公关性内容和广告性内容等。

第一，政府传播的宣传性内容，主要围绕政府制定的政策、法令等指令性内容，面向社会公众进行解释说明的信息。比如，2022年5月31日，国务院印发了《扎实稳住经济的一揽子政策措施》，并且发出通知要求各地区各部门认真贯彻执行。为此《人民日报》在次日刊发了题为《三十三项措施，扎实稳住经济》的报道，从稳市场主体、扩大实施社保费缓缴政策，稳投资促消费、全面取消二手车限迁政策，保基本民生、失业保险稳岗返还标准更高等方面进行详细阐释。

第二，政府传播的公共性内容，通过开展多种活动展示自我，提升政府形象、扩大影响力。这些活动的内容比较丰富，主要围绕宣传本国的文化而展开，比如，提起英国，大家会想到莎士比亚，这其中也反映出英国政府精耕细作数十年的努力成果，最终将莎士比亚打造成为国家的文化名片，近些年，在英国政府主导下，先后在70多个国家和地区开展了相关交流活动。[①]又比如，2022年1月27日，欢乐春节全球活动在文化和旅游部的统一部署下启动，数千个多语种项目在云端争相绽放，不仅有知年俗、赏美食等民俗和非遗活动，也有融入北京冬奥元素、展现冰雪运动魅力的主题活动，从而让海外网民切身体会到中国人民喜乐祥和、团结和谐的文化精神。

第三，政府传播的广告性内容，包括公益广告和商业广告两种形式。前者不以营利为目的，侧重向社会公众宣传一种正向的理念或者价值观。比如，姚明曾经拍摄过一条关于不要歧视艾滋病携带者的公益广告，他作为预防艾滋病形象大使，呼吁人们不要歧视艾滋病携带者，跟他们正常交往是安全的，也可以和他们成为朋友。除此之外，有一些广告是带有招商引资性质的，比如，每年旅游旺季来临时，各地都会推出本地的旅游打卡地，通过广告展示优美的风景、独特的人文环境等，吸引海内外游客前来观光，往往能够取得良好的传播效果。随着网红经济的快速发展，网红打卡地已经成为人们重点关注的对象，并且常会出现网红景点游客爆满的现象，这也体现出新媒体强大的传

① 章晓英. 英国“莎士比亚叙事”的传播策略［J］. 对外传播，2016（7）：76-78.

播力。比如，自2018年大唐不夜城、不倒翁小姐姐等在短视频平台上爆红之后，西安这座城市迅速成为网红城市，据知乎、南方财经全媒体集团和快公司共同发布的《中国潮经济·2020网红城市百强榜》显示，西安在全国排名第七位。

第二节　跨国媒体企业传播

按照信息传播的活动范围，企业可以分为跨国企业和非跨国企业两大类。跨国企业作为国际传播的主体具有双重属性，既坚持市场取向和营利诉求，也是国际信息的传播载体。

一、从信息到商品的演变

在本节的学习中，有同学提出疑问："信息和商品是什么关系呢？信息是如何变成商品的呢？"这些问题事关企业传播的核心点，需要我们了解企业传播与政府传播的根本差别。相比政府传播，跨国企业传播虽然也是跨越国界的信息传播，但主要是将信息转为商品、追逐利润。

（一）信息理论的演变历程

下面，我们先简要了解一下信息理论的演变历程。

- 1933年，《牛津英语字典》界定"信息"的概念。
- 20世纪40年代，信息成为衡量组织、模型和结构的一个尺度。
- 20世纪50年代，《美国科学家》杂志对DNA分子进行精确排序。
- 20世纪60年代末70年代初，美国人丹尼尔·贝尔（Daniel Bell）提出"后工业社会"的概念，与此同时，哈兰·克里夫兰（Harlan Cleveland）认为信息本身的固有属性中具备经济价值的来源。

"信息"一词早在14世纪乔叟时代就开始流行，它在1933年出版的《牛津英语字典》中还是一个普通的词语。[①]信息可以指一种训练规则、一种指令、一种思想或者新闻的交流、法庭上对一个人的控诉等。20世纪40年代，数学家们开发出可以用于计算一个系统内信息数量的统计公式，比如，能够帮助通信工程师设计合适带宽或者信息携带量的有效传输通道。[②]20世纪50年代，《美国科学家》杂志发现DNA分子的精确排序，如此一来，开始分析信息存储和信息转移对生物、心理和社会体系等产生的影响。20世纪60年代末，由于越南战争带来的毁灭性的经济后果，美国的经济一度处在低迷状态。学者们开始对信息加以关注，比如，美国人丹尼尔·贝尔提出"后工业社会"的概念，认为包括最为关键的劳资对立在内的一些基本关系已经被超越了，知识正在替代资本和劳动，成为生产的决定性因素。同时也有一些学者对此持否定态度，比如，以哈兰·克里夫兰为代表的信息社会分析家认为"后工业社会"这个概念就像一个过于简单的标签，无法阐明一个有希望的未来与一个腐朽的过去之间的复杂关系。哈兰·克里夫兰说："科学发现、技术创新，以及将政治、文化和心理学集中思索，这三者与经济分析对理解正在发生的一切同样重要，在这样的一个时代，'后工业'是一个太经济学化的称号。"[③]到了20世纪80年代，人们对于信息更加熟悉，运用起来也更加得心应手，从新闻媒体到图书出版商，从金融信息服务商到能源公司等，都通过信息获得了丰厚的收入。

（二）信息商品化的演变历程

第二次世界大战之后，具有现代特征的文化类型在英国开始兴起。概括来讲，1970年，信息商品化在美国持续加速。20世纪八九十年代，世界政治经济走向多极化。21世纪初，全球不平衡的经济发展呈现新形势。

关于信息商品化，学术界认为起源于18世纪的英国，由于信息私人财产的合法权利首次在英国出现，即最早的知识产权，主要涉及著作权和版权法律。第二次世界大战之后，具有现代特征的文化类型在英国开始兴起，对此，马克思主义文化批评家雷蒙·威廉斯（Raymond Williams）进行过详细论述，他认为在文化和通信——如教育、戏剧、新闻和语言——的领域中展开的长期革

---

① 丹·席勒. 信息拜物教：批判与解构［M］. 邢立军等，译. 北京：中国社会科学文献出版社，2008：序4.

② 同①.

③ 同① 7.

命，与同时在英国经济中发生的转变息息相关，这种转变就是工业革命和资产阶级民主革命。在这个过程中，文化的实践和形式构成了第三个方面的世俗变革，虽然这一变革非常深刻和复杂，但却被人们忽视掉了。与雷蒙·威廉斯持相同观点的还有斯图亚特·霍尔（Stuart Hall），他被英国人誉为“当代文学研究之父”。斯图亚特·霍尔说：“（在18世纪的英国）艺术产品第一次变成商品；艺术作品和文学作品作为一种交换价值在文艺市场里得到了充分实现；植根于市场关系的文化制度也开始出现——图书、报纸和期刊；图书零售商和流动图书馆；评论和审查；新闻记者和雇用文人；畅销书和肥皂剧本。最初的‘媒介’——小说——就是与这一时期资产阶级的兴起密切相关。文化关系、文化生产方式、文化消费方式的这一转变同样也引发‘文化’问题上的第一次大裂变，即第一次出现了现代意义上的‘文化争鸣’。”[①]可以说，斯图亚特·霍尔的这一观点为资产阶级文化霸权寻找到了历史基础。

由此可见，自18世纪开始，信息商品化的趋向初露端倪，并且在不断的争论中愈演愈烈。20世纪70年代，美国的决策者们已经意识到信息商品化的重要，开始将目标转向如何控制全球电信设备。比如，在里根时代，有一份政府工作报告说：服务相关产业都是信息密集型的，因此更加依赖先进的通信和计算机系统来提供必要的信息接入和传输。信息和电信部门之间的紧密联系超出了国内的范围，伸向了国际市场。[②]之后，美国的服务部门，比如，银行、律师事务所、会计公司与公共关系部门等，开始了最大最快的生产资料的部门重组，世界政治经济也由此走向多极化。在加速的商品化进程中，资本的国际化给跨国公司带来了巨额利润，其内部竞争也更加激烈。比如，欧洲开始崛起一些跨国供应商，包括诺基亚、SAP软件公司、世界电信行业的巨头Telefonica公司等，亚洲同样有一些颇具影响力的跨国公司，比如，日本的富士通、日本电气株式会社、日立、松下、索尼与日本的主要移动通信运营商DoCoMo公司等。与此同时，不平衡的经济发展呈现出新形势，1997年，金融危机从泰国开始蔓延起来，世界经济随之开始震荡，失业人数从1300万激增至2400万。[③]

---

① 丹·席勒. 信息拜物教：批判与解构［M］. 邢立军等，译. 北京：中国社会科学文献出版社，2008：37.

② 同① 56.

③ 同① 66.

二、跨国经营的媒体企业

按照跨国公司经营的业务事项来划分，可以分为跨国媒体企业和跨国非媒体企业两大类。在这里，我们重点学习跨国媒体企业是如何进行国际传播的。

目前，世界上知名的巨头跨国媒体企业主要有以下几家，下面我们按照他们创立的时间逐一介绍。

贝塔斯曼（Bevtelsman），1835年创立于德国，创业时期的业务事项是出版社，当前业务事项包括美国兰登书屋出版社、英国的读书俱乐部协会、贝塔斯曼音乐集团、古纳亚尔杂志集团，覆盖50多个国家和地区。

维旺迪（Vivendi），1853年创立于法国，创业时期的业务事项是自来水供应、垃圾处理和环保设备建造，当前业务事项包括影视、音乐、出版、电信、互联网和环保等，比如，法国电视四台（欧洲最大的付费电视台）、环球影视公司、主题公园、哈瓦斯出版集团、环球音乐集团、电信集团、维旺迪网络等，覆盖100多个国家和地区。

华特迪士尼（Walt Disney），1923年创立于美国，创业时期的业务事项是动画工作室，当前业务事项包括华特迪士尼影片、试金石影片、好莱坞影片、米拉麦克斯影片、20世纪福克斯电影公司等，皮克斯动画工作室、漫威影业、美国广播公司（American Broadcasting Company，简称ABC）、迪士尼主题公园和游乐场，覆盖60多个国家和地区。

维亚康姆（Viacom），1954年创立于美国，创业时期的业务事项是汽车影院连锁店，当前业务事项包括派拉蒙影业公司、哥伦比亚广播公司（Columbia Broadcasting System，简称CBS）、MTV全球网等，覆盖140多个国家和地区。

新闻集团（News Corporation），20世纪70年代创立于澳大利亚，创业时期的业务事项是澳大利亚新闻有限公司，当前业务事项包括英国的《泰晤士报》《太阳报》、澳大利亚的《澳大利亚人报》、美国的《纽约邮报》、哈珀·科林斯出版社、福克斯电视网、英国的天空电视台、亚洲的STAR亚洲卫视（亚洲最大的卫星电视台）等，覆盖70多个国家和地区。

华纳媒体（Warner Media），1989年创立于美国，由出版业巨头时代公司和娱乐巨头华纳公司合并，当前业务事项包括《体育画报》、《财富》杂志、《生活杂志》、特纳电视网、美国有线电视新闻网（Cable News Network，简称CNN）、美国家庭电影台（Home Box Office，简称HBO，美国最大的电影频道家庭影院）、DC漫画公司、华纳兄弟电影公司等，围绕哈利波特品牌注册了2000多个经营许可商标，覆盖200多个国家和地区。

上述这些超级集团虽然经营的业务事项有所不同，但有一点相似之处，即在每年几十亿美元收入中，大约一半来自商品设计和商业布局以外的服务，比如，公共关系、直销、促销、多文化营销、保健营销、互动式营销、资讯与公司品牌宣传、市场研究等。

三、跨国媒体企业传播的内容

跨国媒体企业作为国际传播的主体，主要通过广告、公关等形式进行信息传播。它是以营利为目的，在营销的过程中带有较强的目的性，对目标受众的选择具有较强的选择性，并且含有较少的意识形态色彩。[①]

（一）跨国媒体企业传播的广告内容

广告是跨国媒体企业传播的一项重要内容，主要分为产品广告和形象广告两种类型，前者是宣传企业产品，后者是宣传企业形象。在互联网时代，人们比较偏爱个性化定制，这对广告制作产生了直接影响。相比传统的满足用户需求的广告理念，现代企业更加注重通过广告引领用户产生新需求，然后再创新产品去满足他们的这些新需求。在新的广告理念的驱使下，企业的生产理念也在不断创新，从过去单一地重视生产转向强调“服务—体验”模式，在过去，企业是将重心放在产品生产环节，通过生产不同规格的产品满足用户的需求。现阶段，企业是将重心放在新产品研发环节，通过提升企业服务质量、加强用户体验等多种手段，增强用户对产品的黏性。简言之，通过吸纳用户参与到整个产品生产过程，实现企业与用户的价值共创。这一理论的代表人物是普拉哈拉德（C.K.Prahalad）和文卡特·拉马斯瓦米（Venkat Ramaswamy），他们构建出对话、获取、风险、透明四要素互动模型。[②]在他们看来，如果缺少了用户互动，企业是不能自主设计生产产品、发布销售信息和控制销售渠道的，因为用户对这些涉及产品周期的各个环节都能够产生影响，企业在竞争中获胜的

---

① 程曼丽. 国际传播学教程［M］. 北京：北京大学出版社，2006：151-152.

② C.K. 普拉哈拉德，文卡特·拉马斯瓦米. 消费者王朝：与顾客共创价值［M］. 王永贵，译. 北京：机械工业出版社，2005：29.

优势主要是以用户为中心实现价值共创，而价值共创是通过用户与企业间的异质性互动而生成的。

（二）跨国媒体企业传播的公关内容

随着企业生产理念的创新，企业公关理念也在不断创新。传统的企业公关，主要是树立企业良好的形象或者对企业的不良行为给消费者带来的损失进行补救，以求长期效益和累积效果。①目前的企业公关，主要是向着以组织品牌和沟通战略为核心的咨询顾问方向发展，比如，如何塑造企业品牌形象、如何帮助企业摆脱危机等，往往具有战略性、科学性等特点。②首先是品牌塑造战略，国外一些著名的广告公司通过多年的品牌推广实践，逐渐总结出一些品牌文化的基本内涵，即以包括品牌名称、品牌标志和品牌包装等在内的品牌符号作为基础，以品牌属性为先决条件，着力打造与众不同的品牌个性，最终彰显品牌价值观，形成消费者对品牌的忠诚度。③其次是企业危机公关战略，危机是组织遭遇的一种威胁性、破坏性的紧急事实状态和异化价值状态。④进入21世纪以来，风险因素在全球范围内不断增加，随着全球化进程加速，蝴蝶效应也日益展现出来，因此，危机也可以被视作一种常态，危机公关战略引发了学界的关注。其中，以形象修复理论最为知名，该理论提出了五种形象修复策略：第一种是否认事实，包括简单否认和转移批评，即我没有做，不是我做的。第二种是规避责任，强调本意是良善的，但是由于无法抗拒的外界因素造成了无法改变的结果。第三种是淡化处理，通过提供证据凸显其优长，而对于其劣势进行轻描淡写。第四种是修正行为，要制定具体的解决方案，要通过改善自身行为避免此类事件再度发生。第五种是承认过错，即主动认错，请求原谅，表示遗憾和歉意。⑤

---

① 程曼丽．国际传播学教程［M］．北京：北京大学出版社，2006：156.
② 陈先红．现代公共关系学（第2版）［M］．北京：高等教育出版社，2017：261.
③ 同② 266.
④ 胡百精．公共关系学（第二版）［M］．北京：中国人民大学出版社，2018：229.
⑤ 同④ 232.

第三节 国际组织传播

国际组织，指的是在国际社会上超越国家、跨越国界的组织机构。相比政府，国际组织作为国际传播的主体，其成员是比较多元的，既可以是各个成员国，也可以是来自各国的公民，它不具有主权国家的公共权力，也没有警察和暴力机关。[①]相比跨国媒体企业，国际组织不以营利为目的，旨在推进公共利益，可以分为政府间国际组织和非政府间国际组织两种类型。

一、政府间国际组织

政府间国际组织，是国际社会上由不同国家政府的官方代表组合而成的一种机构，它的成员主要是各个主权国家，因此是超越国家的机构，比如：联合国、东盟、八国集团、国际原子能机构、世界贸易组织、世界银行等。

政府间国际组织是国际传播的重要主体，不仅是国际信息的重要信息源，也是国家之间进行信息交流的重要机构，是国与国之间信息传播的重要枢纽和中介。政府间国际组织在日常机构运转中，主要是进行国际传播活动，主要的途径包括：举行国际会议、解决国际争端和自办传播媒体等。

下面以世界贸易组织（World Trade Organization，简称WTO，世贸组织）为例，它与世界银行、国际货币基金组织并称为支撑世界经济体系的最主要的三大支柱，其前身是关税与贸易总协定（General Agree on Tariffs and Trade，简称GATT）。20世纪90年代，伴随世界经济全球化不断加速以及国际贸易中出现的争端、纠纷等，这个临时性的贸易协定已经不再能够满足维护国际经济秩序等关键性需求，1994年在摩洛哥举行的关税与贸易总协定乌拉圭回合部长会议上，世界贸易组织成立，并且于1995年元旦开始运作。至此，存续了48年之久的关税与贸易总协定被世贸组织所取代。世贸组织作为具有独立法人资格的国际组织，承担着调解贸易纠纷，促进贸易自由化和市场开放化以及推动世界经济增长的愿景。

中国是关税与贸易总协定的创始国之一，从1987年开始新中国就作为观察

---

① 李智. 国际传播［M］. 北京：中国人民大学出版社，2013：100.

国之一申请恢复其在关税与贸易总协定的缔约国地位，并且就此展开谈判。但是1987年前后正值关税与贸易总协定改革关头，欧共体以及加拿大也于1990年分别提出了成立世贸组织的提案，因此，中国的复关谈判转变为入世谈判。经过十余年的谈判，在北京时间2001年11月10日，世贸组织成员国以全体协商一致方式，审议并通过了中国加入世贸组织的申请，长达15年复关和入世进程圆满结束。

世贸组织在消除贸易壁垒、促进全球市场有序发展方面作出了突出贡献，特别是它不断积极改革相关制度以适应世界各国发展要求和特点，紧跟经济全球化步伐。同时难以否认的是，各成员经济体之间不平衡的经济发展水平以及其他不同领域的国际组织的快速发展使世贸组织面临改革的困境，新冠肺炎疫情暴发之后，如何在贸易保护主义抬头，恶意制裁打压发展中国家经济的情况下，发挥其建设性作用是世贸组织进行改革的重要方向。

世贸组织的基本职能主要包括几项内容：组织多边贸易谈判并制定及执行多边及诸边贸易协定；解决贸易争端；监督各成员贸易政策；作为多边贸易谈判的讲坛；与其他制订全球经济政策有关的国际机构进行合作等。其中，多边贸易谈判、贸易争端解决和贸易政策审议是世贸组织的重要职能，被称作世贸组织的三大支柱。

下面，我们对世贸组织的三大主要职能进行简要介绍：

其一，多边贸易谈判。概括来说，多边贸易谈判目的是制定监督、管理和执行构成世贸组织的各类贸易协定。2022年6月，世贸组织第十二届部长级会议在瑞士日内瓦举办。经过多轮谈判，该会议最终取得5项成果，其中包含1份会议成果文件和4份重点议题宣言，其中的《渔业补贴协定》是世贸组织在过去的9年达成的首份多边协议，就建立补贴纪律、取消助长无管制捕捞活动的补贴等多方面制定协定，为实现联合国2030年可持续发展议程中的保护和可持续利用海洋和海洋资源以促进可持续发展目标作出了重大贡献。

其二，贸易争端解决。即世贸组织运用具有规则导向性的和平争端解决机制对贸易争端进行解决，也包括谈判等非司法解决方式。中国诉美国“301条款”关税措施案，是中美贸易战中典型的世贸组织争端解决案例，该案主要针对2018年美国对从中国进口的某些产品征收额外关税的行为。中方认为美方违反《1994年关税与贸易总协定》中的普遍最惠国待遇以及减让表条款。美方认为其加关税措施符合《1994年关税与贸易总协定》中的公共道德例外条款。最终，专家组提交调查结果指出美国未能拿出有效证据证明争论的措施适用于公共道德例外条款，专家组建议美国纠正自身，使其措施符合其在《1994年关税与贸易总协定》下的义务。美国于2020年10月就中国诉其“301条款”关税措施案提出上诉，但由于上诉机构处于停摆状态，案件实际无法进入上诉阶段，而专家组的最终报告无疑为中方在中美贸易战中提供了助攻，增强了中国的话语权。

其三，贸易政策审议。即对各成员国的贸易政策进行监督。成员国制定贸易政策应遵循世贸组织基本原则，其中包括互惠原则、透明度原则、市场准入原则、促进公平竞争原则、经济发展原则和非歧视原则。2021年10月，世贸组织完成了第八次对华贸易政策审议。在审议会中，中国代表团团长王文涛表示入世二十年来中国严格遵守规则、履行承诺，是多边贸易体制的坚定支持者、积极参与者和重要贡献者。审议会十分成功，65个成员代表对中国作出了积极评价，同时也高度评价了中国在国际抗疫事业上起到的积极作用。

二、非政府间国际组织

与政府间国际组织不同，非政府间国际组织不是各国政府组成的机构，而是由来自不同国家、民族的个体或者民间组织组成的一种社会组织。它的主要构成是民间团体，因此不参与公共权力的竞选，也不是追求商业利润，重点致力于人类的公共利益，从性质上看，属于公益组织，是位于国家、政府、权力与企业、资本、市场之外的非政府组织。其主要形式包括：协会、学会、研究会、联谊会、商会、行会、学校、医院、福利院、文化艺术团体、宗教组织、发展与和平组织、环境保护组织、争取民权和反种族歧视组织、人权和救济组织、原住民权益组织、妇女权益组织和青年组织等。[①]自20世纪60年代兴起至今，非政府间国际组织作为不可或缺的力量，在国际传播中发挥着重要作用，体现出传播主体多元性、传播类型多样性以及传播特质的独立性等多个特点。

下面以国际新闻工作者联合会（International Federation of Journalists，简称IFJ，国际记联）为例，它是世界上最大的国际新闻组织，拥有120多个会员

---

① 李智. 国际传播［M］. 北京：中国人民大学出版社，2013：101.

国，总部设立在比利时的布鲁塞尔。1926年，国际记联在法国巴黎成立，后因战争和国际局势等各种原因，曾多次停止运营。1949年，部分退出联合会的西方记者决定重新组织成立国际记联，最终在1952年成立于布鲁塞尔。国际记联每三年组织一次全体大会，在会上进行组织政策的讨论和制定，日常的具体工作则是由大会秘书处进行贯彻执行。国际记联和中国的联系始于1973年，其后中国香港和台湾的记者协会也都陆续加入。当今，国际记联已成为维护新闻公平自由的重要组织机构，在其不断努力之下，各国广大新闻工作者的权益得到更好的保护，新闻自由在国际间得到了更好的贯彻。①

国际记联的主要职能分为两个方面：一是保障新闻自由，使新闻不受政治、文化等因素的影响；另一方面是保护新闻工作者的自由，保障其工作权利，改善新闻工作者的工作环境和物质条件。为更好地履行其职能，国际记联设立了相关安全基金，以在资金层面向有需要的新闻工作者提供帮助。国际记联还鼓励不同国家的新闻工作者进行交流和互动，推动国际间的新闻活动；为发展中国家的新闻工作者和记者组织提供一定的支持和帮助，使得欠发达地区的新闻水平更好地提升。②

一直以来，国际记联除了发放国际记者证，使用英语、法语、德语和西班牙语出版月刊《畅通》等基本业务之外，还致力于通过国际性的活动来维护新闻自由，促进和改善新闻工作者的精神、物质条件。在人权方面，该组织致力于保护包括新闻工作者在内的所有基本人权，并与侵犯人权、迫害记者的行为作斗争。以2017年11月22日新华网发表的一则新闻《国际新闻工作者联合会呼吁阿富汗保障新闻工作者安全》为例，对于阿富汗首都喀布尔发生的自杀式袭击造成记者死伤的事件，国际记联表示强烈谴责并呼吁当地有关部门保障新闻工作者的人身安全，避免类似伤害事件的再发生。

三、国际组织传播的内容

国际组织追求的不是利润目标，而是社会目标，是社会大众对其宗旨、提

---

① 李宜华. 国际新闻工作者联合会［J］. 新闻战线，1981（12）：44.

② 仪名海. ［国际传播组织ABC］连载之十二 国际新闻工作者联合会［J］. 对外大传播，2006（10）：19.

供的服务以及发起的社会公益活动的理解、支持和积极参与。[①]国际组织传播不仅具有较强的目标性，旨在一定的领域和范围内发挥作用，也具有公关、广告等形式多样的传播方式，在传播内容上，主要包括告知性内容、劝导性内容和知识性内容等。

（一）国际组织传播的告知性内容

不论政府间国际组织，还是非政府间国际组织，他们进行国际传播的一项重要内容就是告知，包括组织的目标、宗旨、运行情况以及未来发展方向等。所不同的是，前者主要以主权国家为组织成员，其拟定的方针政策、法律法规等具有很高的权威性，因此，这类组织进行国际传播的告知性内容也具有很高的权威性。

以东南亚国家联盟（Association of Southeast Asian Nations，简称ASEAN，东盟）为例，1967年，《东南亚国家联盟成立宣言》正式发表，在经济、社会、文化、科学、技术等多个方面确立了成员国之间合作的宗旨和目标，标志着东盟的诞生。1976年，《东南亚友好合作条约》由泰国、菲律宾、马来西亚、新加坡和印度尼西亚五国首脑签订，旨在加强地区各国的实力、团结和密切关系。2004年，第十届东盟首脑会议通过《东盟社会文化共同体行动纲领》和《东盟安全共同体行动纲领》两个文件，指出要建立一个平等、公正、环保、安全和谐、联系密切的共同体，要求东盟各国在促进社会发展、推进基础教育和科技开发、推进公共健康领域建设、人才培养等多个方面加强合作，充分发挥各成员国的潜能。2018年，《中国—东盟战略伙伴关系2030年愿景》明确了中国与东盟的总体关系，确立政治安全合作、经济合作、人文合作三大支柱从而实现合作共赢，双方反对逆全球化和贸易保护主义，强调加强经济合作，促进经济一体化。2021年，在格拉斯哥气候大会上，东盟发布了《东盟气候变化联合声明》，提倡在能源效率、生物多样性保护、可持续森林管理等方面加强与其他国家的合作以应对气候变化带来的挑战。

非政府间国际组织属于公益组织，同样需要通过告知，让公众了解其目标、宗旨，所进行的工作以及开展的活动等，得到社会的更大支持。以绿色和平组织（Greenpeace）为例，它成立于1971年，是一个全球性环保非政府组

---

① 程曼丽. 国际传播学教程［M］. 北京：北京大学出版社，2006：161.

织，其总部位于荷兰的阿姆斯特丹，在全球40多个国家设有分部。为坚守自身的公正性与独立性，绿色和平组织不接受任何以政府、企业或政治团体为名义的捐助，只接受市民和独立基金的支持与捐助。目前，绿色和平组织主要关注气候与能源、保护生物多样性以及可持续生活这三大领域，其行动项目主要包括：气候风险、能源低碳发展、守护海洋、保护森林、食品与农业、过度消费等。

绿色和平组织认为环境保护并非单靠组织的力量，而是需要结合公众力量，并以此来广泛唤起国际公众对环境问题的关注。绿色和平组织在进行全球环境保护工作时都遵循其基本原则。第一，它通过非暴力直接行动的手段将环境问题呈现给公众并增强大众对环境的认识；第二，在财政层面，绿色和平组织独立于政治和商业团体；第三，在推进环保项目时，充分尊重民主，寻求合理的、公平的解决方案。绿色和平组织通过参与缔约方大会、直接与条约秘书处沟通这两种方式，积极参与到国际环境法的制定和监管环节，该组织也能够直接参与到环境条例实施过程中，并揭露与抗议相关国家违反国际环境义务。绿色和平组织作为非政府组织，不能独立地作为国际环境公约的制定者和国际法的直接缔约方，但是其可以作为国际组织以及国家的重要补充力量而存在，通过提出有关国际环境保护或立法的建言、通过有关环境问题的决议等方式成为国际环境法的主体。①

（二）国际组织传播的劝导性内容

劝导，即说服，通过信息传播与舆论造势等，影响改变他人的态度，进而影响改变其行为。国际组织的劝导主要依靠其设立在不同国家、地区的分支机构，这些机构主要针对本地公众进行劝导性宣传，因此也具有国际传播的性质。

随着全球问题的频发，世界人口问题、粮食安全问题、生态环境保护问题等已经成为全球普遍关注的热点。为了更好地促进这些问题得以解决，联合国将每年的某一天设立为世界性的活动日，包括世界人口日、世界环境日、世界水资源日等，其目的在于呼吁每位公民提起足够重视，配合各国政府积极参与，加强广泛的宣传教育。

---

① 郭培清，闫鑫淇．环境非政府组织参与北极环境治理探究［J］．国际观察，2016（3）：78-91.

以世界水资源日为例。1977年，联合国在阿根廷召开联合国水事会议，向全世界发出严重警告：石油危机之后，下一个危机将是水危机。1993年，联合国举行的第四十七届大会作出决议，将每年的3月22日设立为世界水资源日，并且加大宣传力度，希望人们能够珍惜节约水资源。自此之后，每年围绕世界水资源日，联合国都会确立相应的宣传主题。以下是近10年来世界水日的主题纵览。

- 2013年：水合作。
- 2014年：水和能源。
- 2015年：水与可持续发展。
- 2016年：水与就业。
- 2017年：废水。
- 2018年：借自然之力，护绿水青山。
- 2019年：不让任何一个人掉队。
- 2020年：水与气候变化。
- 2021年：珍惜水、爱护水。
- 2022年：珍惜地下水，珍视隐藏的资源。
- 2023年：加速变革。

（三）国际组织传播的知识性内容

在国际组织传播中，知识性内容占有较大比例，特别是非政府间国际组织。它作为连接政府与行业的桥梁，不仅拥有丰富的专业资源，比如某一专业领域的专家智库、研究队伍等，也拥有多元的专业信息渠道，可以接受政府委托或者授权，就某个专业领域的问题展开调研，获取一手的调研数据、资料等，为政府决策和加强管理提供重要参考依据。与此同时，这些调研所得的资料可以作为知识性内容进行传播，帮助公众加强科学观念，选择正确的生活方式以规避风险。

以非政府间国际组织国际奥林匹克委员会（International Olympic Committee，简称IOC，国际奥委会）为例，这是世界最大的非政府间国际组织。1894年，国际体育代表大会在法国巴黎召开，在法国教育家皮埃尔·德·顾拜旦（Pierre De Coubertin）的发起之下，成立了国际奥委会。起初总部设立在巴黎，在第一次世界大战期间，为了躲避战火，于1915年迁入瑞士洛桑。目前，国际奥委会有100个委员和32个荣誉委员。

2022年北京冬奥会，大量科技元素的加入，让世人看到了中国的科技力量。比如，火炬传递从2022年2月2日开始，火炬不仅可以在大风、低温环境中稳定燃烧，也可以通过机器人在水下传递，助力运动员顺利完成火炬传递任务。特别是传承奥运圣火的“飞扬”火炬，首次采用了氢燃料，在火炬结构设计、储存氢燃料、供给氢燃料以及微火燃烧技术等方面都进行了多项创新，在展现高新技术的同时，也实现了绿色低碳环保的实践创新。

冰立方作为重要的比赛场馆，“水冰转换”是其最大的科技亮点，通过应用转配式快速拆装和调平动态监测技术，只需要20天就可以完成由水转化为冰的场地转换，冰面可以达到毫米级高精度测量。在冰壶比赛中，为了能够准确捕捉冰壶移动轨迹，大屏幕运用冰壶运动轨迹捕捉技术，通过收集汇总相关数据、建立数据库等，为教练提供更多的数据支撑，让训练和比赛都变得更加科学高效。同时，冰立方还能够实现对赛场内不同区域的温度精准调控，通过舒适性提升技术，实现零下20摄氏度体感温度下设备表面温度10秒升至零上40摄氏度，进而为运动员和观众提供“同室不同温”的冰上体验。国家速滑馆的冰面，在世界冬奥历史上首次采用了二氧化碳跨临界直冷制冰技术，可以打造出“最快的冰”，从而能够为运动员创造更快的成绩提供保障。在该馆内，设计有亚洲最大的全冰面，面积近1.2万平方米。①

为了满足公众收看奥运直播的需求，Info-AV系统正式运行，大大提升了北京冬奥会的视频直播服务水平。与之前的视频直播不同，该系统的音视频制作、编辑与处理等流程全部在云端远程实现，不仅减低了场馆现场的人员和设备的需求，还提高了效率，降低了成本，更为重要的是减少了前端人员的聚集，能够有利于进行新冠肺炎疫情防控。与此同时，云上制作中心在整个奥运直播过程中发挥了重要作用，仅仅在2022年2月3日一天之内，该中心就支持了主媒体中心主厅、北京奥运村、高山滑雪中心发布厅、张家口新闻中心发布厅等十个场馆的直播任务。

---

① 韩成，于晨，闫培. 北京冬奥会的科技魅力［N］. 解放军报，2022-02-11.

第四节　自媒体传播

随着互联网技术的快速发展，普通大众拥有和使用媒介的门槛逐渐变低，只需要一部手机就可以随时随地发表自己的观点，分享自己的所见所闻。根据第51次中国互联网发展状况统计报告，截至2022年12月，我国网民规模为10.67亿，互联网普及率达75.6%。在技术的加持下，新媒体和移动终端广泛普及，为受众不断赋权，催生出全新的媒体形式——自媒体。

一、自媒体在国际传播中的兴起过程

自媒体（We Media），又被称为公民媒体、个人媒体等，这一概念最早是由美国的两位学者谢因·波曼（Shayne Bowman）与克里斯·威理斯（Chris Willis）提出的。随着信息技术的发展与信息化程度的提高，普通大众提供与分享他们本身的事实、新闻的途径的自媒体平台大量涌现，私人化、平民化、自主化的传播者们通过这些平台随时随地用文字、声音或图像在互联网上传播信息，信息被自由的传播者随意地传播，影响力迅速攀升。①

自媒体具有视角平民化、个性化强、互动性强与内容丰富等诸多特点，它不但在国内成为重要的传播主体，带来极大影响，在国际传播中也迅速崛起成为一大重要的传播主体。作为个人化的国际传播主体，自媒体在对外传播的过程中拥有以政府为主导的传统媒体所无法比拟的鲜明特点和优势。比如，自媒体是公民个人进行媒体内容的产出和发布，其视角更加贴近普通民众的生活和感受，传播具有真实感和亲切性；由于公民数量众多，性格各具特点、风格各不相同，自媒体所呈现出的内容和形式也不尽相同，具有多样性；相比传统的大众媒体，自媒体的互动性更强，受众对于自媒体的评论限制更少，个人博主相对于官方媒体也更愿意与受众进行互动，了解他们对自己内容产出的意见。这些就使自媒体在对外传播中更容易被外国民众接受和认可，在互动中更加有效地增进个体对其他文化的接纳与理解。

目前，有许多自媒体在国际传播中取得了不错的口碑。比如，李子柒的短

① 代玉梅. 自媒体的传播学解读［J］. 新闻与传播研究，2011，18（5）：4-11，109.

视频，其发布的视频内容在YouTube平台上收获了大量的粉丝关注和好评。又比如，美国人up主[①]郭杰瑞（Jerry Kowal）借助B站发布外国人在中国生活的所见所闻，也使得多个国家的民众更好地了解到中国和中国人的生活。由此可见，自媒体作为国际传播的一大重要主体，正发挥着越来越重要的作用。许多的自媒体博主利用其富有创意、质量优秀的内容，借助社交媒体等互动平台，使自己产出的内容有机会通过更加多元化的渠道被转发、被传播、被看见，从而打破了专业媒体在国际传播中的垄断地位。

二、自媒体在国际传播中的运营模式

如今，自媒体虽然在国际传播中承担着重要的角色，但是其运营的模式还不够成熟，显得较为稚嫩。自媒体账号首先是由内容产出者自己在社交平台上创建，发布文字或视频内容，在积累一定的粉丝数量和关注度之后，便会有成熟的网红孵化机构（Multi-Channel Network，简称MCN）与其签约，个人账号便受到网红孵化机构的包装和管理，所发布的内容也会有较为专业的团队为其进行选题策划和辅助拍摄，对于原博主来说，发布内容的自由度就会有所下降。目前，自媒体账号大多遵循着这样的发展路径。

可以说，这种发展模式有助于自媒体在国际传播中提升地位。相比普通素人来经营账号，网红孵化机构显然更为专业，在相关领域的敏感度更高，对于传播规律和传播技巧的了解程度更高，对于内容品质上的把握也会更高。就国际传播的内容而言，相比重要性和趣味性，接近性显得更加重要，普通人对于外国民众所喜爱的内容或感兴趣的形式或许了解不深，这时专业的机构就能作为选题和内容策划的风向标，提供更为切合实际的建议，有效提升自媒体在国际传播中的传播效果。相对国内传播而言，参与国际传播显然需要花费更多的时间精力以及经济上的支出。这些对于普通人来说负担较重，特别是入驻西方社交平台，更需要掌握该国的语言才能做到更有效果的传播。从以上因素着眼，自媒体博主在参与国际传播的过程中与网红孵化机构专业团队联合是十分合理且必要的，那些在国际传播中产生很大影响的自媒体账号也多是有幕后团队在参与制作和后期的运营维护。

---

① uploader，即上传者。

同时应当看到，这种发展模式带来了一些问题。首先，网红孵化机构的介入会对自媒体账号的运营目的产生影响，进而影响到账号的选题和内容。对于个人来说，建立自媒体账号或者是展示个性化生活或者是基于兴趣爱好等较为私人的原因，出于该种目的而进行的内容生产也会更加纯粹，这种平民化的体验更能激发外国受众的共鸣。而网红孵化机构势必须营利才能够继续维系，他们在内容选取上会更加市场化，更多地考虑到能否获得收益等因素，这样一来，就有可能会对传播效果造成很大的影响，功利性较强的内容可能会造成海外受众的反感，同时对市场和受众的追逐可能会使自媒体丧失自身的独特性，导致内容的同质化。

其次，相比传统媒体，自媒体在国际传播中所发布的信息信源不够权威，可信度较低，加之个体受教育程度等自身条件的差别，发布的信息质量有待提高。在以互联网为技术主导的国际传播体系中，个人的言行可能会对国家形象造成很大影响，甚至可能产生蝴蝶效应。因此，自媒体博主本身的素质意识是当下国际传播中的重要问题之一，自媒体博主的整体素质情况与构建良好的国家形象具有密不可分的联系。除此之外，在我国对外传播的过程中，实际上受到西方媒体平台的限制和阻挠，因此，自媒体在国际传播中的主要对象依然停留在华人群体，真正能够像李子柒一样辐射并影响到众多外国受众，对中国国家形象的建设产生实质性影响的自媒体尚在少数。自媒体在对外传播中整体传播质量有待提升，同时大部分没有注意到不同国家的民众在价值观念、风俗习惯与理解方式等多个方面存在的差异，以至于传播效果并不理想。比如，有些自媒体在国内拥有千万粉丝，同样的内容搬至YouTube上，其订阅数却只有几十万。

由此可见，虽然自媒体已经成为国际传播中不可或缺的一大重要主体，但是在其传播行为和自身发展的过程中确实还存在着许多可以改进的地方。如何让自媒体在自身能得到充分发展、被外国受众接受的同时还能够为国家形象代言，是目前国际传播视野下自媒体发展路径中需要考虑的问题。

三、国际传播中自媒体的发展策略

随着社会经济和移动技术的不断发展，参与自媒体创作的人越来越多。有数据显示，自2014年起，自媒体从业人数大幅增长，从事自媒体的人已发展到近千万。其中短视频是非常重要的一种呈现方式，截至2022年12月，我国短视频用户使用率已达94.8%，用户规模突破10亿。立足实际，自媒体发展可以从以下几个方面着手。

首先，自媒体在国际传播中应当坚持内容为王的理念，坚持产出高质量的内容。无论是在何种情况下，传播内容都是最为重要的，传播内容是否能够激发起国外受众的兴趣是自媒体能否在对外传播中成功崛起的重要前提条件。比如，李子柒一直坚持做高质量的内容，每一期视频从选题到拍摄都是经过精心策划的，为了最大限度地在视频中展现个人风格，李子柒还坚持自己做后期，在内容的设置上，视频着重展现了东方美、东方女性的灵动巧思，在此基础之上，营造出的东方小桥流水人家的生活经历是西方世界中少有体验的，符合跨文化语境当中新奇感的营造，既能够形成共识，也给国外受众带来了新奇感，这是李子柒在国际传播中脱颖而出的原因之一。另外，针对语言不通的问题，李子柒在视频中几乎很少说话，这既解决了沟通不便的问题，又烘托了视频中美好的意境。由此可见，不管在什么时代，有深度、有思考、满足国外受众需求且符合传播规律的优质内容才会在国际传播中崭露头角。

其次，自媒体应当树立起公众外交的意识。自媒体需要明确的是，其在国际传播的情境中是代表国家形象、代表民族形象的，在国际传播的过程中应当有意识地提升自己的爱国情感和民族认同感，为国家形象的塑造和传播贡献力量。这就需要从自媒体个人化主体的平民视角出发，通过贴近外国受众的亲和语态和身份进行传播，并且在传播的过程中进一步塑造中国人民亲和友善的国际形象。相比政府主导的国际传播行为，自媒体所展现的形象更容易为外国受众接受和信任。比如，李子柒在视频中展现了她每日的田间生活，所有的制作过程都由她一人亲力亲为，这本身就十分具有说服力。她的视频充分地展现了中国传统文化中的农耕生活，令人觉得十分写意，对此许多外国网民都称李子柒为来自东方的神秘力量，他们通过李子柒的视频对中国的田园生活产生了浓厚兴趣，对中国和中国人民的形象也有了新的认识。对此，新华社发表评论：李子柒的视频打开了一个精巧别致的窗口，和众多精彩纷呈的窗口一起，向世界展现一个多元而美丽的当代中国。可以说，李子柒是将国家形象塑造与自媒体自身发展相结合的十分出色的一个典型案例。

再次，自媒体应当注重与专业媒体加强合作。在国际传播中，需要各种传播主体协同互助、发挥各自优势，在国际舞台中形成属于我国的国际传播官方、民间协同矩阵，共同为营造良好的国家形象而努力。正如前文所述，自媒体在国际传播中相比专业媒体信源，其可信度较低、权威性较低，因此，自媒体在经营中若能寻求与专业媒体的合作共赢，势必会对自媒体在海外的发展带来优势。比如，2020年，李子柒入选《中国妇女报》评选的“2019十大女性人物”。她还受聘担任了中国农民丰收节的首批推广大使。人民日报微博曾发文评论：李子柒的视频不着一个英文字，却圈了无数国外粉。无论怎样的文化，想要别人理解，必先打动人。

最后，自媒体应当利用自身互动性强的特点，加强与海外受众的交流与沟通。这就需要自媒体通过受众的反馈及时发现自身存在的问题与不足，了解别国受众对于自身内容的评价，在传播过程中进行不断调整与完善，以更好的满足国外受众的内容需求。同时，自媒体还需要主动搜集关于别国受众的喜好和生活、风俗、习惯等，加强了解和积累，以便更好地开展后续的国际传播行为。比如，不同国家、不同民族的受众，他们在媒介选择和媒介接触上表现出明显的差异，自媒体应当找到与自己定位和内容相对应的受众群体进行传播，这些都可以通过传者与受众之间的积极互动得以知晓，还可以通过评论区所形成的良性公共空间来更好地进行传播。比如，李子柒在YouTube上发表的视频都是可以自由进行公开评论的，这样便会有热心网友帮助翻译视频中没有翻译到的语言和文字，可以看到李子柒的多条视频下方均有网友帮助翻译成多国语言，并且还会有网友对视频中的一些风俗习惯和涉及到的食物等进行科普，这些热心网友的互动和讨论无疑都帮助李子柒更好地将自己的视频内容传播到世界各地。

综上所述，在互联网技术快速发展的当下，自媒体的出现和兴起使得国际传播的主体更加多元，给国际传播带来了全新的可能和活力，众多各有特色的自媒体博主在国际传播的舞台上大放异彩，在自身得到发展的同时，也将本国的文化和理念更好地传播到海外，相信我国种类丰富、内容多样的自媒体一定会在各大国际社交平台上发挥自己的力量，让外国受众看到美丽中国。

思考题

1. 国际传播的主体都有哪些呢？
2. 政府传播具有哪些特点呢？
3. 跨国经营的媒体企业都有哪些呢？请列举一两家，并且简要概述其发展现状。
4. 国际组织传播的内容是什么呢？
5. 请列举一两个自媒体账号，简要分析其在国际传播中的特点。

第四章

国际传播的手段

本章和下一章分别是国际传播的手段和国际传播的效果，重点在于介绍与国际传播相关的理论，由于这些理论知识丰富多元，不仅来自不同的学术流派，彼此间的逻辑关系也是错综复杂的，因此需要进行系统划分。在这里，我们主要是根据美国逻辑学家皮尔士对传播的划分方法，他从三个维度对传播进行了划分，主要包括：文化层面、创造层面与功能层面。其中，文化层面和创造层面与传播手段密切相关，功能层面与传播效果密不可分。在本章中，首先从文化层面和创造层面入手，阐释国际传播的相关理论，以期对国际传播的手段有一个系统的归总。

第一节　文化层面：符号学的转变

符号学诞生于20世纪的上半叶，到了20世纪60年代达到鼎盛时期，覆盖法国、美国、意大利等多个国家。由于符号被作为媒介进行文化传播，因此符号学与几乎同时期得到发展的传播学具有许多相通之处，其理论框架与研究方法常被运用到传播学的研究中。

一、需要厘清的传播学概念

在阐释相关理论之前，需要厘清几个比较重要的传播学概念，比如：media，communication，identity，public sphere，旨在更好地厘清相关的传播知识体系。

（一）media：传媒、媒介、媒体

传播学中所使用的一些重要概念多是舶来品，在翻译过程中，常常会有不同的翻译方式。英文中的media是medium的复数，来自拉丁语medius，意指中指、居中等。这一词语移入传播学之后，根据不同情境被赋予不同的含义。一般来说，常用的主要有三种意思：其一，media被翻译成传媒，这是对信息传播的载体、手段、途径与体制等的一种统称，比如大众传媒，是对借助报刊、广播电视、互联网等多种形式进行信息传播活动的总称。其二，media被翻译成媒介，它强调不同的传播技术特性，包括印刷媒介、电子媒介与数字媒介等，在这里，主要是从技术层面凸显不同介质的传播特性。比如，报刊侧重文字符号传播，广播电视侧重音视频符号传播，互联网则像一个兼容并包的集大成者，可以容纳多元的符号传播。其三，media被翻译成媒体，这个概念突出传播活动的主体性、体制性等，在我国已经成为新闻事业的代名词，比如，国家级媒体、地方媒体等。

（二）communication：交通、传学、传播

communication一词源于拉丁语communicare，14世纪时出现在法语中，到了15世纪才被英语引入，指的是与加入、交流相关。20世纪70年代初，加拿大著名学者达拉思·斯迈思（Dallas Smythe）来到北京大学访问，将自己撰写的一篇论文“Mass Communication and Culture Revolution：the Experience of China”的打字稿相赠，周培源时任北京大学校长，他将这份打字稿转赠给学校的图书馆保存，并在附言中注明依照传统意义上的“交通”进行翻译，将题目中的mass communication 翻译成“大规模交通”。在这里，采用“大规模交通”这一表述，与当时人们使用“交通”概念对应，理解较为准确，既指交通运输，也指人与人之间的沟通，[①]所以比较准确地反映了斯迈思的原意。1983年，传播学创

① 陈力丹，王敏. 马克思恩格斯论著及传播观在中国的早期传播和影响［J］. 新闻界，2021（7）：4-14.

始人之一威尔伯·施拉姆的学生余也鲁博士在中国香港翻译出版了施拉姆的著作*Understanding Human Communication*，由香港海天书楼出版发行，他将标题中的communication翻译成了“传学”，后来在出版简体版时，将其翻译成“传播”，由新华出版社在1984年出版发行。

（三）identity：身份

identity 源自拉丁语的identitas，最先应用在哲学中，指的是逻辑里的同一性、同一律。该词在被引入文化层面时，主要是从社会制度视角切入，被翻译成身份、属性、特质等。对此，有学者指出：身份的社会制度往往有着价值偏好，于是可以让某种本来以事实判断形式成立的身份同时意味着某种在价值判断形式中成立的身份……现代社会中，传统等级社会中的身份被解构，将人还原为平等身份的个体，契合了人人平等原则的哲学基础。这其中经历了一个漫长的解构历程，比如法国大革命对受封建贵族压迫的平民的解放，美国总统林肯颁布的《解放黑人奴隶宣言》对黑奴的解放，以及妇女解放运动等。心理学有一个概念是identity crisis，即身份危机，常常用来描述对自我和人生目标感到迷茫的现象。除了个体身份之外，identity还与国家、文化层面密切相关。比如，现代的阶级意识、东方和西方、资本主义和社会主义等，强调在社会等级制度下进行身份解构，从而使文化身份得到加强。[①]

（四）public sphere：公共领域、公共空间

public sphere是德文offentlichkeit的英译，意思是指公共领域、公共空间。首先，翻译成公共领域，比较接近欧洲古代政治文明的概念，它是与市民社会、市民记者等概念相呼应，最早的含义是黑格尔立足国家、家庭视角提出来的，它是与野蛮社会相对的。黑格尔认为市民社会不仅是由每个独立而又彼此依赖的特殊人所构成的联合体，也是基于人民对物质生活的需要存在于物质生活领域，必须通过司法形式维护市民的所有权，以此规避社会危险，保护好个人的生命财产。[②]在这里，“市民”不是指具体的个人，而是具有理性思维能力的个体。“市民社会”一词最早出现于14世纪的欧洲，它不仅指单个国家，

---

① 赵汀阳. 认同与文化自身认同［J］. 哲学研究，2003（7）：16-22.

② 张杰. “市民社会”理论的历史流变及其现代意义［J］. 上海交通大学学报（社会科学版），2002（3）：66-70.

而且指业已发达到出现城市的文明政治共同体的生活状况。[①]作为一个政治哲学的概念，市民社会指的是与自然状态相对的政治社会，是一种文明状态。其次，翻译成公共空间，更接近中国的研究语境和研究理念，它是与私人空间、公民社会、公民记者等概念相关。关于这一点，将在本章后面介绍哈贝马斯的相关理论时详细谈到。

二、从符号学到文化实践理论

在国外，关于跨文化传播现象的研究，主要是在语言文化学者中进行，他们注重从符号转化的机理、机制的角度进行研究。[②]

（一）符号学的提出：从索绪尔到罗曼·雅各布森

符号学的开创者是瑞士语言学家费尔迪南·德·索绪尔（Ferdinand De Saussure），他的《普通语言学教程》被誉为符号学的开山之作。他曾在书中预言，未来将有一门学科，专门研究符号系统。在索绪尔之前，语言学是一种不同于个别性言语行为的学科，它侧重研究发音流变、词义自发关联与类比作用中的历史性变化原因等。索绪尔语言学则是从语言的多样性和杂多性出发，采用二分概念，对言语进行深入剖析。在他看来，符号是能指和所指（形式和意义）的统一体，可以用来指称所有的物象，因此所涉及的范围非常广泛。

20世纪50年代，苏联语言学家罗曼·雅各布森（Roman Jakobson）将语言分析与数学式分析相结合，他认为传播的六个要素分别对应着传播的六种功能，包括参照功能、情绪功能、意动功能、交际功能、元语言功能和诗意功能。罗曼·雅各布森的这种提法虽然丰富了对传播功能的认识，但是仍然受到线性传播思维的局限和束缚，因此没能使符号学研究得到更大的推进。

（二）克洛德·列维-斯特劳斯的结构主义

作为符号学的一个重要的转变，法国人类学家克洛德·列维-斯特劳斯（Claude Levi-Strauss）起到了引领作用。从1964年至1971年，他相继完成了四

① 戴维·米勒，韦农·波格丹诺，主编. 布莱克维尔政治学百科全书［M］. 邓正来，译. 中国问题研究所等，译. 北京：中国政法大学出版社，1992：125.

② 程曼丽. 国际传播学教程［M］. 北京：北京大学出版社，2006：134.

卷本的《神话学》，分别是《生食和熟食》《从蜂蜜到烟灰》《餐桌礼仪的起源》《裸人》。他在索绪尔的结构语言学基础上，结合了文化人类学的相关内容，采取的是田野考察方式的民族志研究方法，从而树立起结构主义的研究思路和方法，因此斯特劳斯被誉为“结构主义之父”。

下面主要以《餐桌礼仪的起源》为例，对结构主义进行简要介绍。该卷将目光锁定在北美洲的中部地区，开篇是记述了图库纳人蒙马纳基和他的五位妻子的打猎方式以及饮食方式等，同时也收集了许多当地的神话故事，包括太阳和月亮两兄弟在寻找理想妻子时，围绕人和蛙各自是非曲直发生争吵等。斯特劳斯通过对不同文本的分析，证明了这些神话是从空间轴向时间轴过渡，并且在过渡中呈现出一种现象，这就是时间轴的两极是按照相对持续时间的时长，分为较长的时间和较短的时间，以至于构成了接近程度不等的项之间的关系的体系。[①]在斯特劳斯看来，这些新神话与前两卷中的神话相比，显得更加复杂，因为它们采用的是关系之间的关系，而不只是项之间的关系。

同时，为了对神话思维的结构进行深入探讨，斯特劳斯借助了多种类型模型，不同的模型之间仍存在相互过渡的可能性，他认为可以根据具体神话的内容，对不同模型之间的差别进行解释。比如，以战争惯例和剥头皮习俗为一方，烹饪食谱为另一方，最后将计数理论、猎头理论和烹饪术结合起来共同建立一门伦理学。[②]总之，通过不同神话组的研究，构成一个庞大的神话总体，同时将实质与形式、质与量、物质生活境况与伦理规范体系等结合在一起，得出了许多具有理论意义的成果，比如，虽然这些都是形式上面的，但还是与作用于故事内容的转换相联系。

（三）罗兰·巴尔特的大众符号学研究

提起符号学研究的重要代表人物，法国的罗兰·巴尔特（Roland Barthes）是一颗耀眼的明星。他1915年出生在法国诺曼底的瑟堡，毕业于巴黎大学，获得了古典希腊文学学位，他一生中都辗转于各地做法语讲师，他的一生可以分为三个阶段：从1947年至1962年是媒体文化评论期，从1962年至1976年是高等研究院教学期，从1976年至1980年是法兰西学院讲座教授期。罗兰·巴尔特从

---

① 克洛德·列维-斯特劳斯. 神话学：餐桌礼仪的起源［M］. 周昌忠，译. 北京：中国人民大学出版社，2007：5.

② 同① 6.

崭新的视角，以深邃的洞察力，解析了时装、照片、电影、广告、汽车、烹饪等各种文化现象的记号体系，开创了研究社会、历史、文化深层意义的符号学方法。

以罗兰·巴尔特的代表作品《符号学原理》为例，该书出版于1964年。当时，罗兰·巴尔特较早地运用符号学研究方法，并且将其用于文化现象批判的意识形态分析中，具体来说，就是将他所了解的有关语言学、符号学的概念、原则以及方法等进行梳理、归纳，提炼出若干的基本论述，从而为符号学研究搭建起基本的理论知识框架。该书是一本简洁的小册子，按照语言结构学，采用二分法，将符号学划分为四大类：语言结构与言语、所指和能指、组合段与系统、直指与涵指等。罗兰·巴尔特认为符号学有待建立，有必要进行一种谦虚而大胆的知识考察。在他看来，这种研究不同于以往的知识研究，“谦虚是指，符号学知识实际上只可能是对语言学知识的一种模仿；大胆则是指，这种知识，至少在构想中，已经被应用于非语言的对象了。”①

罗兰·巴尔特首先从语言学的记号理论入手，鲜明地指出所指和能指都是记号的组成部分，体现的两个关系项之间的一种关系。可以说，所指和能指的结合构成了记号，所指面构成的是表达面，能指面构成的是内容面，因此，记号所指示的是一个包含着两个侧面的实体。推而广之，每一层面都包含有两个层次，即形式和内容。其次，罗兰·巴尔特认为联结语言学各词项的关系可以沿两个平面展开，包括具有延展性的组合段平面和联想的平面（或者系统的平面、聚合的平面），这两个平面分别对应两种心理活动形式，进而产生了换喻（组合段秩序）和隐喻（联想的秩序）。比如，英雄史诗、现实主义流派的小说、电影蒙太奇、民间故事、新闻报道等都属于换喻秩序；抒情诗、超现实主义绘画、卓别林的电影、主题型的文学批评、格言式的话语等都是属于隐喻秩序。② 最后，罗兰·巴尔特认为所有的意指系统均含有一个表达平面和一个内容平面，分别用E和C来表示，这两个平面之间的关系所体现的是意指作用，用R来表示，因此表达式可以写为：ERC。可以假定，一个ERC系统能够变成另一个系统中的单一成分，通过实现对系统本身的延伸，进而形成两个密切相连同时又彼此脱离的意指系统。比如，当第一系统ERC变成表达平面时，可

① 罗兰·巴尔特．符号学原理［M］．李幼蒸，译．北京：中国人民大学出版社，2008：1.
② 同① 44.

以将其表示为：（ERC）RC，就是涵指符号学；当第一系统ERC变成内容平面时，可以将其表示为：ER（ERC），一切元语言都属于此类。[①]

（四）布迪厄的“惯习”理论

在西方文化中，惯习（habitus）是一个古老范畴，最早起源于拉丁语habere，用来表示外貌、服饰、姿态、态度、习惯、心情及性质等。亚里士多德曾经在伦理学中使用过这个概念，主要是用来表示某种有关身体操作的技巧与技术。在符号学的研究中，真正将“惯习”内涵进行扩展和发扬光大的是法国思想家皮埃尔·布迪厄（Pierre Bourdieu），他注重从实践出发来研究文化，阐释文化结构之间的复杂关系，在他看来，所谓惯习，就是知觉、评价和行动的分类图式构成的系统。布迪厄强调了他对惯习这一观念的使用与前人的各种用法有显著区别：“我说的是惯习（habitus），而不是习惯（habit），就是说，是深刻地存在在性情倾向系统中的、作为一种技艺（art）存在的生成性（即使不说是创造性的）能力，是完完全全从实践操持（practical mastery）的意义上来讲的，尤其是把它看作某种创造性艺术（arsinveniendi）。”[②]

布迪厄曾经在作品中列举过主教的例子，他曾经同时采访过多位主教，这些主教的年龄从35岁到80岁不等，他们分别是在1936年、1945年和1980年成为主教的，由此可见，这些主教是在宗教场域的不同阶段被造就的。从习惯的视角来看，有些主教是贵族的后代，他们在教区里会让崇拜者以半封建的贵族传统形式亲吻他们手上的戒指，而当他们进入圣德尼地区以后，他们会在保护被压迫者时变得积极主动，并且脱离了之前的许多贵族惯习。因此，布迪厄认为这是他们所处环境变更所产生的直接结果，使他们表现出明显不同的行为举止。他曾将惯习比喻成一种弹簧，能够根据场的刺激和结构等产生变化，即便是同样的惯习，也将会引发出不同的甚至是截然相反的结果。对此，布迪厄认为：惯习只是在涉及明确的境遇时才显露自身，它构成了一个性情系统，即内在性、潜在性、可能性的系统，只是在与某些结构的关系之中，习性才产生出特定的话语或者实践。布迪厄坚决反对批评者使用一种机械式的观念去认识他的这种为反对机械论而建构起来的观念，为此他曾经发出这样的慨叹：“把我

---

① 罗兰·巴尔特. 符号学原理［M］. 李幼蒸，译. 北京：中国人民大学出版社，2008：69.

② 皮埃尔·布迪厄，华康德. 实践与反思——反思社会学导引［M］. 李猛，李康，译. 北京：中央编译出版社，2004：165.

对文化继承的分析，简化为父亲职业与儿子职业之间一种直接的、机械的关系是多么荒诞。”①

（五）理查德·霍加特的文化实践理论

作为新马克思主义理论，英国的文化研究理论为符号学注入了活力。1964年，英国伯明翰大学在现代文学教授理查德·霍加特（Richard Hoggart）的努力下，创建了当代文化研究中心（Centre for Contemporary Cultural Studies，简称CCCS），学术领域覆盖英国文学和文化研究。该研究中心在将马克思主义、女性主义、结构主义和精神分析学等欧洲理论引入通俗文学研究领域，发挥了先驱作用。

与其他文化研究者所不同的是，理查德·霍加特想要突破学术规范的边界，他所写的一些作品兼有自传性文本。下面主要是以他在1957年出版的《识字的用途》一书为例，理查德·霍加特将个人传记、社会历史和文化批判融合起来，开创了“不守规范”的研究方法。一直以来，理查德·霍加特始终致力于开拓一种基于跨学科的文化研究新方法，与布迪厄相似的是，他注重将生活体验纳入到对各种文本的研究，并且捕捉到了许多复杂性的细节，引发了人们的共鸣。有人认为这是因为理查德·霍加特的阶级背景，他出生在英格兰北部利兹的亨斯莱特工人社区，所以非常关注对工人的细节描写。从这个角度来看，《识字的用途》注重的是对英国工人阶级特性的描述，不仅有从报纸包装中散发出来的炸鱼和薯条的味道，也有地方公共图书馆的氛围，还有工人阶级父亲在思考时抓耳挠腮的样子等。②

由此可见，理查德·霍加特倡导的是一种鲜活的文化，主张以生活体验作为文化中心，而不是以文本或者产品的文化为中心。包括研究中心的雷蒙·威廉斯（Raymond Williams）、斯图尔特·霍尔（Stuart Hall）、爱德华·帕尔默·汤普森（Edward Palmer Thompson）等，都是倾向于聚焦在文本与某种东西的关系上，在他们看来，这种东西就是人怎样生存，在某种意义上，它比理论显得更加重要。对此，有学者认为，《识字的用途》之所以成功，是因为它与那个时代的主导规划决裂，以及它敢于和必然致力于挑战文学、政治和社会

---

① 包亚明 主编. 文化资本与社会炼金术：布尔迪厄访谈录［M］. 上海：上海人民出版社，1997：182.

② 理查德·霍加特. 识字的用途［M］. 阎嘉，译. 北京：商务印书馆，2020：3.

学研究之间的学术壁垒。[①]这种文化实践理论是对符号学的一种超越，即将研究重心转移至生活层面，特别是关注工人阶级的生存状态，摆脱了文本的束缚，进而详细地阐释了文化与社会之间的内在联系。

三、从实用主义到新闻社会学

受到英国文化研究学派的影响，一些学者开始将实用主义的研究方法引入新闻传播学之中，由此诞生了功能主义的新闻社会学新范式，一个显著特点是从新闻生产过程入手了解新闻。

（一）盖伊·塔奇曼的“新闻制作”

提起新闻制作，最具有代表性的是美国社会学家盖伊·塔奇曼（Gaye Tuchman），她从读研时就对“新闻是如何产生的?”这一话题产生了浓厚的兴趣，后来经过十多年的思考和研究，在1978年写作了《做新闻》一书，回答了这个问题。

她在开篇时写道：“新闻是人们了解世界的窗口”。这个比喻看似简单，但是有窗口存在大小、朝向、形状、位置以及窗子的光线有明暗之分等诸多复杂情况，这些都成为决定人们对新闻的理解，究竟从新闻中看到了什么，以及怎么看。再进一步思考，究竟是谁决定了这些，是出于一种自觉，还是被逼无奈地强制服从？由此会产生何种结果？

该书通篇一共包括十章的内容，前七章属于“前窗”。从“新闻是框架”入手，以时空的顺序阐释了日常生活中发生的事情是如何成为新闻的，后三章则是“后窗”，深入解释了新闻生产的深层原因。具体来说，“前窗”可以从空间和时间两个维度入手进行观察。从空间来看，新闻如同一张网，编辑部在运行过程中，常常是以地域为界限，将中心城市作为锚地，根据不同地区的实际进行部门的内在划分，并且部署人员力量调配等，从而完成空间布局，组成了新闻生产的网络。一旦有大鱼撞到了网上，就会初步判断出新闻的发生地点，迅速收网，生产出每天的新闻。从时间来看，典型化成为新闻业的重要手段。与一般的分类不同的是，典型化强调对象的突出特点，即新闻价值，包括

---

① 理查德·霍加特. 识字的用途［M］. 阎嘉，译. 北京：商务印书馆，2020：8.

及时、显著、重要、接近和趣味等多个要素，编辑人员不仅根据新闻价值的要素进行判断，也通过控制采编工作流程，有效分配各种资源，促进新闻报道的落地。

关于“后窗”，主要涉及与新闻生产相关的一些隐蔽性的内容，包括事实、言论自由与意识形态，新闻是建构的事实，新闻是知识等多个方面，分别是从新闻实践、框架理论与知识社会学角度展开探讨，阐释了新闻建构现实，同时对现实又具有某种限制作用。因此，新闻是被制作出来的，不是被发现的，媒介组织绝非一个中立的新闻转运站。[①]

（二）赫伯特·甘斯“新闻的抉择”

1979年，美国社会学家赫伯特·甘斯（Herbert J.Gans）出版的《什么在决定新闻》一书，堪称是对新闻机构的内部运作以及新闻制作过程进行细致描述的经典著作。在这本著作中，赫伯特·甘斯重点阐述了新闻从业者的工作流程。

他以新闻选择理论为切入点，详细阐述了四种情况：其一，新闻是由新闻从业者的专业判断形塑而成；其二，新闻组织机构对新闻的选择能够产生直接影响；其三，新闻的选择取决于事件本身；其四，以新闻机构之外的力量来解释新闻的选择。[②]在他看来，新闻是从消息来源传递到受众的消息，在整个过程中，新闻从业者既是商业机构的雇员，也是专业领域的成员，同时也会受到来自有权有势并能够对他们施加压力的团体和个人的干预。简言之，新闻的选择根本上由两个过程构成：“一个决定新闻的可用性，并将新闻从业者与消息来源联系起来；另一个决定新闻的相适性，并建立起新闻从业者与受众之间的关联。”[③]

关于新闻的适宜性，赫伯特·甘斯认为新闻工作者调用了大量相互关联的适宜性考量因素，主要包括三种：实质性考量、产品考量和竞争考量。第一种，实质性考量，是用于判断新闻内容和消息来源所提供的信息的新闻价值。以新闻的重要性为例，如何判断一条新闻具有重要性呢？一是在政府及其他等

---

① 塔奇曼. 做新闻［M］. 麻争旗，刘笑盈，徐扬，译. 北京：华夏出版社，2008：16.

② 赫伯特·甘斯. 什么在决定新闻：对CBS晚间新闻、NBC夜间新闻、《新闻周刊》及《时代》周刊的研究［M］. 石琳，李红涛，译. 北京：北京大学出版社，2009：95-96.

③ 同② 99.

级制中的位置，二是对国家和国家利益的影响，三是对大量的人有影响，四是对过去和未来的显著性。第二种，产品考量，是从质量视角出发，对新闻的优劣作出评判，具体来说，主要有媒介考量和样式考量两种类型。所谓媒介考量，主要是将新闻选择与媒介技术相连接，即新闻事件必须符合新闻媒介技术的独特性，比如，电视新闻需要具有趣味性十足的新闻事件，给观众带来身临其境的观看体验。所谓样式考量，主要通过简化并加快新闻选择进程以及应对新闻过量供应的一种机制，比如电视样式，不仅关注个别的新闻故事，也对构成整个节目的新闻集合体产生影响。第三种，竞争考量，是在新闻机构之间的竞争中检验新闻素材能否提供最为适宜做新闻的潜质，在新闻传播领域，竞争常被用来作为新闻质量控制手段，通过竞争可以评判新闻从业者的专业表现，比如，在美国《纽约时报》被视为新闻生产领域专业标准的最权威的制定者。①

第二节　创造性层面：多元共存的传播

进入互联网时代，全球化进程逐步加快，公众对全球化的兴趣正在日益高涨，全球范围内的文化互动日渐形成。对此，有学者认为，全球化之所以最终成形，主要是包括经济、政治、社会、科技和文化在内的全球化的各个方面几乎同时聚集在一起，相互强化并且不断扩大对他人影响的过程。②全球化带来的直接影响是一种文化多元化与杂糅化，从传播视角来看，是一种多元共存的传播。对于这一点，可以借助纪录片《舌尖上的中国》风靡全球的案例分析进行初步的了解。

一、案例分析：纪录片《舌尖上的中国》风靡全球的思考

2012年，《舌尖上的中国》第一季首播获得强烈反响，随着在世界上最大

① 赫伯特·甘斯. 什么在决定新闻：对CBS晚间新闻、NBC夜间新闻、《新闻周刊》及《时代》周刊的研究［M］. 石琳，李红涛，译. 北京：北京大学出版社，2009：185-230.

② 罗宾·科恩，保罗·肯尼迪. 全球社会学［M］. 文军等，译. 北京：社会科学文献出版社，2001：49.

的视频分享网站YouTube上热播，中国美食迅速成为国外美食爱好者最喜爱的食物之一。根据英国网站的调查数据，35%的英国人把中餐选为他们最爱的外卖食物。如今，《舌尖上的中国》不仅是风靡世界的国产系列纪录片，也是中国原创纪录片领域的知名IP。在此之前，虽然也有一些纪录片成功冲击欧美市场，但是他们在欧美纪录片领域取得的成绩不能和《舌尖上的中国》相媲美。

（一）纪录片《舌尖上的中国》何以红遍全球?

从创作者视角来看，《舌尖上的中国》系列纪录片的成功源于制作团队长期以来对美食文化的关注和钻研。总导演陈晓卿从1987年就开始接触美食节目，2002年首次提交了制作美食纪录片的选题申请，同时开始着手写作美食专栏，出版了《至味在人间》，集结了其十多年来写作的美食文章。

起初，该团队一直在学习国外纪录片的生产流程。2005年接受了新西兰自然历史公司、美国国家地理频道等国外纪录片团队的系列培训，建立起一套完备的节目操作流程。在创作美食纪录片的过程中，团队树立了全球视野，以此来发现中国美食所蕴含的深厚的文化内涵。在拍摄第二季时，团队根据一种食材，将不同地区和民族的菜品进行了集中展示，从而反映出美食文化的变迁之美。在拍摄技巧上，团队不断借鉴国内外先进技术，用自然类纪录片的拍摄手段记录食材的生长和环境，用社会纪录片的手法观察人与家庭的关系，用类型典型的叙事模式展现人物故事，细腻描述其在劳作、烹饪等不同阶段的变化，使得整部作品完整、生动。在视觉呈现上，团队与中国科技大学“美丽科学”团队联手，通过显微摄影和超微摄影技术等捕捉食材的微观变化，展现了食物内部为肉眼看不到的奇妙变化。①

（二）网络语境下的传播强势助力《舌尖上的中国》

网络时代与传统媒体时代最大的区别在于，网络病毒式营销和网民自发传播对于优质作品的爆红产生直接的推动作用。十多年之前，流行歌曲《江南Style》由于其内容本身的趣味性和可看性使得它风靡全球，同时也得益于网民的自发传播。计算机网络先驱罗伯特·梅特卡夫（Robert Metcalfe）曾经提

---

① 陈晓卿．美食纪录片——架起人与人沟通对话的桥梁［N］．人民日报，2022-04-13.

出梅特卡夫定律，他认为网络的价值随着用户数量的平方数增加而增加。①

一般来说，网友的自发传播需要一定的前提条件，与真实生活密切相关，反映的是真人真事，反映了人们对美好生活的诉求以及人文情怀等。从传播内容来看，《舌尖上的中国》致力于探寻消失的美食记忆，记录饮食文明，不仅耙梳中华饮食的流变历程，让观众能够身临其境地了解到各种美食，也能够寻求被速食吞噬的传统饮食文化，展示出中国古老悠久的文化意象，凸显出蕴藏在美食中的人文情怀与乡土情结。

我国自古以来就非常注重饮食文明的交流，作为最早栽培水稻的国家，迄今为止已经哺育了全世界近一半的人口。《舌尖上的中国》在全球化语境下，不仅采用了国外观众喜爱的直接叙事方式，融入生活中的小故事，体现出人文关怀以及文化价值，也通过高科技彰显出别具一格的美食制作场景，带给观众不一样的视觉感受。该纪录片影响广泛，涉及社会的不同阶层，是真正意义上的全民狂欢。②

（三）对国家形象塑造的意义

关于国家形象，美国政治学家布丁（Boulding，K.E.）认为，这是一个结构明确的信息资本，是一个国家对自己的认知以及国际体系中其他行为体对他的认知集合。③比如，以英国的绅士文化为例，威廉王子大婚，对英国的旅游业、服装业、珠宝业、传媒业等产业都有较大的拉动作用。

近年来，我国随着综合国力的不断提升，开始推进文化产业转型。《舌尖上的中国》通过不懈努力，使得我国独有的饮食文化品味得到了其他国家的认可，有力地推动了对外文化交流。它在叙事方式上，注重采用世界眼光看待中国，让中国的美食讲述一个个鲜活生动的日常故事，从而使得中国国家形象更加亲切可爱。对此，有学者认为饮食是国计民生中的头等大事，能够表现一个国家的文化素养的文明的象征。

在该纪录片中，制作团队通过镜头展示了中国式养生的精彩内容，将中国人“天人合一”“道法自然”等养生思维淋漓尽致地展现出来。观众不仅可以

---

① 吴飞 等. 国际传播的理论、现状和发展趋势研究［M］. 北京：经济科学出版社，2016：186.

② 周隽. 美食纪录片与中华饮食文化的传承与交流——以系列美食纪录片《舌尖上的中国》为例［J］. 美食研究，2019，36（4）：12-14，28.

③ 同① 190.

看到如何采摘稀缺的美味食材，也看到如何保护生态，怎样实现人与自然的和谐共生。在这其中，还蕴含了劳动者的勤劳、智慧，让国外的观众感受到了中华民族饮食文化的博大精深。

二、公共领域理论与哈贝马斯的基本思想

提起公共领域，首先会想到对这一理论作出卓越贡献的德国哲学家哈贝马斯。他出生于1929年，25岁时获得德国波恩大学的哲学博士学位，26岁进入法兰克福大学社会研究所，32岁担任海德堡大学教授。1983年，哈贝马斯重返法兰克福大学，担任哲学、社会学教授。他的著述丰富、思想深邃，其基本思想是以公共领域和技术理性批判作为出发点，以主体间性和对话作为核心，以生活世界理论和商谈伦理学作为两个维度。下面我们简要了解一下哈贝马斯的主要学术著作与核心观点。

1961年，《公共领域的结构转型》，分析资产阶级公共领域的发生与发展、结构和功能等，从研究方法上来看，首先是将公共领域放在传统政治学视角下，打破了社会科学各学科之间的界限，其次是立足历史语境，阐明17世纪后期的英国和18世纪的法国才真正有公众舆论可言，希望重建18世纪思想批判的模型。

1968年，《作为“意识形态”的技术与科学》，首先对马尔库塞等法兰克福学派老一辈理论家们批判科技异化的悲观主义论点提出不同看法，阐释了晚期资本主义社会的发展趋势，其次提出了预防科技在发展中产生危险性以及副作用的设想，即政治科学化的理论，认为科技对社会发展的影响具有两面性：技术和科学是第一生产力，在当代已经具有了一种辩护的功能，成为一种新形式的意识形态。

1968年，《认识与兴趣》，重点围绕“怎样才能有可靠的认识”这个长久争论的问题，以精神现象学作为基准点，对实证主义、解释学和心理分析等进行了思考，并且对认识论进行了历史考察，立足理性的内在机制，进而揭示理性异化的原因，提出以兴趣为导向的认识论构想，主张对其进行理性重建。

1981年，《交往行为理论》，剖析世界与生活世界之间的关系，强调生活世界的非殖民化，强调构建一种以商谈伦理为特征的话语政治模式，反对走两种极端——主张捍卫民族国家的新自由主义与主张彻底抛弃民族国家的后现代

主义，提出应当对民族国家采取一种历史的、理性的、现实的态度，促进社会的协调发展。1990年再版时，主张建立主体间性结构，即平等合理的交往关系，构成了个体发展和社会进步的基础，为异化的扬弃奠定了基础。

下面，我们详细介绍一下哈贝马斯的基本思想。

（一）公共领域的结构转型

1961年，哈贝马斯写作了他的教授资格论文《公共领域的结构转型》。该书主要关注资本主义的合法化危机以及公共领域的退化，正如他在前言中写的："其中我所关注的是本书的研究对于当前再次具有重要意义的民主理论问题会作出怎样的贡献。"①哈贝马斯从公共领域的来源和历史演变过程切入，揭示出公共领域自身结构和政治功能等多个方面的转型，进而寻找当前资本主义民主制度存在的问题，强调在话语层经由公共领域的程序正义原则提供一种规范的民主理论基础。②从18世纪到19世纪初，在英、法、德这三国的历史背景下，公共领域是资本主义自由竞争时代的产物，反映的是处于上升阶段的资产阶级与封建皇权、教会和贵族抗争的历史。简单来说，公共领域是位于国家与社会之间的一个可供调节的区域，在这里公众形成公共意见，通过报刊等对公共权力进行监督。因此，哈贝马斯将其视为一种理想状态的公共领域。然而，随着晚期资本主义的到来，公权与私域之间的边界被消解，公共领域的结构性转型就是在这种背景下产生的，其政治功能也发生了改变，比如，传媒的广告功能得以凸显，相比之下，信息传播功能显得弱化。基于此，公共领域成为各方利益进行角逐的暗箱，公共权力的合法性基础面临着危机。

（二）作为"意识形态"的技术与科学

1968年，在马尔库塞诞辰70周年之际，哈贝马斯发表了重要论文集《作为"意识形态"的技术与科学》，其中的论文大多发表于1963—1967年，阐释了技术理性批判思想。他认为技术具有两重性，相应地，技术对社会发展产生的影响也具有两面性。其一，技术是第一生产力；其二，技术在当代已经具有了

---

① 哈贝马斯．公共领域的结构转型［M］．曹卫东等，译．上海：学林出版社，1999：1990年版序言2.

② 刘剑．公共领域与规范民主——读《公共领域的结构转型》［J］．中国图书评论，2010（8）：86-90.

一种辩护的功能，成为一种新形式的意识形态。在这里，哈贝马斯所提及的意识形态，不同于马克思、恩格斯所批判的立足阶级属性的意识形态，而是与霍克海默提出科技作为意识形态的观点是一脉相承的。在哈贝马斯看来，技术理性的统治不同于传统意识形态的统治，两者具有明显的区别，它是一种借助技术作为合法性基础的统治，因此，在一定程度上不仅摆脱了虚假意识的某些成分，也摆脱了由阶级利益制造的政治空想，由于技术所涉及的范围更加广泛，所以更加难以抗拒。①

（三）以兴趣为导向的认识论

1968年，哈贝马斯写作了《认识与兴趣》，立足理性的内在机制去揭示理性异化的原因，寻求重建理性的途径。他从黑格尔、康德等相关理论中提炼出以兴趣为导向的认识论构想，认为人类的三种基本兴趣推动了三种科学的产生与发展。具体来说，其一，人们对技术的认识兴趣，推动了自然科学的发展。人类通过有效控制自然的过程，能够从自然界的规制中获得解放，从而需要建立一系列的规则性知识与规律性原理。其二，人们对实践的认识兴趣，推动了精神科学的发展。人类通过建立、维护彼此间的相互理解，以确保人类的共同性和社会的统一性，从而需要建立人文学、历史学等多种基础学科。其三，人们对解放性的认识兴趣，推动了批判科学的发展。人类出于对自由、平等、独立的兴趣，喜欢通过反思将对象性的力量从依附中释放出来，从而需要创建心理学、意识形态批判与批判哲学等。

（四）交往与技术异化的消解

作为21世纪的马克思主义学者，哈贝马斯认为技术本身的属性与发展机制将会导致技术异化，他强调要想摆脱技术异化对人类的影响，主要依赖于“主体间性”，即一种主体与主体间的沟通和理解为主要内涵的交往行为。在他看来，主体间交往行为的合理化可以消解技术异化。在此基础上，哈贝马斯对劳动与交往的差别进行了细致的区分。可见，在现代社会中，人们正在以交往取代劳动，这意味着社会历史理论范式发生了转变，从“主体—客体”结构，即人与自然的关系，向着“主体—主体”结构，即主体间性结构进行转化。

---

① 衣俊卿. 西方马克思主义概论［M］. 北京：北京大学出版社，2008：223.

具体来说，劳动与交往的差别体现在以下三个方面。

其一，劳动是一种强调行为目的、行为手段与行为结果之间相一致的工具行为。交往关注主体间遵循有效性规范，以语言符号为媒介而发生的交互性行为，其目的是实现主体间的理解和一致，确保社会的一体化、有序化与合作化。

其二，劳动关注人与自然的关系，强调人对自然的改造和社会生产力的提高。交往侧重交往活动有优先性，劳动中的人与自然的关系，只有在主体间自由交往的基础上才能和谐，而不再是片面地改造征服的关系。

其三，劳动的合理化已经实现并越来越符合科技的要求，同时这种合理化脱离了主体间交往的基础，其结果是削弱或吞没了主体间的合理的相互作用，从而将人的关系和行为降格为物的关系，导致了人的全面物化，使人成为工具，全面地屈从于技术社会的统治。

（五）生活世界理论

1981年，哈贝马斯写作了《交往行为理论》，首次提出了生活世界的概念。首先，他指出生活世界是由文化、社会和个人这三个基本构成要素组成的，并且具有不同的功能以及基本定位。具体来说：

- 一是文化要素，具有知识储备功能，致力于文化再生产的基本定位。
- 二是社会要素，具有合法秩序功能，致力于社会统一的基本定位。
- 三是个人要素，具有交往能力功能，致力于自我同一性（社会化）的基本定位。

关于世界与生活世界两者的关系，哈贝马斯进行了详细解释和说明。在他看来，世界是行为主体从事活动时，与他们的行为目的和利益相关联的外在环境因素的总和，包括客观世界、社会世界与主观世界等。生活世界是主体间的交往行为得以展开的文化世界，是一种文化解释体系。生活世界不是世界的一部分，而是为行为主体提供给定的知识储备、规则体系与价值支撑的条件或者背景，二者相互交织相互影响。在现实中，由于经济系统、行政系统的独立性日益加强，开始摆脱原本由生活世界所形成的交往规则和价值信念，一旦这些独立化的系统反过来对生活世界的文化机制造成了干预和破坏等，就被称为“生活世界的殖民化”。如果要摆脱这种殖民化，需要发挥生活世界的协商和对话等功能，推进社会的协调发展。①

1984年，哈贝马斯再版了《交往行为理论》，与之前的版本相比，他不再谈论资产阶级公共领域的优越性，转而深入研究交往行为，认为有两种社会行为非常重要：一种是策略的行为，受工具理性支配，涉及主客体之间的关系；另一种是交往行为，受价值理性调节，涉及主体间的交往行为，语言理解占据重要的地位。他认为，言语者的要求中往往会带有一定的权力要求，言语者可以赋予这些权力要求以一种可供使用的公认的潜能。由于公认潜能和言语行为的联系总是偶然的和外在的，所以不能将这些简单命令和表意行为等同来看，而是需要进入策略行为语境，在这个条件下，言语者很可能会同时从理解和目的两个视角出发行事。②

三、风险社会理论

风险社会理论的形成根植于工业社会的发展演变历程之中，森林消失、人口膨胀、核辐射、化学灾害事故、生物多样性锐减等成为人类共同面对的问题，这些都表明风险社会蕴含的生态风险危害。③与此同时，随着科技的快速发展，隐私侵犯、电子污染等非传统领域的风险因素也在加剧，给人类提出了严峻挑战。

（一）工业化的风险社会

1986年，德国社会学家乌尔里希·贝克（Ulrich Beck）出版了《风险社会》一书，主要采用历史比较法，用他自己的话来说，就是“以一位19世纪初社会场景观察家的立场来书写”，④其目的是在结构转型的时代，让已经开始形成的“未来”进入“现在”的视野。如同19世纪的现代化消解了崇尚等级制度的农业社会，开创了工业社会的结构图景，现代性同样消解了工业社会的轮廓，并且缔造出工业化的风险社会。

① 衣俊卿．西方马克思主义概论［M］．北京：北京大学出版社，2008：247.

② 尤尔根·哈贝马斯．交往行为理论［M］．曹卫东，译．上海：上海人民出版社，2004：序言.

③ 杨丽杰，包庆德．乌尔里希·贝克风险社会理论的生态学维度［J］．哈尔滨工业大学学报（社会科学版），2019，21（2）：114-122.

④ 乌尔里希·贝克．风险社会：新的现代性之路［M］．张文杰，何博闻，译．南京：译林出版社，2018：前言2.

贝克试图让风险社会的轮廓逐渐浮现出来，将其形容为“在文明的火山上”，并且列举出诸多例子。首先，围绕财富生产的例子进行阐释。在工业社会中，风险生产的逻辑受财富生产的逻辑的支配，在风险社会中，两者之间的关系截然相反。伴随技术的快速发展，现代化的风险日益加剧，对动植物和人类命运产生了不可逆转的威胁。这种风险不同于19世纪爆发的经济危机，它呈现的全球化趋势，引发的是全球范围的危害，同时跨越了阶级范畴，成为一种新的社会和政治动力。其次，贝克将现代性和反现代性之间的内在矛盾作为讨论核心，风险社会的社会危害的潜在可能性就显现出来了。比如，阶级依赖于有效的社会阶级文化和传统，但是在德国战后的福利国家现代化进程中，阶级却经历了去传统化。又比如，家庭有赖于男女性别地位的等级化分派，随着现代化进程加速，女性进入职场，维系家庭传统的各种关系开始松动，导致离婚率上升。再比如，由于工作时间和工作场所的高度弹性化，使得工作与非工作之间的界限变得模糊，由此带来了各种附带的风险。[①]

（二）动荡世界中的大数据

贝克关注的是工业化的风险社会，加拿大的传播政治经济学者文森特·莫斯可（Vincent Mosco）则是将目光投在大数据时代的风险。云计算和大数据技术的发展，为人们的工作学习带来了便利，同时也产生了许多严峻的问题，比如，需要大量电力供应，对环境造成污染，对隐私及安全造成威胁等。莫斯可列举了美国华盛顿州昆西市市民们与微软公司的一场纠纷案。2006年，微软公司在昆西市购买了75英亩农场建造数据中心，同时为全市的近7000名市民修葺马路和建造图书馆。到了2010年，市民们开始发起抵制微软公司对该市造成的环境污染，因为40台燃油发电机日夜不停地喷吐着污染物，其中包含大量致癌物质，而且就修建在一所小学旁边。更为严重的是，微软的设备需要大量电能，这些电能足够支持3万个家庭的用电需求。为此，微软公司最终被罚6万美元。[②]关于隐私侵犯，莫斯可列举了美国伙同以色列发送“超级工厂”病毒毁

① 乌尔里希·贝克. 风险社会：新的现代性之路［M］. 张文杰，何博闻，译. 南京：译林出版社，2018：前言8.

② 文森特·莫斯可. 云端：动荡世界中的大数据［M］. 杨睿，陈如歌，译. 北京：中国人民大学出版社，2017：132-134.

掉伊朗核计划的事例。[①]

近年来，网络风险成为各国政府关注的重点。比如，2017年5月，“勒索病毒”在全球范围内暴发，迅速席卷了全球150多个国家，它重点攻击的是工业网络、医疗网络、银行网络和学校网络等，从而达到数额巨大的勒索获益目的，同时黑客们使用的是电子支付技术，加大了抓捕的难度。“勒索病毒”的可怕之处在于，无需用户进行任何操作，只要电脑处在开机状态，就可以在同一个网络的计算机之间传播且复制，以链条式进行传播和扩散。

思考题

1. 符号学的产生发展过程是怎样的？
2. 文化实践理论的创新点是什么？
3. 新闻社会学都包括哪些代表人物以及代表作品？
4. 哈贝马斯的基本思想是什么？
5. 请简要谈谈你对风险社会理论的认识与理解。

① 文森特·莫斯可. 云端：动荡世界中的大数据［M］. 杨睿，陈如歌，译. 北京：中国人民大学出版社，2017：151.

第五章

国际传播的效果

本章作为上一章的延续，主要介绍传播效果理论，包括社会批判理论、媒介决定论以及公共舆论的政治理论等，通过探讨可以发现，20世纪的研究学者们主要是从宏观视角探索大众传播的长期、潜在的效果。

第一节　从社会批判理论到媒介决定论

20世纪，技术与理性的博弈是理论界关注的核心问题，在这个过程中涌现出了一批杰出的思想家，比如法兰克福学派的社会批判理论，对技术理性进行了系统深刻的批判，在传播史上树立起一座丰碑。

一、法兰克福学派的发展历程

1923年，德国法兰克福大学建立起一个社会研究所，旨在反思无产阶级革命的经验教训，深入研究马克思主义理论，首任所长是历史学家卡尔·格律伯格（Carl Crunberg）。1930年，马克斯·霍克海默继任所长，从此开启了以社会批判理论著称的法兰克福学派的序幕。

（一）从1930年至1949年：学派的创立和早期发展时期

霍克海默的就职演说题目是《社会哲学的现状和社会研究所的任务》，他认为研究所应当建立一种社会哲学，对整个资本主义社会进行总体性的哲学批判和社会学批判。他不仅引入了西格蒙德·弗洛伊德（Sigmund Freud）的精神分析学，从文化和意识形态层面进行批判，也组织了许多知名学者，如阿道尔诺、马尔库塞、本雅明等。但是不久之后，法西斯开始上台，研究所被迫迁往美国，先后隶属哥伦比亚大学和加利福尼亚大学，也被称为美国时期。这一时期的研究所继续对发达资本主义的技术理性与大众文化进行全方位批判。1937年，霍克海默在《传统理论和批判理论》中明确地将法兰克福学派的理论概括为社会批判理论。

（二）从1949年至20世纪60年代末：学派的鼎盛时期

1949年，研究所应联邦德国政府邀请，霍克海默和阿道尔诺等人返回联邦德国，致力于研究所的重建工作，两人分别担任正、副所长。后来，霍克海默担任法兰克福大学校长，工作比较繁忙，研究所的日常工作主要由阿道尔诺主持。此时，一批年轻的理论家，比如哈贝马斯、A. 施密特（A. Schmidt）成为研究所的第二代理论家。他们不仅强调启蒙辩证法的否定性以及革命性，还深刻揭示技术异化，认为技术理性与大众文化等异化力量对现代人产生了束缚，并且探索了摆脱技术异化的路径。

（三）从20世纪70年代到1983年：学派的解体时期

从1969年至1980年，研究所的第一代理论家相继离世，比如阿道尔诺、霍克海默和马尔库塞等。研究所的第二代理论家哈贝马斯与施密特产生了分歧，相比施密特保持研究所的批判理论研究路径，哈贝马斯不认为该理论在现行发达工业条件下仍然有效，他指出社会批判理论不仅缺少规范性基础，也缺少对自身理论范式的反思。因此，哈贝马斯着手于以兴趣为导向的认识论、批判解释学等，对社会批判理论的研究范式进行了修正，并且在此基础上提出以交往行为理论来重建历史唯物主义。关于这个方面，我们在上一章介绍哈贝马斯的基本思想时已经进行了详细阐释。

二、社会批判理论

社会批判理论的指向对象是技术理性，认为作为“意识形态”的技术与科学，相比马克思时代的意识形态，已经超越了阶级范畴，所涉及的范围更加广泛，对人造成的影响是潜移默化的，更加难以抗拒，因此需要以启蒙的精神消解技术异化，使人们摆脱技术恐惧，树立思想自主的意识。

（一）技术理性批判的缘起

在法兰克福学派之前，虽然韦伯、胡塞尔等许多思想家对技术理性做过批判，但是远不如该学派的批判更加系统，法兰克福学派的理论家们是从文化学的宽阔视野出发，认为西方文化扎根于古希腊的理性主义，理性与上帝是西方人的两大精神支柱，也是西方文化的重要特征。后工业时代，伴随技术的快速发展，技术理性被西方的发达资本主义国家视作圭臬。所谓技术理性，指的是一种产生于近现代科技加速发展时代的理性思潮，该思潮的理论核心是主张科技万能，认为通过理性与技术，人类不仅可以把握宇宙的理性结构，也可以实现征服自然的目的。实际上，技术理性这种思潮最早发端于中世纪解体时期，文艺复兴、宗教革命以及实验科学的崛起为它提供了养料，18世纪时异化开始成为独立的制约人的束缚力量，19世纪的下半叶，精神分析学获得了极大发展，弗洛伊德、卡尔·荣格（Carl Jung）等一批心理学家们开始强调非理性因素对人产生的重要作用，到了20世纪，在经历了两次世界大战之后，特别是原子弹的使用，使得人们认识到技术不再是至善的，由此诞生了技术恶魔论。因此，在面对技术世界中人类的生存困境时，思想界兴起了对技术理性的批判思潮。

（二）“启蒙辩证法”

提起启蒙，人们会想到十七八世纪新兴的资产阶级反对神权与封建专制统治的思想解放运动。法兰克福学派提倡的启蒙与之不同，它是泛指人类社会在近现代的理性化进程中所发生的一切强调理性至上、人对自然实施技术征服的思想解放运动。1947年，霍克海默和阿道尔诺合写的《启蒙辩证法》在阿姆斯特丹的奎里多出版社出版发行。在前言中，二人开宗明义地指出该书的写作目标：“我们必须放弃对当代意识的这种信任，对科学传统加以细心呵护和认真筛选。”[①]在他们看来，文化工业是作为大众欺骗的启蒙，文化工业的技术产生的直接结果是造成了标准化和大众生产。比如，广播能够使所有的参与者变成听众，并且迫使他们去收听几乎完全雷同的节目，而忽略了每个人是一个自由的主体。[②]文化制造商侵占的是个人的闲暇时间，通过为消费者提供服务，将消费者图式化。“在音乐中，单纯的和声效果消除了对整体形式的意识；在绘画中，对各种色彩的强调削弱了构图的效果；在小说中，心理描写变得比小说框架更重要。而所有这些，恰恰是文化工业的总体性带来的结果。”[③]他们主张在启蒙精神中，理性原则应当占据核心地位，提倡用启蒙消除神话，用知识代替幻象，通过启蒙来实现人的自我确定权，增强人的自由。

（三）“单向度的人”

1964年，德裔美籍哲学家赫伯特·马尔库塞出版了《单向度的人：发达工业社会意识形态研究》，从字面意思来看，可以将“单向度的人”解释为丧失了否定、批判和超越的能力的人。马尔库塞认为当代工业社会是一个新型的极权主义社会，它压制了人的否定性、批判性和超越性的向度，使得生活在其中的人成为单向度的人。[④]在他看来，极权并非暴力，其主要特征是压制对立派别、对立意见或者对立向度的存在，正如他将导言的题目命名为《批判的停顿：没有反对派的社会》。一方面，马尔库塞探讨了单向度的社会，认为当代工业社会中，控制是以一种新形式进行的。对此，他说：“我们社会的突出之处是，在压倒一切的效率和日益提高的生活水准这双重的基础上，利用技术而不是恐怖去压服那些离心的社会力量。”[⑤]比如，在文化领域中，人们所赞美的自主性人格、人道主义等“高层文化”中的对立性因素和超越性因素正在被技术合理性所清除，逐步走向一体化。另一方面，马尔库塞探讨了单向度的思想，他认为那些处于矛盾状态下的思维方式是否定性思维方式，这些否定的力量是支配概念发展的原则，矛盾是理性的重要性质。然而，伴随实证主义、分

---

① 马克斯·霍克海默，西奥多·阿道尔诺. 启蒙辩证法［M］. 渠敬东，曹卫东，译. 上海：上海人民出版社，2006：1.

② 同① 109

③ 同① 112-113.

④ 赫伯特·马尔库塞. 单向度的人：发达工业社会意识形态研究［M］. 刘继，译. 上海：上海译文出版社，2014：218.

⑤ 同④导言 2.

析哲学的流行，他们将语言的意义等同于经验事实和具体操作，将多向度的语言清洗成单向度的语言。比如，"感觉论和唯物主义对于没有满足生命本能和物质需要的社会，似乎是先天否定性的。与此相对，语言分析的经验主义却是在不允许这种矛盾存在的框架之内活动的——对普通行为领域自我强加的限制有助于产生一种内在的肯定态度。"[①]最终导致了肯定性思维的胜利，形成了单向度的哲学。

三、将数学模型引入传播研究

美国数学家克劳德·香农（Claude Shannon）的数学信息理论，通过噪声、冗余信息、信息熵、反馈等核心概念，以数学模型诠释了信息发生、传播的基本方式与原理，为传播研究提供了一种简洁的范式。

（一）信息论产生与发展概述

20世纪40年代，美国的《贝尔系统技术杂志》发表了香农的两篇文章《通信的数学理论》和《在噪声中的通信》，信息论由此创立。与之前信息所指的狭义含义不同，信息已经上升到具有普遍意义的概念，并且渗透到了所有的科学领域。香农的信息论思想是以前人的研究成果为基础的，20世纪20年代美国科学家约翰·卡松（John Carson）率先提出信号保护法则。对此，美国物理学家哈里·奈奎斯特（Harry Nyquist）进行了证实，指出一定速率的电报信号传递时，应当与一定的带宽相适应。紧接着，哈特莱（R.V.Hartley）对信息和消息进行了详细区分，还对通信系统传输能力和可靠性进行了探讨。香农的信息论得以确立后，引发科学界的普遍关注，信息论被广泛应用于各个学科，包括语义学、生理学与心理学等。到了20世纪70年代，伴随计算机的广泛应用，通信能力大幅提升，如何有效处理和应用信息成为人们关注的话题。因此，信息论的研究重点转移到信息和信源编码，信息论研究随之被推广到生物学、神经生物学等领域，达到了信息论研究的巅峰时期。

① 赫伯特·马尔库塞．单向度的人：发达工业社会意识形态研究［M］．刘继，译．上海：上海译文出版社，2014：145.

（二）信息论及其基本概念

1949年，香农和韦弗在《传播的数学理论》中提出传播过程的数学模型，用于描述电子通信过程。具体来说，信源发出信息，由发射器将信息转为信号，信号传送出去之后，再由接收器将接收到的信号还原成信息，并将之传递给信宿。在信息传播数学模型中，传播被简化为一种直线的单向过程，开创性地引入了“噪声”的概念。在信源、发射器、信号、接收器与信宿等五个环节中，都会受到噪声的干扰，进而影响了信息传播的效果。从噪声形成要素来看，一个是主观因素，比如受众的心理结构、先天禀赋、后天习性、智力能力、健康状况以及价值观念等；另一个是客观因素，包括技术和设备等技术因素，以及年龄、种族、收入、教育、职业等大环境因素。在信息的传播过程中，还存在冗余信息，即可以预测的信息或者重复的信息。对于冗余信息应当辩证来看，过多的冗余信息会对信息产生扰乱、妨碍、误导等影响，甚至会导致信息本身成为噪声，然而冗余信息在传播活动中并不是毫无用处的，适度的冗余信息是必要的，能够助力传播活动顺利进行，关键是平衡好冗余信息与有效信息，以减少传播渠道中的噪声干扰。

四、媒介决定论

媒介决定论学派主要代表人物有两位，加拿大的媒介理论家哈罗德·伊尼斯（Harold Innis）和马歇尔·麦克卢汉（Marshall McLuhan），两人的名字是连在一起的，可以说，伊尼斯是奠基人，麦克卢汉是旗手。2000年，《澳大利亚国际传媒》春季特刊号“重温麦克卢汉”，说明了伊尼斯和麦克卢汉的先驱和承继关系。文章指出：“要认识麦克卢汉，有一个问题至关重要，那就是要了解走在他前面的伊尼斯。伊尼斯确定了媒介的属性：媒介在时间和空间上对社会组织产生决定性的影响。他的研究给麦克卢汉提供了灵感。”[①]

① 伊尼斯．传播的偏向（第3版）[M]．何道宽，译．北京：中国大百科全书出版社，2021：译者序13.

（一）伊尼斯和媒介决定论

众所周知，20世纪50年代，伊尼斯出版了三本传播学著作，即《帝国与传播》《传播的偏向》《变化中的时间观念》，书中详细论述了他的传播理论和媒介理论，具体包括帝国论、偏向论和媒介决定论。

其一，传播的帝国论。伊尼斯笔下的帝国，具有两层含义，一个是指作为政体的大型国家，另一个是指大型的政治组织。他在《帝国与传播》中，共有30余次提到了帝国，时间跨度6000多年，主要分布在亚非欧三大洲，涉及埃及、苏美尔、巴比伦等。他将这些帝国分为政治类和宗教类，认为前者倚重空间的控制，善于攻城略地；后者倚重时间的传承，能够经受得起朝代更迭的沧桑变迁。在伊尼斯看来，理想的帝国应当能够很好地平衡时间问题和空间问题，比如希腊帝国。[①]

其二，传播的偏向论。伊尼斯认为，媒介是具有偏向的，并且将媒介划分为倚重空间的媒介和倚重时间的媒介两种类型。在他看来，石刻文字和泥版文字比较容易长久保存，属于偏向于时间的媒介，但是由于体积庞大，比较笨重，不易运输，不容易使用。莎草纸和纸张相对轻巧，容易进行长距离运输，属于偏向于空间的媒介。伊尼斯列举了许多历史上的例子，说明根据媒介的特征，有的倚重时间，有的则倚重空间，其含义在于媒介所承载的文化具有这样或那样的偏向。比如，伊尼斯非常推崇古希腊的口头传统，认为它既倚重文字，也倚重视觉艺术、建筑、雕塑和绘画等，“口头传统蕴涵的是精神，文字和印刷的固有属性却是追求物质。”[②]因此，这种口头传统是一种时间偏向和空间偏向相互平衡的理想状态。

其三，媒介决定论。伊尼斯认为，媒介对社会形态、社会心理都能够产生深远的影响。对此，他写道：“也许还可以说一种新媒介的长处，将导致一种新文明的产生。”[③]他列举了上百条例子，比如，廉价报纸旨在摧毁大版面报纸的垄断，因此它们倚重耸人听闻的新闻，对读者具有很强的吸引力，增加了发行量。[④]又比如，广播这种媒介，它诉诸人的耳朵，而非眼睛，因此它倚重的

---

① 何道宽．加拿大传播学派的双星：伊尼斯与麦克卢汉［J］．深圳大学学报（人文社会科学版），2002（5）：93-99.

② 伊尼斯．传播的偏向（第3版）［M］．何道宽，译．北京：中国大百科全书出版社，2021：142.

③ 同② 41.

④ 同② 185.

是集中化，从而取代了新闻界的非集中化的传统，它还倚重连续性和时间，西方在处理连续性的问题上缺乏经验，这是一种危险，西方世界面对着不确定因素和战争的威胁。[①]

（二）麦克卢汉和技术决定论

1964年，麦克卢汉出版了《理解媒介：论人的延伸》。从题目来看，他明确提出了媒介观的核心论点："媒介是人的延伸"。在麦克卢汉看来，媒介与人的延伸是一回事，媒介总是在人的延伸中显示自身的威力。进一步来看，麦克卢汉写作该书的目的是：以媒介为研究对象，探索技术所反映的人的延伸的轮廓及心理和社会后果。[②]在不同时代，人的延伸也就不同：在机械时代，身体在空间范围内延伸；在电力技术发展以后，人的中枢神经系统获得延伸；未来，人的延伸主要体现在从技术上模拟人的意识。[③]一句话，"一切技术都是人体的延伸。"[④]麦克卢汉所说的人体，指的是人的感官；人的延伸，指的是感觉器官和神经系统的延伸。如此一来就不难理解，媒介作为人的感官的延伸，不仅是生物的身体，也是物质性媒介，两者相加或相连，使得身体的技能和媒介技术性能实现了无缝对接。[⑤]

与众不同的是，麦克卢汉的媒介观富有浓厚的技术决定论色彩，体现在他所提出的"媒介即讯息"。麦克卢汉认为："任何媒介（即人的任何延伸）对个人和社会的任何影响，都是由于新的尺度产生的。"[⑥]为此，麦克卢汉列举了电光源的例子进行说明，电光是一种不带讯息的媒介，如果用它来打文字广告，就使得电光具备了媒介的特征，这就说明任何媒介的内容都能够成为另外一种媒介。[⑦]理解媒介与讯息之间的关系，成为理解技术决定论的关键所在。可以说，媒介是第一位的，讯息是第二位的。具体来看，媒介可以是一切具有承载和孕育功能的平台或者载体，讯息是由这些平台或者载体生发出来的产出物。[⑧]

---

① 伊尼斯. 传播的偏向（第3版）[M]. 何道宽，译. 北京：中国大百科全书出版社，2021：210-211.
② 黄旦. 延伸：麦克卢汉的"身体"——重新理解媒介[J]. 新闻记者，2022（2）：3-13.
③ 麦克卢汉. 理解媒介：论人的延伸[M]. 何道宽，译. 北京：商务印书馆，2000：20.
④ 同③ 232.
⑤ 同②.
⑥ 同③ 33.
⑦ 同③ 34.
⑧ 金兼斌. 对麦克卢汉《理解媒介》的理解[J]. 青年记者，2021（4）上：48-49.

麦克卢汉将媒介划分为热媒介和冷媒介，并且提出了不太清晰的评判标准。热媒介只延伸一种感觉，并使之具有高清晰度，高清晰度是充满数据的状态。[①]他认为这种高清晰度只凭视觉或者感觉来评判，比如，照片具有高清晰度，因此是热媒介；卡通画只有低清晰度，因此是冷媒介。又比如，电话是冷媒介，因为需要听话人自己去填补大量的信息；纸张是热媒介，它可以把横向的空间连成一片，造就出娱乐帝国。[②]可见，麦克卢汉在划分冷媒介和热媒介时，主要是将生物学和物理学作用于感官，由此勾勒出自己的学术观点。他认为冷媒介是低清晰度的媒介，所包含的信息含量小，需要使用者主动参与，才能获得表达空间；热媒介是内容丰富的高清晰度媒介，只留给使用者很少的参与空间，因此使用者不得不少参与。

第二节　公共舆论的政治理论

一直以来，公共舆论就是传媒界关注的热点话题。公共舆论真的存在吗？下面主要介绍一些经典传播学理论，简要了解学界对公共舆论的认识。

一、议程设置理论

传统媒体时代，涌现出许多经典的大众传播理论，议程设置理论就是其中之一。美国社会学家罗伯特·帕克（Robert Park）最早提出议程设置理论，他把媒介与受众之间的关系简化为“发信”功能，简单来说，新闻从业者每天通过选择新闻，告知受众哪些是最具有新闻价值的事实，在一定程度上可以改变公众对新闻事实认知与选择的行为。

美国新闻评论家沃尔特·李普曼（Walter Lippmann）提出“世界图景”的观点，认为媒介为人们打造的是一个虚拟世界，却让人们信以为真。因为人们无法像神灵一样能够把握世界的整体存在。人的能力对其具有制约作用，使人

---

① 金兼斌．对麦克卢汉《理解媒介》的理解［J］．青年记者，2021（4）上：48-49.
② 同①.

们只能掌握一部分真实来保障其能够安全地生活。人们会学着用自己的头脑去看到世界的更广大的部分，并且往往是之前没有看到、听到或者储存在记忆里的，慢慢地人们会在自己的头脑中，依据自己的喜好形成他所能抵达范围之外的世界的图景。[①]

关于议程设置理论的成熟，始于美国学者马克斯韦尔·麦库姆斯（Maxwell Mc Combs）和唐纳德·肖（Donald Shaw），1968年，他们在北卡罗来纳州的查普希尔对当年美国总统选举中那些举棋不定的选民进行了一次小规模调查，并且对他们经常接触的新闻媒介如何编排选举中的重大事件这一问题展开内容分析。这些选民对总统选举非常感兴趣，却仍然没有决定投票，他们可能最容易受到新闻媒介的影响。这就是查普希尔研究，也是公认的议程设置理论的起源。[②]该理论着眼于传播行为，关注的是媒介信息传播行为对人们进行新闻选择时所产生的作用，即告诉人们哪些是最应该关注的，从而引导受众关注特定的新闻事实。媒介议程设置的时间跨度非常灵活，既可以是单次的短期行为，也可以是时间跨度较长的系列报道，还可以是综合性质的与宏观层面的报道行为。与此同时，媒介并不是像镜子一样去反映外部世界的情况，而是根据一定的意识形态、法律法规、群体规范等对外部信息进行选择、整理与重构，然后打包传播给受众，对他们的认知、态度和行为等产生一定的影响。

随着媒介的不断发展，互联网作为新型媒介进入传播的舞台中央，对议程设置理论提出了挑战。对此，麦库姆斯和肖提出了议程融合理论，以此作为对议程设置理论的完善。简要来说，该理论可以用一个公式表示：

议程社区吸引力（agenda community attraction）= 垂直媒介议程设置相关度（vertical media agenda setting correlation）+ 水平媒介议程设置（horizontal media agenda setting）+ 个人偏好（personal preferences）[③]

在麦库姆斯和肖看来，任何个体都会有孤独感，并且具有群体归属的情感诉求。当个体加入某个群体后，由于信息获取的滞后以及存在的差别等，会使该个体感到明显的不适，因此该个体就会通过各种方法来实现认知协调，正是

① 诺尔-诺依曼．沉默的螺旋：舆论——我们的社会皮肤［M］．董璐，译．北京：北京大学出版社，2013：150.

② 马克斯韦尔·麦库姆斯．议程设置：大众媒介与舆论［M］．郭镇之，徐培喜，译．北京：北京大学出版社，2008：序言3.

③ 李青青．新媒体时代媒介议程设置理论嬗变与发展［J］．中国出版，2021（16）：28-31.

个体心理导向上的需求，促进了信息传播的议程融合。由此可知，麦库姆斯和肖都看到了在新媒体环境下，议程设置理论发生了新变化，他们将议程设置理论研究重心从媒体层面转移到群体层面，将议程设置视为个体与媒介的融合。

二、沉默的螺旋理论

相比议程设置理论，沉默的螺旋理论从更为贴近的角度，论证了传媒介入社会空间、扼杀舆论多样性的观点。德国政治学家诺尔-诺依曼（Noelle-Neumann）为了解释1965年的一个谜一样的现象——在联邦总理大选中，虽然民众投票给两个党派的选举意愿相同，但是其中某一派的获胜期望却在不断攀升，为此她提出沉默的螺旋假设。

在她看来，由于社会被禁止的观点和行为实施的严刑峻法，导致个人产生孤独感，成为舆论的力量来源。该理论包含三个主要命题：其一，个人对孤独的恐惧会使其不断估计社会接受的观点究竟是什么，同时估计的结果会影响个人公开表达意见或者隐藏自己的意见。其二，当个人的意见与群体观念相背离时，人们会因为害怕孤独而放弃自己的看法变得沉默，最后转而支持优势意见，如此循环导致一边越来越大声疾呼，另一边越来越沉默的螺旋式的社会传播过程。其三，大众媒体凭借自身公开性和传播的广泛性等优势，容易被当作多数或者优势意见，因此可以营造意见气候，以此作用于个人恐惧孤独的心理，并且对人们形成一定的压力，从而导致影响和制约舆论的结果。[①]

1980年，《沉默的螺旋：舆论——我们的社会皮肤》一书首次在德国出版，诺尔-诺依曼在书中设定了一章内容探讨“什么是公共意见?”细致阐发了她对公共意见的观点。她以公共意见的定义作为起点，指出虽然有学者收集了关于公共意见的50种定义，但是学界强烈要求放弃对公共意见下定义，原因在于这个概念属于传统概念范畴，即使是科学家，尤其是法学家、政治学家、社会学家等也无法对它进行准确的定义，更不能简单地一棍子打死。[②]在诺尔-诺依曼看来，沉默的螺旋是公共意见形成及广泛传播的过程。“公共的”所代表

---

① 王成军，党明辉，杜骏飞．找回失落的参考群体：对沉默的螺旋理论的边界条件的考察［J］．新闻大学，2019（4）：13-29，116-117.

② 诺尔-诺依曼．沉默的螺旋：舆论——我们的社会皮肤［M］．董璐，译．北京：北京大学出版社，2013：58-59.

的有法律、国家研究和政治学等多种含义，包含允许、许与某个额定值以满足公众利益的意思。[①]一定程度上，公共意见与支配意见非常类似，个体在违背自身意愿的情况下常常会转向公共意见。

诺尔-诺依曼在书中指出“公共的”这个概念具有社会心理的意思。个体出于被孤立、被轻视和不受欢迎的恐惧，会一直关注他暴露于其中的社会环境，以期得到周围环境的承认和接纳，因此，个体会将公众态度作为自己的意识进行表述。基于此，“公共意见是指在有争议的领域中人们能够公开表达而不至于使自己陷于孤立的意见。”[②]公共意见的主题没有被限制或者被划分，只是某种谈论，体现的是在公众环境中对可感知的言论行为的赞同或者不赞同。

思考题

1. 法兰克福学派的理论家们是如何批判技术理性的呢？
2. 信息论中的基本概念都包括哪些？
3. 媒介决定论的核心观点都有哪些？
4. 互联网时代，麦库姆斯和肖是如何完善议程设置理论的呢？
5. 沉默的螺旋理论都有哪些主要的命题呢？

---

① 诺尔-诺依曼. 沉默的螺旋：舆论——我们的社会皮肤［M］. 董璐，译. 北京：北京大学出版社，2013：61.
② 同① 63.

第六章

国际传播的受众

本章主要包括三部分内容，首先是关于受众理论的梳理，其次是关于国际传播受众的特点与分类，再次是关于新媒体时代国际传播新受众的特征分析。新媒体时代，国际受众借助互联网技术，已经突破了过去国家疆界的限制，加强了在网络上的互动交流，从而展现出一系列新特征。

第一节　关于受众的理论

提及受众理论，主要有大众心理研究、政治宣传理论、直接效果论、有限效果论、创新扩散理论、使用与满足理论等。

一、大众心理研究

最早关注群体心理研究的学者，当属法国社会心理学家古斯塔夫·勒庞（Gustave Le Bon），他写作的《乌合之众：大众心理研究》堪称群体心理研究的典范。美国社会心理学领域的泰斗罗伯特·墨顿（Robert Merton）对勒庞的这本著作给予了很高评价，他说："在社会心理学这个领域已经写出的著作当中，最有影响者，也许非勒庞的《乌合之众》莫属……它几乎从头到尾表现出一种对重要问题的敏感性……只有在极少数思想家中，才能看到这种不断发现有研究价值的问题的本领。对于社会心理学家以及所有思考自己社会的人，勒庞的著作所关注的问题，几乎无一例外地注定会成为十分重要的问题。”[①]

勒庞认为，“群体一般只有很普通的品质，这一事实解释了它为何不能完成需要很高智力的工作。”[②]具体来说，由于人们基于情感组成不同的群体，群体活动主要受到无意识动机的支配，理性因素很难发挥作用。相比个人，群体更易冲动、易变和急躁。当个人进入群体时，他就会处在群体的暗示影响下，丧失了个体反思的特性，变得莽撞、轻信。群体领袖为了凝聚群体的理论，通常使用绝对化和断言的方式对全体进行催眠，使群体呈现出偏执、专横等极端化的特点。因此，在道德方面，群体表现出两种极端，有时高尚、有时残忍，并且在一般情况下道德水平是低下的。

在勒庞看来，群体对历史的认知带有强烈的主观色彩。究其原因，由于记录历史真实状况的证据早已散失或者不复存在，人们很难写出真实的历史。我们想知道的，是我们的伟人在大众神话中呈现出什么形象。打动群体心灵的是神话中的英雄，而不是一时的真实英雄。勒庞由此推断，人类在研究历史时，是将史学著作当作纯粹想象的产物，而非致力于探寻历史的本来面目。

关于社会生活，勒庞受到“世纪末现象”的影响。在经过一个世纪的狂热之后，19世纪末的反思充满了感伤情绪，其中掺杂着民族、国家前途命运等诸多问题，人们不再像以前那样乐观，工业革命的完成和科技水平的提升并没有给他们带来预期的幸福感，因此人们开始反思理性与技术能否给人类带来理想的生存状态。

二、政治宣传理论

1926年，哈罗德·D. 拉斯韦尔（Harold D. Lasswell）完成了他的博士学位论文，1927年成书出版，书名是《世界大战中的宣传技巧》，由此确立了他在传播学研究领域奠基人的地位。该书对第一次世界大战中的美国、英国、德国、法国的宣传组织形式和宣传技巧进行了全面细致的介绍，对此，拉斯韦尔

① 古斯塔夫·勒庞. 乌合之众：大众心理研究［M］. 冯克利，译. 北京：中央编译出版社，2000：译者序4- 5.

② 同① 19.

明确表示："着重研究宣传'技巧'，在某种程度上是对国际态度研究中人们长期偏爱'思辨'方法的一种反拨。"①

在他看来，强调宣传者及其受众的身份是非常有必要的，因为有效的宣传必须在各个层面进行整合。因此，他在分析宣传技巧之前，浓墨重彩地介绍了各国的宣传组织形式。比如，美国设立的是一个宣传主管，其整个宣传体系在整个战争期间都没有做任何大规模的改动，负责宣传事务的方方面面。比如，英国设立的是一个宣传主管委员会，其宣传体系经历了错综复杂的长期变化，先是建立了对外名为保险委员会委员的办公室，又建立了一个电影委员会，之后还成立了新闻署，但是宣传事务仍然一团糟，直到成立了一个宣传政策委员会，宣传工作才得以统一，这一结果的取得是以持续数年之久的令人厌烦的扯皮和重复劳动为代价的。②意大利与英国的情况比较相似。又比如，德国是为全体部门组织一个共同记者招待会，每个部门都我行我素，主席之职大家轮流担任，因此是进行宣传协调最少的国家。再比如，法国的宣传始终掌管在既有的外交、陆军和海军机构手中，新闻使团在国外公使馆派有他们的代表。

拉斯韦尔的研究重点是第一次世界大战中的宣传信息所使用的媒介，比如交战双方所发行的报纸、宣传手册、传单、书籍、海报、电影等。在他看来，这些宣传技巧的目的在于激起人们对敌人的仇恨，或者维系与盟国、中立国的友谊，或者瓦解敌人的斗志等，以争取对本国有利的局势。相比同时代的理论研究者，拉斯韦尔选择了从交战方所使用的宣传技巧入手，并没有从伦理道德或者思辨等角度对交战方进行评判，由此形成了经验学派的研究风格，其目的是试图发展出一个关于国际战争宣传如何能够成功实施的精确理论。③为此，他给宣传下了定义：宣传仅仅指通过重要的符号，或者更具体但是不那么准确地说，就是通过故事、谣言、报道、图片以及社会传播的其他形式，来控制意见。④

需要明确的是，拉斯韦尔不赞同无限制地夸大宣传的作用，认为宣传尽管非常重要，其适用范围有限，但是他仍然指出，事实仍然是宣传是现代社会最

① 哈罗德·拉斯韦尔. 世界大战中的宣传技巧［M］. 张洁，田青，译. 北京：中国人民大学出版社，2003：导言 2.

② 同① 30.

③ 同① 24.

④ 同① 22.

强有力的工具之一。宣传取得现在这样显著的地位是对改变了社会本质的环境变化综合体的回应。[①]同时他还进一步指出，宣传是对现代世界的理性认可，宣传是对这个时代随意性的认可，宣传是对现代社会的广阔性、理性和随意性的本能反应。[②]

三、从直接效果论到有限效果论

20世纪30年代，美国的一些政治学家通过对第一次世界大战期间政治宣传鼓动的研究推断：大众传媒具有某种神秘力量，能够左右人们的思想感情以及言语行为。换言之，人们好比是没有防御能力的靶子，一旦被大众传媒的枪弹击中，就会应声倒地。比如，1938年10月30日的晚上，哥伦比亚广播公司开始播放科幻广播剧，这是根据小说《世界大战》改编的火星人入侵地球的故事，由于运用了逼真的音响效果，导致上百万人信以为真，大批听众驾车逃跑，有些人还戴上了防毒面罩。

直到保罗·F. 拉扎斯菲尔德（Paul F. Lazarsfeld）写作了《人民的选择：选民如何在总统选战中做决定》，提出有限效果论，被视为对直接效果论的一种修正。第二次世界大战时，拉扎斯菲尔德在洛克菲勒基金会等机构的资助下，开启了相关研究。他针对美国选民的选举行为，在俄亥俄州的伊利县进行了一项调查，历时七个月，最终得出结论：大众媒体在扭转受众态度方面的作用不大，由此该理论也被称为弱效果理论。

几乎在同一时期，美国实验心理学家卡尔·霍夫兰（Carl Hovland）和他的劝服研究小组，在美国陆军的支持下开启了另一项研究。其结论与拉扎斯菲尔德的结论非常接近，影片《我们为何打仗》在教育士兵了解有关第二次世界大战的事实方面取得了一定效果，但是在激励战斗意志方面所达到的效果甚微。换言之，大众传媒在传递知识、煽情等方面具有一定效果，但是在影响人们的行动方面的效果极为有限。

1955年，伊莱休·卡茨（Elihu Katz）和拉扎斯菲尔德在合写的《人际影响：个人在大众传播中的作用》一书中，通过在伊利诺伊州迪凯特市做的调查提出

① 哈罗德·拉斯韦尔. 世界大战中的宣传技巧［M］. 张洁，田青，译. 北京：中国人民大学出版社，2003：176.

② 同① 177.

个人影响两级传播理论，该理论指出讯息在大众媒介的传播过程中会由“意见领袖”进行中转，即在他们所处的人际网络中为其他人筛选、解释并扩散自己的所见所闻。关于这个模式包含几个主要假设：一是个人与社会是密切相关的，同时也是与其他人相互影响的。二是个人对媒介讯息的响应或者反应不是直接的和即时的，而是通过周围的社会关系传递的，并且受到它们的影响。三是这个讯息传递过程必须包括两个过程，一个是接收与关注的过程，另一个是回应过程（以对影响或信息企图的接受或拒绝之形式而出现）。[①]这个时期的理论研究，过于重视实证研究，忽略了意识形态分析。以拉扎斯菲尔德为代表的经验学派为了研究社会世界，切断了一切政治、伦理、经济层面的思考，以便用有效的工具来全面表现真实。

四、创新扩散理论

基于两级传播理论，后来的理论研究发展出两大分支：创新扩散理论和使用与满足理论。首先，在美国社会学家E. M. 罗杰斯（E.M.Rogers）的引导下，创新扩散研究继续深入，主要是以农民和乡村居民作为研究对象的。[②]

对于个体来说，一个“创新扩散”过程至少包括四个环节：第一个环节是知晓，个体需要意识到创新的存在，并且对创新的功能有一定程度的了解。第二个环节是劝服，个体对创新抱有一种赞成或者反对的态度。第三个环节是决策，个体所进行的能够导致接纳或者拒绝创新而做出选择的实际行动。第四个环节是证实，个体致力于加强他已经作出的创新决策，同时若面临对该创新有分歧意见的讯息，他也许会改变之前已有的决策。[③]

该理论体现出关于扩散过程的思想。首先，该理论将整个事件划分成：前因、过程和后果这三个阶段。具体来说，前因，是指事件的环境、参与者的特征等，这些因素会使个体接触到与创新相关的信息，或者会使个体感受到与信息有关的需求成为可能。过程，是指一种学习改变态度和作出决定的过程，一

---

① 丹尼斯·麦奎尔，斯文·温德尔. 大众传播模式论［M］. 祝建华，译. 上海：上海译文出版社，2008：57.

② 同① 65.

③ 同① 66-67.

旦个体认识到创新的特点发挥了重要作用，就如同有关的社会系统的规范和价值观念所发挥的作用一样。后果，是指若个体采纳了创新，是否使用创新的最近的历史。其次，必须区分知晓、劝服、决策和证实这四个环节的不同功能，使其能够按照一定的顺序正常进行。再次，创新扩散常常包括不同的传播来源，比如，大众媒介、广告、非正式的社会联系等，它们可能会在不同阶段对不同的功能发挥不同的重要作用。最后，由于对事件的了解取决于个性和社会特性等多种因素，“接收者变量”往往适用于“知晓”环节，并且可能在以后的其他环节中产生影响。①

五、使用与满足理论

无论是直接效果论还是有限效果论，都是将传播视为从传播者主动发送信息到受众被动接收信息的过程。伊莱休·卡茨、威尔伯·施拉姆与丹尼斯·麦奎尔（Denis McQuail）等一批研究学者对这种传授关系产生了怀疑，他们调转方向，将研究视角从传媒对个体的影响转向个体对传媒的影响，开创了使用与满足理论。使用与满足模式之所以引人注目，就在于它抓住了这个模式与传统的效果研究之间的主要区别：以研究人们如何处置媒介取代了研究媒介如何对付人们。②

该理论的研究中心，是为满足个体需求而对大众媒介内容的使用。个体的行为在很大程度上是以个人的需求和兴趣为主，强调的是一个对大众传媒发布信息的接收过程。他们从社会和心理根源的需求出发，认为这些需求能够引起对大众媒介或者其他信源的期待，进而促使媒介采用不同形式进行信息的披露，最后让社会和人们的需求得到满足，以及带来其他的、大多是无意的结果。使用与满足理论指出了一个事实：受众在接收大众传媒发布的信息之前，已经有一个先入为主的愿望，这种愿望决定了他们选择性地接收某一信息的行为。关于这点，施拉姆曾经打了一个形象的比喻：受众接收传播信息就如同是在自助餐厅用餐。

日本学者竹内郁郎对使用与满足理论进行了补充。在他看来，首先，受众

---

① 丹尼斯·麦奎尔，斯文·温德尔．大众传播模式论［M］．祝建华，译．上海：上海译文出版社，2008：67-68.

② 同① 116.

为满足自身的一些需求，会去接触传媒，他们的这些需求主要是由特定的社会和个人心理因素等所决定的。其次，个体实际接触大众传媒行为的发生需要具备两个条件：一个是媒介接触的可能性，主要是基于物质条件；另一个是媒介印象，个体对媒介能否满足自身现实需求的评价，主要是基于个体的媒介接触经验。最后，个体会依据媒介印象选择接触特定的媒介，接触行为有可能满足他们的需求，也有可能无法满足他们的需求。不论怎样，其结果会使他们修正既有的媒介印象，在不同程度上改变对媒介的期待。①

第二节 国际传播的受众

本节主要介绍国际传播受众的特点与分类。

一、国际传播受众的特点

国际传播面对的受众，指的是国际传播所面向的、位于本国之外的受众，主要是指目标国的受众以及国际社会的受众。由于国际受众来自不同的国家、地域，拥有不同的历史、文化，加之受到国际政治、经济发展和意识形态的影响，因此相比国内受众，国际受众的情况更加复杂多样。在这里，我们主要从语言使用、文化表现和触媒习惯等三个方面来了解国际受众。

首先，从语言使用来看，不同国家、不同民族的受众拥有属于自己的语言。语言的重要职能就是传递人类信息。“我们生活的这个世界有六七千种语言。据统计，多达94%的语言只有占全世界人口6%的人在使用。”②由于语言的多样性，目前语言学界尚未形成区分大小语种的共识，比如，将西班牙语作为第一语言使用的人口几乎与英语持平，因此需要慎用大语种和小语种的说法，应当尊重语言的多样性。众所周知，为增强国际传播的效果，主流媒体一般会使用多种语言。比如，新华社在海内外设有230多个分支机构，每天24小时不

① 吴文虎. 传播学概论［M］. 武汉：武汉大学出版社，2000：249.
② 黄长著. 从战略高度看待语言多样性［N］. 人民日报，2016-04-20.

间断使用中、英、法、西、俄、阿、葡、日、意大利、泰、印尼、乌尔都语等12种文字进行新闻采写编发，向世界传播全媒体新闻产品。在新华网首页上方设有多种可选择的语言，不同受众群体可根据需要选择所对应的网站来获取新闻。此外，不同语言的新闻版面也独具特色，富有针对性，并不仅仅是对中文网站的简单翻译。2020年8月，新华社正式推出法、西、俄、阿、葡5条互联网专线服务，与此前建成的日、英、意大利、泰、印尼与乌尔都语专线共同运行，11条外文发稿线路均实现融媒体发稿，新华社“网上通讯社”建设取得突破性进展。[①]与此同时，主流媒体会使用多种语言来制作新闻作品，比如，系列专题纪录片“Tales of Cities”(《中国“城·事”》)，是由人民网“看见中国”外文融媒体工作室联合有关地方频道共同打造的，主要讲述城市人文故事。其视频内容主要采用英文，部分素材还被制作成日文、西班牙文、葡萄牙文、德文、阿拉伯文等多个版本，实现了多语种、多平台、全方位推送，被美国、日本、尼日利亚、哈萨克斯坦等多个国家权威网站转载，对海外受众了解中国起到了积极作用。

世界各国语言的使用情况比较复杂，即使在同一个国家，也存在使用不同语言的情况。2021年8月26日，中共中央宣传部就《中国共产党的历史使命与行动价值》文献有关情况举行发布会，会议指出，在全面推广国家通用语言的基础上，尊重、支持少数民族语言文字的学习和使用。我国共有56个民族，丰富的语言资源和多元的民族文化组成了独特的国家文化。20世纪50年代，针对少数民族语言，中国科学院组织专员进行了首次全面普查，基本摸清了少数民族语言的分布与使用情况，建立了专门的民族语文工作机构和研究机构，并行开展少数民族语言和文字保护以及民族语文专门人才培养等工作。2015年，语言资源保护工程正式起帆，主要是对汉语方言和少数民族语言进行大规模调查、保存、展示和开发利用。该工程自启动至今，通过信息化手段的引入，保存并保护了大量第一手活态语料，对于少数民族语言的传承以及语料的真实可靠性提供了宝贵资源。与此同时，在国家政治生活中，少数民族语言工作备受重视，比如，全国人民代表大会、中国人民政治协商会议等重要会议，全国或者地区性重大活动中的资料、文献等，都会提供民族语言文字的文件或者语言

① 新华社11条外文发稿线路全部实现融媒体发稿“网上通讯社”建设取得突破性进展［EB/OL］.［2020-08-18］. http://www.xinhuanet.com/world/2020-08/18/c_1126381600.htm.

翻译，以实际行动构建中华各民族共有的精神家园。

其次，从文化表现来看，不同国家、不同民族拥有不同的文化。如果说一个民族对应一种民族文化，据不完全统计，世界上有2000多个民族，即使是同一个国家，也拥有不同的民族文化。我国作为多民族国家，文化多样性是中华民族文化的典型特征，具体表现有：第一，各民族物质文化丰富多样。物质文化主要包含饮食、服装、建筑、器具等，某种程度上，物质是传统观念和审美旨趣的表征。比如，汉族的传统服饰为上衣下裳，表达的是阴阳平衡的和谐之美；苗族服饰花团锦簇、颜色绚丽，渗透着对自然的热爱和对超自然的幻想，充分体现了苗族人民的艺术构想和审美意境。第二，制度文化各具特色。制度文化是民族制度和民族文化融为一体所形成的具有规范作用的行为准则。在历史发展进程中，不同民族的经济形态、物质生产方式和社会生活方式等多元因素共同造就了制度文化差异，不同制度文化在内容和形式上均呈现出多样性和复杂性。比如，彝族在民族发展过程中形成了独具民族特色的政治与经济制度文化、宗教和祭祀制度等，对稳定彝族地区发展、保障彝族社会生产有序运行、促进彝族社会伦理道德观念形成具有积极作用。[①]第三，精神文化各有千秋。不同民族创造出内涵各异的风俗、艺术、文学等，汉族形成了长幼有序、尊卑有别的伦理型文化。比如，藏族英雄史诗《格萨尔王传》宣扬的是公平正义，格言诗集《萨迦格言》呼吁的是平等友善。[②]壮族的《传扬诗》彰显的是勤劳节俭的美好品德。被列入国家级非物质文化遗产代表性项目名录的蒙古族那达慕大会是蒙古族人民为庆祝丰收而举办的文体娱乐活动，凸显了蒙古族人民勇猛、强悍、奋发进取的民族精神。可以说，民族文化的复杂多样性超乎传播者的想象。从这个意义上来看，可以将国际传播看作是不同文化圈之间的跨文化传播，其间会遇到价值观念的冲突、种族偏见以及民族中心主义等一系列跨文化交流问题，因此，传播者应当尊重不同民族的宗教信仰、文化习俗、偏好和禁忌等，这样才能收到良好的传播效果。

再次，从触媒习惯来看，不同国家有着不同的媒介制度，对媒介的控制程度各不相同，包括媒介所有权形式、对媒介的活动进行管理、限制或者禁止信息传播内容等多个方面存在很大差异。

---

① 王祥兵，张学立. 彝族传统制度文化及其影响研究［J］. 贵州民族研究，2017，38（5）：57-64.

② 贡保扎西. 论藏族传统文化的思想内核与基本精神［J］. 西南民族大学学报（人文社科版），2018，39（10）：42-47.

美国的媒介所有权是以私有制为主体，走了一条商业化的道路。受到民主自由思想的影响，美国整体的媒介所有权形式以私人所有为核心，以获取商业利润为主要目的，在此基础之上媒介要受到政府的管理，政府的规制措施主要用来防止媒介的过度垄断化，以及过于追求商业化而导致的媒介内容质量低下与同质化严重等。英国的媒介所有权是公私并举，呈现出一种公共经营管理的模式。英国会采取一些措施用于限制媒介所有权的单一，以保证媒介能够最大限度地用于公众，在一定程度上维持媒介的社会性和舆论的公正。在媒介管理措施方面，英国和美国存在一些共同点：首先，英美都颁布了相关的法律法规用以对媒介进行约束和管理，同时也能够对新闻公平和新闻自由起到保护作用；其次，英美都设立了单独的相关机构对媒介进行管理，比如，美国设立了联邦通讯委员会对媒介进行管理；最后，英美都运用了许可证制度来对媒介市场进行一定的约束。英美两国在媒介管制上也存在一些不同，主要体现在管理理念和管理模式上。美国的管理理念相对来说更加宽松自由，在管理模式上将市场导向作为媒介管制的前提，政府的作用更倾向于保障媒介这种公共资源能够更好地被市场运用，为更好地进行市场竞争提供支持。而英国更为注重媒介的公共性，着力于维持一个多元化的媒介行业生态，政府的调控措施更多的是基于这种理念而制定的。

德国广播电视的基础是具有公共法人性质的广播公司、机构以及公法电视台、广播电台，而私营电视台、广播电台只是起到补充作用。在新闻出版行业，不同地域会出版具有当地特色的日报，并且其受众呈现出固定性特点，而对于出版行业的市场份额划分也符合二八定律的特点，即少数规模较大的出版集团占据了出版行业的大部分市场份额。[①]

法国由于本国政局的变化和动荡，媒介制度也相应受到了政治制度变化的影响。从20世纪以来，法国的媒介制度经历了由公私并行到高度的国家垄断，而后又从国家和政府控制到私有化、商业化的转变。1986年，法国最大的右翼政党主席希拉克（Jacques René Chirac）被任命为新政府的总理并开始了自由化改革。改革开始后，商业资本便开始疯狂进入广播电视领域当中。在此时期，政府虽大力促进私有化进程，但也通过制定相关法律法规对媒介行为加以规范并进行监督。法国的广播电视行业呈现出的商业化和放松管制的特点，也

① 周伟莉. 德国媒介的现状［J］. 当代电视，2007（3）：87-88.

昭示其媒介制度在自由化道路上越走越远。[①]

新加坡是由多元文化、多样种族构成的移民社会，独特的国情使得新加坡将国家利益与社会利益摆在首要位置，将国家经济发展、社会安定以及种族和睦视为首要目标，奉行发展新闻的传播理念与传播制度。新加坡媒介所有制呈现出政府控制、社会公众和集团所有的特点。新加坡的媒体企业采用集团化运营模式，政府在媒介所有方面扮演着重要的角色，政府可以拥有媒介资本，比如，新加坡新传媒私人有限公司最大的股东是新加坡政府操控的淡马锡控股。政府也可以通过法律控制媒介资本，买卖管理股必须经过政府的许可，报业公司必须通过上市的方式筹集资本，规定个人的持股最高限度，来保证社会公众对媒介所有权的享有。[②]随着数字化与融合化的不断加深，新加坡逐步形成了多元开放且融合的媒体格局，因此新加坡的媒介规制手段和规制重心也在与时俱进。首先，新加坡采用他律与自律相结合的规制手段。“他律”是指新加坡政府通过立法与许可证制度这两种方式对传媒业以及通信业实施强制约束。与此同时，面对媒介内容以及媒介载体的多样化，新加坡政府与业界合作建立共同监管机制。“自律”是指新加坡信息通信媒体发展局鼓励提倡媒体主动遵守行业准则，最重要的是充分尊重国家及社会利益、维护种族和睦与宗教和谐、遵守社会价值与规范、不得触碰媒体内容生产的红线。[③]其次，新加坡将内容和平台规制作为媒介规制的重心。在内容规制层面，新加坡更加关注对社会与文化相关内容的管理，旨在维护公众对国家、种族以及文化的认同感。此外，在平台规制层面，主要聚焦经济问题，旨在维护消费者权益以及市场秩序，强调协同治理。[④]

日本传媒产业在第二次世界大战之后突破政府全面管制的阶段，逐渐确立公私并举的双轨运作体制。在经过一系列的竞争与合并之后，日本的大众传媒产业逐步形成了兼顾商业利益与公共利益、中央集中与地区多样化发展的混合发展体系。伴随市场化不断发展，日本传媒业形成了寡头垄断格局，同时受限于日本禁止垄断法规，一直保持着五大报业联合垄断的发展格局，即《读卖新

---

① 李波，胡正荣．垄断与“解放”的历史：法国广播电视制度的两次转型［J］．现代传播（中国传媒大学学报），2011（9）：39-42.

② 刘洁．新加坡新闻媒介所有权特征分析——法律角度的观察［J］．新闻大学，2004（1）：45-47.

③ 郑晨．融媒时代新加坡传媒规制探微［J］．传媒，2021（21）：64-66，68.

④ 赵靳秋．媒介融合背景下新加坡传媒监管的制度创新与实践［J］．现代传播（中国传媒大学学报），2011（6）：28-32.

闻》《朝日新闻》《每日新闻》《日本经济新闻》《产经新闻》。[1]日本的传媒制度受欧美影响较大，在立法层面上借鉴了西方国家的法律。此外，在传媒业规制层面，日本政府采用较为宽松的政策，其控制手段主要包括法律手段、行政手段以及行业调控等，并且还在逐渐放松对传媒业的规制，更多地发挥行业内部调控和市场机制的作用。[2]随着互联网的日益普及，日本开始从法律角度进行审视现行法律制度，并且开始构想未来的改革方向。日本政府明确提出将信息自由流通、信息通信技术的普遍分享以及确保信息通信网络的安全性、可靠性作为网络社会的核心发展目标。以上的理念反映在法律规制上，主要体现在从内容生产、内容传输、内容分配上来重新制定适宜新媒体的政策，以此来维持市场公平竞争以及保护使用者权益。[3]

二、国际传播受众的分类

根据不同的划分标准，可以将国际传播受众分为不同的类型，一般来说，主要是从受众和传播者这两种视角对其进行分类。

（一）从受众视角出发，根据受众对传播者的态度分类

国际传播受众由于受到政治、经济、文化、价值观念等多种因素的影响，对传播者持有肯定、中立或者否定等不同态度。以此为据，可将国际传播受众划分为顺意受众、中立受众和逆意受众。

顺意受众，顾名思义，就是受众所持有的观点与传播者的观点基本趋同。主要是对象国与传播主体国之间长期保持着友好关系，或者在某个重大事件中，对象国的受众与传播主体国之间具有相同的立场、态度等，在这种情况下，传播主体国所传播的讯息能够得到对象国受众的认可，并且对象国受众能够给以更多的支持和理解，有助于国家之间的共同发展。

相应地，受众所持有的观点与传播者的观点相违背，则是逆意受众。比如，当对象国与传播主体国长期处于敌对状态，或者在某个事件中，对象国与

---

① 朱江丽．日本大众传媒产业：是“退而不衰”还是“成熟市场陷阱”？［J］．现代日本经济，2019，38（1）：33-44.

② 金春．西方传媒制度转型的新制度经济学研究［D］．河北大学，2012.

③ 张志．日本的新媒体规制构想［J］．中国记者，2008（11）：82-83.

传播主体国持有不同的立场、态度。如果这种敌对态度来自误解，传播主体国可以通过加强信息沟通交流进行澄清，消除误解与偏见，使这些逆意受众转变为顺意受众。

中立受众，是位于顺意受众与逆意受众之间的。表面上看，这部分受众对传播主体国既不友好也无敌意，似乎是无足轻重的，但是由于他们在接收到传播主体国的信息时，其意向可能发生变化，如果表现出顺意倾向，就会有助于传播主体国的传播效果，如果表现为逆意倾向，就会对传播主体国造成不利影响。因此，传播主体国也不能够轻视中立受众。

从传播策略上讲，针对这些受众，主要是从战略和战术两个层面展开。由于国际传播的传受双方之间的国家关系有着深刻的历史渊源，难以在短时期内发生改变，需要从战略高度从长计议，加强信息沟通，来扩大顺意受众、减少逆意受众，并且转化中立受众为顺意受众，防止中立受众转为逆意受众。在有些时候，某个具体的时间可能会造成重要影响，国际传播主体国应当及时应对，化解国际传播危机。

比如，2008年的“5・12”汶川特大地震，在政府、媒体、公众的共同努力下，这个突如其来的危机成为我国获得国际舆论主动权的转机，我国的民族凝聚力、举国动员力和舆论传播力得到了海外媒体和公众的广泛赞誉。[①]北京时间2008年5月12日14时28分地震发生，震中位于四川省阿坝藏族羌族自治州汶川县映秀镇，北纬31.0°、东经103.4°。北京有震感。14时53分，新华社发出快讯：四川汶川发生7.6级地震。（后地震级别两次修正至8.0级）当天16时，中国地震局召开新闻发布会，以权威、准确、专业的信息，澄清了“当天晚上北京发生6级地震”的网络谣言。

在这次地震报道中，新华社、中央电视台等主流媒体表现出高效、公开、透明和人性化，它们在第一时间大篇幅、不间断、多角度报道现场情况。在随后的几天，《纽约时报》、《泰晤士报》、BBC、CNN等国际媒体大量引用国务院新闻办公室、新华社、中央电视台的新闻报道，从篇幅、规模和力度上都是前所未有的。中央和地方政府部门紧急启动应急处理机制和新闻发布制度，在第一时间召开新闻发布会通报灾情、澄清谣言，为地震期间保障有效的危机传播提供了机制保障。

与此同时，境外媒体第一时间奔赴灾区采访，得到了各级政府和普通民众

---

① 史安斌. 5・12四川大地震：中国对外传播的变局和转机［J］. 对外传播，2008（6）：55-56.

的支持和帮助。在地震期间，有近百位境外记者深入灾区采访，其中20多位记者获得了与境内记者同等待遇，一同在第一时间赶赴一线采访。这些境外记者来自一线的报道与中国媒体的报道相互补充、相互印证，使得地震报道在国际社会中获得了良性互动。

（二）从传播者视角出发，根据传播者的传播意图分类

传播主体国在进行信息传播之前，会根据传播目标拟定详细的传播计划，以期达到良好的传播效果，这就必然会考虑受众对传播主体国的重要程度，将国际传播受众分为核心受众、次核心受众和一般受众。

核心受众，指的是受众与传播主体国具有某种特殊的利益关系，对传播主体国想要实现的目标具有重要影响。对象国与传播主体国可能有着某种合作关系，或者在某项政治、经济、外交等活动中是盟友。核心受众对于传播主体国具有重要意义，他们与国际传播主体国的良好关系，能够营造和谐的国际舆论氛围，能够帮助国际传播主体国的目标顺利达成。

次核心受众，指的是受众与传播主体国有着一定的利益关系，对其想要实现的目标具有较为重要的影响。相比核心受众，次核心受众与传播主体国的国家安全、战略重点区域的安全或许关联不是非常紧密，但是作为在国际政治舞台上能够发挥制衡作用的主体力量，他们的态度和行为能够对传播主体国产生影响，甚至能够影响传播主体国战略的成败，因此也要对他们给予足够的关注。

一般受众，指的是受众并没有位于传播主体国的战略区域之内，与其也不存在直接的利益关系，对其生存发展不具有决定性的影响。这主要涉及国际传播的资源划分，由于国际传播的成本远远高于国内传播，无法将资源平分，不能眉毛胡子一把抓，而是要分清主次，把握重点。因此，对于一般受众，传播主体国应当告知相关信息，特别是关于重大决策和重要行动时要及时告知，避免产生误解与偏见。

需要注意的是，受众是否是核心受众，并不是一成不变的，而是随着传播主体国的战略调整在不断变化。比如，迈入21世纪，欧盟根据变化的国际形势，逐步调整对非洲的政策，特别是在多边、地区、次地区和双边层面形成较为完整的对非政策框架。

2000年，《科托努协定》发布，包括政治对话、贸易与投资、为促进发展而进行合作3方面。2005年协定经过修订，在加强政治对话、实现新千年目

标、消除贫困、加强经济和贸易联系方面增加了新内容。

2007年，《非洲–欧盟联合战略》正式颁布，标志着欧非关系已经超越双边范畴，向着全球性的战略伙伴关系迈进，旨在实现超越发展、超越政府和超越非洲。不仅将双方合作拓展至治理、能源、移民、科技等更为广泛的领域，也要聚焦全球性问题，应对气候变化、和平与安全等全球性挑战。①

2020年，欧盟与非加太国家谈判代表达成了新的《科托努协定》，范围扩至人权、民主与治理，安全，人类和社会发展，环境可持续性和气候变化，可持续增长，移民和流动性等多个广泛领域。欧盟国际伙伴关系委员尤塔·乌尔皮莱宁（Jutta Urpilainen）表示，新的《科托努协定》标志着欧盟与非加太国家迈向了一个新时代。欧盟对非战略调整具有如下特征：一是欧盟内外政策的一致性不断增强，都是关注绿色转型和数字化转型，以较低成本维持对非影响力。二是欧盟倾向于同非洲将传统的“援助-受援”范式转变为“平等的伙伴关系”，以此改变非洲对欧盟家长式行事作风的刻板印象。三是欧盟对非洲新战略更加注重经贸合作，弱化政治导向。

第三节　新媒体时代国际传播新受众

关于“新媒体”概念，是由美国哥伦比亚广播电视网技术研究所所长P. 戈尔德马克（P.Goldmark）在1967年率先提出来的，当时用来形容电子录像。现阶段，新媒体已经成为一个使用广泛的概念，同时也是最难界定清楚的模糊概念之一。本书是将新媒体视作传播模式进行界定的，即具有交互性、即时性等特征的媒介。②新媒体给受众带来了深刻影响，使其表现出一系列新特质。

一、国际传播新受众的新角色

20世纪90年代初，互联网开始进入大众传播领域，引发了新闻传播模式的

① 张凯. 国际体系转型视野下的欧盟对非战略调整［J］. 国际论坛，2018，20（5）：8-14，76.

② 刘友芝. 新媒体运营［M］. 北京：中国人民大学出版社，2018：24.

深刻变革。概括来说，从Web 1.0时代的大众门户模式，主要是以网站集成新闻内容为核心，到Web 2.0时代的个人门户模式，以个人用户为基础节点的去中心化传播崭露端倪，再到现阶段万众皆媒、万物皆媒的泛媒传播模式，新媒体的传播主体已经扩展至全体网民。

相比传统社会，互联网社会的一个显著变化就是个体成了基本单元，换句话说，个体化节点是互联网社会最基本的结构要素。这些节点被技术赋权，能够在虚拟空间里扮演多重角色，从而突破了地域的限制，成为全球范围的受众，也就意味着个体的价值进一步得到彰显。从传播结构的视角可以发现，每个个体化节点对互联网都具有一定的控制能力，因为他们不只是单个的个体，还都连接着广泛的社会网络，承载着各种社会资源。因此，这些节点不仅是网络资源的贡献者，他们也能够从中获得更多的社会性权益。从这个意义上也许可以说，在个人主义的当代进程中，网络社会的基本单位已经变成了与网络相连的个人。[①]在互联网社会中，节点与节点之间的互动是影响互联网社会结构的关键所在，究其原因，不同节点之间的作用方式形式多样，包括一对一、一对多、多对多等，进而营造出一种新的互联网场域，其结果是对现实世界进行了映射，并且实现的是如同哈哈镜一般的效果，或者变大，或者变小，或者变形，等等，从而与现实社会一起构成了一个更加丰富、更为深刻的人类社会。[②]

在互联网社会中，国际受众的角色发生了改变，即从现实社会中的受众变成了网络社会中的节点。个人在网络平台上建立账号，就意味着在编织自己的社会关系网络，自己则变身为一个节点，并且也是一个具有个人兴趣或者个人意愿的传播中心。如此一来，就将个体作为信息生产者、传播者与消费者的多种角色串联起来，由此对专业媒体机构产生了分权作用，带来了分布式内容生产与分布式内容传播。[③]以个体化节点作为单元的传播主体，已经成为国际传播领域的后起之秀，其传播力量不容忽视，不仅挑战了发达国家所主导的全球意见市场，也涌现出一批来自世界各地的网络意见领袖，对全球舆论格局产生了重要影响。比如，现居中国的英国人李·巴雷特（Lee Barrett）和他的儿子

① 简·梵·迪克. 网络社会——新媒体的社会层面（第2版）[M]. 蔡静 译，北京：清华大学出版社，2014：35.

② 彭兰. 新媒体用户研究：节点化、媒介化、赛博格化的人[M]. 北京：中国人民大学出版社，2020：16.

③ 同② 24-25.

奥利·巴雷特（Oli Barrett），父子二人通过YouTube视频网站发布了一系列关于中国的真实感悟和见闻的视频，有力反击了西方主流媒体对中国的误读和偏见。个体化节点作为国际传播主体正在向纵深方向迈进，随时随地都可能引发一次国际传播的蝴蝶效应。比如，2020年11月，中国青年画家乌合麒麟将自己描述澳大利亚士兵在阿富汗残杀少年的数字新闻漫画《和平之师》发布到了微博平台，被外交部发言人赵立坚转发到个人Twitter账号上，引发了国内国外网友激烈讨论，也引发了漫画所涉及的澳大利亚领导人的关注和回应，有效地设置了国际舆论议题。

二、国际传播新受众的新形象

相比传统媒体时代，“黄金时段”的概念已经被淡化，在移动互联网技术的支持下，时间即使是支离破碎的，在用户那里也可以得到充分利用，可以浏览新闻、进行社交活动以及消遣娱乐等。与此同时，每个个体能够在互联网空间里构建私人化的时间轴，用来记录自己的生活以及所闻所感，进而以离散的时间点描绘自己完整的媒介化生存的轨迹。

所谓媒介化生存，是人们对现实自我在某个维度的网络镜像，主要借助自拍、美图、表情包、网络短视频等多种表演手段，提升个体在新媒体中的存在感。比如，随着移动互联网技术的日臻成熟、多摄像头智能手机的普遍应用以及社交媒体的迅猛发展，美颜自拍成为新媒体时代独特的一种社交方式。个体通过使用天天P图、美图秀秀等多款软件，对自拍照进行美化修饰，形成不同的图像风格，达到个性化的视觉效果，以此用来满足人们不同的心理需求或者实现不同的社会意图。有学者通过研究发现，美颜自拍是一种视觉自我呈现，能够对个体的自我认知、自我评价和自我认同等产生不同程度的影响。比如，美颜自拍能够对身份认同产生影响，除了自信心增强之外，也带来一些问题，当习惯了美颜自拍以后，人们再也无法面对未经美颜的自己，并且在对美颜的依赖下产生了身份虚假认同，表现在自拍者会将他人对自己美颜自拍的认同误认为是对自己的认同。实际上，这是一种身份误同，是通过想象实现的，并且是由不正确的认知引起的。[①]

① 陈琦. 美颜自拍：“容颜赋意”下的身份误同［J］. 当代传播，2020（2）：103-106.

相比美颜自拍，网络视频在社交媒体中应用得更为广泛，成为一种新生活方式。对于受众而言，网络视频的盛行意味着影像创作权、记录权的下放，激发起普通网民进行社交互动性表演的热情。有学者通过研究2022年北京冬奥会短视频发现，大部分短视频是由北京冬奥会的核心参与者制作发布的，其中又以运动员、教练员和志愿者等拍摄上传的短视频数量最多。同时，抖音、小红书两家平台借此机会，与速滑队、花滑队的冬奥运动员和教练员签约，邀请他们入驻平台，以吸引大众关注。中国运动员所记录和分享的是后台信息，特别是冬奥村的食堂、宿舍等场所的视频最受欢迎。如此一来，不仅弥补了官方媒体、传统媒体的报道空白，也通过个体的真实视角，对一些指责和抹黑北京冬奥会软硬件设施不佳的报道进行了有力回击。从叙事主题来看，日本电视台记者辻冈义堂首先在社交媒体上引爆了冬奥吉祥物冰墩墩相关话题，随后各路媒体以及自媒体跟进报道，使得冰墩墩在网上爆红。

三、国际传播新受众的新习惯

新媒体时代，国际传播产生了重要变化，主要表现在四个方面：其一，国际传播的主体日益多元化，不再局限于专业的媒体机构，而政治规则的影响力也被进一步削弱。其二，相比专业化传播内容，大量的生活化、非政治性的内容涌入传播场域，国际传播信息的政治倾向性和意识形态属性在一定程度上被降低了。其三，与国际传播相关的文化圈层更加复杂化、多样化，从文化形态来看，既有传统的世界民族文化，也有新兴的虚拟文化等。其四，伴随机器写作、数据挖掘等技术的广泛运用，技术逻辑在国际传播中的作用不断强化。[①] 比如，2014年3月，《洛杉矶时报》机器人记者Quakebot仅用时3分钟，就完成了地震新闻的写作和发布工作。

值得注意的是，我们在对国际传播新用户加强认识时，需要将新技术作为一个重要因素考虑进去，比如算法。如今，越来越多的人将新媒体作为获取信息的首要渠道，他们喜欢接触自己感兴趣的、符合自身文化习惯的、匹配个性偏好的信息。围绕用户的这种心理，基于算法的精准推送迅速兴起，建立起了

---

① 胡正荣，王润珏．智能传播时代国际传播认识与实践的再思考［J］．对外传播，2019（6）：61-64，1.

信息与用户的匹配关系，也实现了信息的个性化定制推送。显然，媒体融合和智能传播为国际传播、跨文化传播等活动提供了便利条件，我们也应当认识到，这也使得用户信息接触方式更为内敛，极易导致信息茧房现象的加剧。换句话说，越是采用这种方式（基于算法的精准推送）开展国际传播，就越会肯定或强化受众已有的观点和态度。[①]因此，在国际传播中，需要坚持以主流价值观为导向，以价值理性驾驭工具理性，用事实导向传播来规避观点导向传播、情绪导向传播产生的非理性问题，要鼓励多主体交流，开放多元化交流、多观点交流等。比如，2019年发生的英国埃塞克斯集装箱事件。英国警方在埃塞克斯郡的一工业园区集装箱货车内发现39具尸体，多家英国媒体报道称遇难者为中国公民。在国外的相关报道中，一些别有用心的西方媒体随意选用警方提供的案件信息，并且在未经核实的情况下，主观上将该事件与中国关联起来妄加评论，引发了误导性传播效应。对此，有学者指出，在当前的国际舆论场上，有两点非常值得我国媒体注意：一是要关注西方媒体阵营的变化，一些带有倾向性的报道实际上与该国政治派别的政治诉求有关，对于这类报道，应该全面分析其国内政治观点，有策略地回应。二是要注意国际舆论中的算法操纵，其背后往往带有意识形态色彩，而我国媒体或个人在一些国际社交平台上的评论则被过滤，导致西方媒体单向声音传播。[②]

思考题

1. 关于受众的理论主要有哪些呢？请简要介绍一两个。
2. 国际传播受众的特点是什么呢？
3. 请简要阐述两级传播理论、创新扩散理论、使用与满足理论三者之间的关系。
4. 国际传播的分类都有哪些标准呢？
5. 新媒体时代，国际传播新受众有哪些新特征呢？

① 胡正荣，王润珏. 智能传播时代国际传播认识与实践的再思考［J］. 对外传播，2019（6）：61-64，1.
② 张毓强，姬德强. 国际传播中的媒体倾向、新闻反转与事实真相——以英国埃塞克斯集装箱事件报道为例［J］. 对外传播，2019（12）：53-56.

下篇

国际传播实践

第七章

国际传播中“人类命运共同体”对外话语的构建

对外话语是国家话语权的重要载体，在一定历史条件下可以直接影响一个国家在国际舆论场上的地位。中国话语在当今世界话语格局中仍然处于弱势，时常是有理说不出、说了传不开、传开叫不响，这其中既有我们自身的原因，也有国际政治、文化等原因，但是一个深层次的原因是我国的对外话语体系还有待完善。本章主要围绕“人类命运共同体”理念，立足话语构建视角展开论述，重点阐释该理念的产生过程、主要特征以及对外话语构建的实践路径等。

第一节　国际传播视野下“人类命运共同体”理念的产生过程与主要特征

2012年12月5日，习近平总书记与在华工作的外国专家代表座谈时提出“命运共同体”。“人类命运共同体”理念包罗万象、内涵丰富，在这里，我们主要是从新闻传播学视角出发，对其加强认识与理解。

一、时代背景：对提升国家文化软实力的大局考量

20世纪90年代初，基于冷战后国际政治新格局下的战略对策需要，催生出文化软实力理论，其中具有两个标志性事件：其一，1990年哈佛大学教授约瑟

夫·S. 奈（Josepfh S.Nye Jr.）在《注定领导世界——美国权力性质的变化》一书中，首次提出软实力概念。在他看来，相比由资源、经济、军事、科技等多种要素构成的硬实力，软实力是源于一个国家的文化、政治观念和政策的吸引力，是具有无限理论的动力元素，能够最大化发挥其感染力。其二，美国国际政治学家塞缪尔·亨廷顿（Samuel Huntington）在《文明的冲突与世界秩序的重建》中提出国际政治的文明冲突论，在他看来，“全球政治已变成了多极的和多文明的，”[①]不同文明间的碰撞将会成为未来国际冲突的主要形式。按照文化软实力理论的观点，如果在世界范围的文化竞争中占据优势、在文化融合中占据主动，将使民族或国家的自信心、认同度、话语权和发展权得到极大拓展。[②]

（一）提升文化软实力的现实意义

“十三五”时期，我国经济运行总体平稳，经济结构持续优化，国内生产总值突破100万亿元，经济实力跃上新的大台阶。就在我国硬实力提升的同时，软实力也相应地得以提升，英国的品牌金融公司发布的2022年度“全球软实力指数”显示，中国的排名大幅上升，已经跃居世界第四位。[③]可以说，国家文化软实力的提升具有重要的现实意义，主要表现在以下几个方面。

其一，有助于增强文化自觉和文化自信。回顾中国共产党百余年的奋斗历程，始终是以思想文化上觉醒和觉悟，把握前进方向、凝聚奋斗力量，逐步形成高度的文化自觉，主要体现在对文化发展规律的正确把握，对发展文化历史责任的主动担当。[④]文化自信是支撑道路自信、理论自信、制度自信的基础，是更基础、更广泛、更深厚的自信。坚定文化自信，是坚定“四个自信”的题中应有之义，事关国运兴衰、文化安全和民族精神独立性，最终目标是实现文化自强，使我们的文化具有强大的活力和创造力。

其二，有助于铸牢中华民族共同体。中华文化源远流长、博大精深，积淀

---

① 亨廷顿. 文明的冲突与世界秩序的重建［M］. 周琪，刘绯，张立平，王圆译. 北京：新华出版社，2002：8-9.

② 赖雄麟，李健. 习近平传统文化观的形成逻辑与鲜明特色——对《习近平谈治国理政》的文化解读［J］. 出版发行研究，2018（2）：29-31.

③ 国家发展和改革委员会. 调查显示：中国软实力排名大幅上升［EB/OL］.［2022-03-17］. https://www.ndrc.gov.cn/fggz/gjhz/zywj/202203/t20220317_1319478.html?code=&state=123.

④ 张国祚. 中国文化软实力研究要论选（第1卷）［C］. 北京：社会科学文献出版社，2011：2.

着中华民族最深沉的精神追求，包含着中华民族最根本的精神基因，是中华民族生生不息、发展壮大的丰厚滋养。提高国家文化软实力，要努力展示中华文化独特魅力。因此，不仅要深耕中华优秀传统文化的价值底蕴，推动其创造性转化、创新性发展，还要有开放包容的胸怀、辩证取舍的态度以及转化再造的能力，以中华文化为推动力铸牢中华民族共同体。

其三，有助于构建人类命运共同体。人类命运共同体是要建立一种政治互信、经济共赢、安全互助、文明多样、生态共享的国际体系共同体。当今世界正经历百年未有之大变局，不稳定不确定性明显增加，国际经济政治格局复杂多变，单边主义、霸权主义等对世界和平与发展构成威胁。我国仍处在重要的战略机遇期，既有机遇也面临挑战，因此要不断增强国家文化软实力，使之与我国不断增强的综合国力以及不断提升的国际地位相匹配，在危机中育先机，于变局中开新局。

（二）国家文化软实力的含义

党的十七大首次将提高国家文化软实力作为国家战略明确提出，其内涵主要包括四个方面：核心价值系统的吸引力、社会行为模式的凝聚力、传统典范及遗产的影响力、文化传播机制的感染力。[①]

其一，核心价值系统的吸引力。我国社会主义核心价值体系主要由四大基本内容构成：一是坚持以马克思主义作为指导思想；二是坚持走中国特色社会主义道路；三是大力弘扬以爱国主义为核心的民族精神和以改革创新为核心的时代精神；四是增强社会主义荣辱观。社会主义核心价值观是这一体系的内核，不仅体现了社会主义核心价值体系的根本性质，也反映了社会主义核心价值体系的实践要求。党的十八大强调要立足国家、社会、公民三个层面，认真践行社会主义核心价值观，在国家层面上，倡导富强、民主、文明、和谐，在社会层面上，倡导自由、平等、公正、法治，在公民层面上，倡导爱国、敬业、诚信、友善，以此不断增强社会主义意识形态的吸引力和凝聚力。

其二，社会行为模式的凝聚力。立足全球化和信息化背景，构建和谐社会，优化网络生态，为广大网民特别是青少年营造一个风清气正的网络空间，

---

① 王一川．理解中国“国家文化软实力”.选自张国祚．中国文化软实力研究要论选（第1卷）[C]．北京：社会科学文献出版社，2011：31-32.

是时代赋予的一项重要任务。2021年11月19日，首届中国网络文明大会在北京召开，习近平总书记在贺信中指出：“网络文明是新形势下社会文明的重要内容，是建设网络强国的重要领域。近年来，我国积极推进互联网内容建设，弘扬新风正气，深化网络生态治理，网络文明建设取得明显成效。”与此同时，强调培育向上向善的网络文化。[①]对于新闻舆论工作来说，必须遵循团结稳定鼓劲、正面宣传为主的基本方针，新闻媒体要发挥主渠道作用，大力加强思想文化传播，弘扬主旋律、传播正能量，为实现第二个百年奋斗目标提供强大精神动力和舆论支持。

其三，传统典范及遗产的影响力。中华文化既是历史的，也是当代的，既是民族的，也是世界的。2017年中共中央办公厅、国务院办公厅印发了《关于实施中华优秀传统文化传承发展工程的意见》，明确提出要深入阐发文化精髓、贯穿国民教育始终、保护传承文化遗产、滋养文艺创作、融入生产生活、加大宣传教育力度、推动中外文化交流互鉴。以此为遵循，传承和弘扬中华文化，必须将民族性和时代性结合。一方面，通过加强非物质文化遗产分类保护，促进其合理利用，加强革命老区、民族地区、边疆地区、脱贫地区非物质文化遗产保护传承等，提高非物质文化遗产保护传承水平。另一方面，要加强对外文化交流合作，综合运用大众传播、群体传播、人际传播等方式，构建全方位、多层次、宽领域的中华文化传播格局，提升中华文化的国际影响力。

其四，文化传播机制的感染力。创新是文化的生命。2016年2月19日，党的新闻舆论工作座谈会在北京召开，习近平总书记为了这次会议，到人民日报社、新华社和中央电视台进行了实地调研。他在会上强调要坚持正确方向，创新方法手段，提高新闻舆论传播力、引导力。这就要求不仅要适应分众化、差异化传播趋势，加快构建舆论引导新格局，也要主动借助新媒体传播优势，推动媒体融合发展，还要加强国际传播能力建设，优化国际传播战略布局，着力打造具有较强国际影响的外宣旗舰媒体，增强我国的国际话语权。习近平总书记指出媒体竞争的关键是人才竞争，要加快培养一支政治坚定、业务精湛、作风优良、党和人民放心的新闻舆论工作队伍，新闻舆论工作者要提高业务能力，勤学习、多锻炼，努力成为全媒型、专家型人才。

---

① 广泛汇聚向上向善力量，共建网上美好精神家园［N］．人民日报，2021-11-20.

（三）提升国家文化软实力的路径

党的十九大报告指出："文化是一个国家、一个民族的灵魂。文化兴国运兴，文化强民族强。没有高度的文化自信，没有文化的繁荣兴盛，就没有中华民族伟大复兴。"新闻工作是文化事业的重要构成，事关社会和谐、国家民族发展大局，对于传媒行业来说，需要从以下四个层面共同发力。

其一，牢牢掌握意识形态工作领导权。新闻舆论工作位于意识形态的最前沿，具有鲜明的意识形态和政治底色，要坚持以马克思主义新闻观为思想引领，高度重视传播手段建设和创新，提高新闻舆论的传播力、引导力、影响力、公信力，要坚持先进技术为支撑、内容建设为根本，多措并举加强互联网内容建设，包括做大做强网上正面宣传、发挥网络引导舆论作用、培育向上向善的网络文化等。

其二，坚持以社会主义核心价值观为行为准则。价值是文化之魂，在任何一种文化体系中，价值观都是关键因素，决定着文化的基本性质。即使是约瑟夫·S.奈所讲的软实力，价值观仍然是最核心、最首要的软实力资源。对于新闻媒体来说，践行社会主义核心价值观，首先要加强新闻职业道德建设，深入开展"走基层、转作风、改文风"活动，生产更多的有思想、有情怀的优秀新闻产品，其次要坚持社会效益首位原则，在坚守新闻职业操守的基础上实现经济效益。

其三，加大对思想道德建设成果的报道力度。提升文化软实力的重要目标是提高人民文明素养，提高全社会文明程度。对于新闻媒体来说，要深入一线采访鲜活的新闻素材，加强典型人物和典型事例的宣传报道。比如，从2016年开始，国家互联网信息办公室和中华全国总工会联合开展了"中国梦大国工匠篇"，由中央新闻网站、地方重点新闻网站以及主要商业网站共同参与。2017年11月13日至17日，媒体采访团一行30人深入航天、造船、汽车、先进制造业等行业采写大国工匠故事，是对彰显职业精神的一次有益探索。

其四，大力推动文化事业和文化产业蓬勃发展。文化的特殊性是它与生俱来的双重性——精神属性和物质属性，这就要求我们大力推动文化事业和文化产业的全面发展。立足新闻传播领域，首要任务是加快打造国际一流的新型主流媒体。2021年12月3日，习近平主席在致中国人民对外广播事业创建八十周年的贺信中说："希望你们不断开拓创新，加强国际传播能力建设，打造具有强大引领力、传播力、影响力的国际一流新型主流媒体，为实现中华民族伟大复兴的中国梦、推动构建人类命运共同体作出新的更大的贡献。”

二、“人类命运共同体”理念的提出以及三次重大跃升

“人类命运共同体”理念的核心是建设持久和平、普遍安全、共同繁荣、开放包容、清洁美丽的世界。自党的十八大报告中首次提出“倡导人类命运共同体意识”以来，该理念整体历经三次重大跃升。

（一）“人类命运共同体”理念的第一次重大跃升

2013年3月23日，习近平主席在俄罗斯莫斯科国际关系学院发表题为《顺应时代前进潮流，促进世界和平发展》的重要演讲，他指出：“这个世界，各国相互联系、相互依存的程度空前加深，人类生活在同一个地球村里，生活在历史和现实交汇的同一个时空里，越来越成为你中有我、我中有你的命运共同体。”此后，他在国际国内不同场合先后提出了关于“命运共同体”的系列具体概念。比如，2013年3月，在坦桑尼亚演讲将中非关系高度概括为“中非命运共同体”；同年10月，在印度尼西亚国会发表演讲时提出“中国–东盟命运共同体”；2014年7月，在巴西利亚举行的中国–拉美和加勒比国家领导人会晤上提出中拉携手追梦，打造中拉命运共同体。据不完全统计，截止到2015年9月，习近平主席在国际国内不同场合至少62次提到了“命运共同体”这个概念。[①]

（二）“人类命运共同体”理念的第二次重大跃升

2015年9月，第七十届联合国大会在纽约举行，习近平主席在大会一般性辩论时发表了题为《携手构建合作共赢新伙伴，同心打造人类命运共同体》的重要讲话，他详细阐释了“人类命运共同体”的核心思想，主要包括五个方面：我们要建立平等相待、互商互谅的伙伴关系；我们要营造公道正义、共建共享的安全格局；我们要谋求开放创新、包容互惠的发展前景；我们要促进和而不同、兼收并蓄的文明交流；我们要构筑尊崇自然、绿色发展的生态体系。

① 周宗敏．人类命运共同体理念的形成、实践与时代价值［N］．学习时报，2019-03-29.

到2016年12月，习近平主席围绕“共同体”提出一系列新概念。2015年12月，习近平主席在浙江乌镇举行的第二届世界互联网大会开幕式上发表主旨演讲，提出“网络空间命运共同体”。2016年4月，习近平主席在美国华盛顿举行的第四届核安全峰会上发表题为《加强国际核安全体系，推进全球核安全治理》的重要讲话，首次提出“核安全命运共同体”。至此，“人类命运共同体”的理论内容更加丰富成熟，成为国际社会的关注热点，赢得了国际社会的一致好评。

（三）“人类命运共同体”理念的第三次重大跃升

2017年1月，习近平主席在瑞士日内瓦万国宫出席“共商共筑人类命运共同体”高级别会议时发表了主旨演讲，题为《共同构建人类命运共同体》，提出“中国方案是：构建人类命运共同体，实现共赢共享。”同年2月，“构建人类命运共同体”首次被写入联合国决议。多年来，中国正在以实际行动推动构建“人类命运共同体”，比如，在全球抗疫过程中，中国始终秉持“人类命运共同体”理念，将人民的健康放在首位，积极倡导建立“人类卫生健康共同体”。2022年6月，习近平主席在北京以视频方式主持全球发展高层对话会并发表重要讲话，题为《构建高质量伙伴关系，共创全球发展新时代》，强调共创普惠平衡、协调包容、合作共赢、共同繁荣的全球发展新时代。[①]

三、“人类命运共同体”理念的特征

立足全球化和现代性语境，“人类命运共同体”思想是基于人类发展实践，着重探讨一系列重要问题，比如，怎样解决人类矛盾？怎样实现人的自身解放？人类历史将走向何处？基于此，该理念体现出实践性、社会性、历史性和批判性等鲜明的主要特征。[②]

（一）“人类命运共同体”理念的实践性

“人类命运共同体”的构建需要具备一定的物质基础。在不同的历史条件

① 习近平主持全球发展高层对话会并发表重要讲话［N］. 人民日报，2022-06-25.
② 汪信砚，冷蓉. 习近平人类命运共同体思想的逻辑生成、理论特性和哲学贡献［J］. 江汉论坛，2020（6）：5-10.

下，共同体会呈现出不同状态，与原始状态的血缘共同体、地域共同体等不同，高阶位的共同体是在生产力步入高度发达时期，基于以往财富而建立起来的。从全球化视角来看，互联网、大数据、人工智能等成为人类实践的重要媒介和载体，带动了新一轮信息技术革命。对此，有学者提出，信息技术主导新世界，科学家实现了对物质、能量传输的操控。现阶段信息技术对人类社会产生了重要影响，由于新冠肺炎疫情在全球范围内蔓延，远程办公、在线教育等成为人们熟悉的工作学习方式，互联网的价值愈发凸显。数字经济创新发展已经成为赋能传统产业的有效路径，据统计，2022年我国数字经济规模达到50.2万亿元，在国内生产总值中的比重达到41.5%，这些都为“人类命运共同体”的构建提供了前提条件。

（二）“人类命运共同体”理念的社会性

社会性是人的本质属性。人是社会的产物，人的生产劳动具有社会性，劳动创造了人本身，劳动的发展促进社会成员之间加强协作，彼此间的关系更加紧密，进而产生了人际信息的需求，主要表现为人自身的信息需求以及人与人之间的信息传播活动等。从新闻传播视角来看，新闻是在人类生产劳动和社会交往实践基础上产生的，着力解决两对关系：人与自然的关系、人与人的关系。深入把握“人类命运共同体”的社会性，需要处理好这两对关系。一是正确处理人与自然的关系，坚持节约资源和保护环境的基本国策，坚持绿水青山就是金山银山的理念。近年来，我国长江岸线综合整治、长江十年禁渔等工作持续推进，探寻出一条生态保护和经济高质量发展协同共生的新路径。二是正确处理人与人的关系，面对国际舞台正在上演的霸权主义、强权政治等，以及人不断背离其社会性本质沦为抽象意义上的私人等诸多问题，要倡导国际合作，构建公平正义的国际关系。①

（三）“人类命运共同体”理念的历史性

当前，世界百年变局和世纪新冠肺炎疫情相互交织，全球发展遭遇严重挫折。同时也应该看到，虽然国际形势错综复杂，世界经济中的不稳定、不确

① 汪信砚，冷蓉．习近平人类命运共同体思想的逻辑生成、理论特性和哲学贡献［J］．江汉论坛，2020（6）：5-10.

定、不安全因素明显上升，但是和平与发展仍是时代主题。在这种背景下，要不为风险所惧，勇于面对挑战，向着构建“人类命运共同体”的目标勇毅前行。[①]我国在构建“人类命运共同体”的进程中作出了巨大贡献。比如，中国在减贫领域取得的成就令世人瞩目，也为世界上的发展中国家提供了可参考和可借鉴的宝贵经验。中国-联合国和平与发展基金投入运营，南南合作援助基金也正式启动，这两项基金主要用于支持发展中国家实现减贫、获得发展。截至目前，中国与联合国难民署合作，向阿富汗、安哥拉、伊拉克、埃塞俄比亚等国提供支援，用于支持当地的民生项目建设。[②]又比如，通过“一带一路”建设，我国已经与沿线周边60多个国家建立起友好联系，主要致力于打造新的经济共同体和文化共同体。

（四）“人类命运共同体”理念的批判性

“人类命运共同体”思想是对全球现代性问题的反思，也是对资本逻辑这一核心原则的批判。中国积极参与全球治理体系改革与建设，坚持所有国家一律平等，推动建设相互尊重、公平正义、合作共赢的新型国际关系。比如，在新冠肺炎疫情暴发以来，中国与世界其他国家加强抗疫合作，中国已经向120多个国家和国际组织提供近22亿剂疫苗援助，居全球首位。与此同时，中国相继向20多个国家转让技术、合作生产疫苗，在海外形成了10亿剂次的新冠疫苗年产能。[③]中国在联合国、APEC会议、G20峰会等多边场合，为世界和平与发展积极贡献中国智慧和中国经验。

第二节　国际传播中“人类命运共同体”对外话语构建的实践路径

当今，寻求对外话语的构建路径已经成为我国从世界大国迈向世界强国进

---

① 向着构建人类命运共同体的目标勇毅前行——论习近平主席金砖国家工商论坛开幕式主旨演讲［N］. 人民日报，2022-06-24.

② 张矜若. “中国是解决全球性问题的建设性力量”［N］. 人民日报，2022-06-20.

③ 谢亚宏，周輖，彭敏，等. 中国疫苗持续助力全球抗疫合作［N］. 人民日报，2022-06-10.

程中必然要面临的挑战。“人类命运共同体”理念的提出恰逢其时，其对外传播具有重要意义。同时也要认识到，我国对外话语体系还不够完善，需要多措并举、多管齐下，不断解决一些新问题、新难题，丝毫不可松懈，切实提高国际传播能力。

一、对外传播“人类命运共同体”的现实意义

如今，“人类命运共同体”理念在国际社会上已经得到广泛认同，多次被写入联合国文件，这一思想所包含的以人为本、文明互鉴、合作共赢、可持续发展等基本理念更加深入人心。因此，加强“人类命运共同体”对外传播，对于传播我国外交理念、彰显中华优秀文化魅力、提升国家软实力等具有重要意义。

（一）为展示中国外交理念打开一扇国际窗口

树立大历史观，从历史长河、时代大潮、全球风云中分析演变机理、探究历史规律。随着时代的变迁，中国外交战略理念也在不断变化。1953年周恩来会见印度代表时提出“和平共处五项原则”，改革开放之后邓小平提出和平与发展是时代主题以及“韬光养晦、有所作为”的外交策略，21世纪初江泽民访美期间提出“在和平竞争中取长补短，在求同存异中共同发展”，胡锦涛在雅加达亚非领导人会议上提出“构建和谐世界”，党的十八大报告提出“倡导人类命运共同体意识”，党的十九大报告提出“坚持和平发展道路，推动构建人类命运共同体”，党的二十大报告指出“中国始终坚持维护世界和平、促进共同发展的外交政策宗旨，致力于推动构建人类命运共同体”。回首半个多世纪以来我国外交战略的变迁，充分体现出我国长期坚持的和平与发展之路，始终维护人类的共同利益。

（二）为传承中华优秀传统文化增添契机

中华优秀传统文化源远流长、博大精深，其核心价值观是和谐。中国的“和”文化蕴含着深厚内涵，包括天人合一的宇宙观、协和万邦的国际观、和而不同的社会观、人心和善的道德观，[①]强调的是交流、融合，反对的是冲

① 深刻理解和把握中国人的宇宙观、天下观、社会观、道德观［N］. 人民日报，2022-06-20.

突、对抗。“人类命运共同体”理念传承了中华优秀传统文化的优秀基因，认为世界上各个国家是一个一荣俱荣、一损俱损的命运共同体，多样文明、多种文化可以多元共生、和平共处。与一些西方国家推行的单边主义、霸权主义明显不同的是，“人类命运共同体”理念摆脱了二元对立思维的束缚，坚持“义利合一”的价值取向，强调在国际合作中要以道德为基础，义利并举、以义为先，只有义利兼顾才能义利兼得，只有义利平衡才能义利共赢。与此同时，在处理国际争端时，主张“对话不对抗、结伴不结盟”，在平等互利的基础上加强合作关系，促进人类共同发展。

（三）为提升中国软实力开辟重要路径

相对军事实力、经济实力等硬实力，软实力大部分来自一个国家或组织的文化中所体现出来的价值观、国内管理和政策所提供的范例，以及其处理外部关系的方式。[①]它主要与文化、意识形态、体制机制等隐形资源密切相关，侧重于影响他人偏好或者决定他人预期。立足国家层面，软实力的来源主要有三个：对他国有吸引力的文化、在国内和国际上能够得到遵循的政治价值观、被视为合法且享有道德权威的外交政策。在约瑟夫·奈看来，软实力并非为美国一家独享，对于任何国家都是同样的。因此，一个国家的文化观念、政治理念与外交政策等，如果想得到目标国受众的理解和认同，首要任务是加强对外传播，不断提升国际传播能力，唯有经历这个过程才会转化为国家软实力。着力提高国际传播影响力、中华文化感召力、中国形象亲和力、中国话语说服力、国际舆论引导力。由此可见，从事国际传播工作，应当从这五个维度出发，不断提高国际传播能力、提升我国的综合软实力。

（四）为加强与他国的伙伴关系拓展国际渠道

当前，世界各国的互动日益频繁，这为应对全球危机和挑战提供了良好契机。比尔及梅琳达·盖茨基金会联席主席比尔·盖茨曾在《人民日报》上发表文章，倡导以创新伙伴关系应对全球挑战。[②]对于我国而言，加强对外传播“人类命运共同体”，不仅是我国实施对外传播战略的立足点，也是加强与

① 约瑟夫·奈. 软实力［M］. 马娟娟，译. 北京：中信出版社，2013：13.
② 比尔·盖茨. 以创新伙伴关系应对全球挑战［N］. 人民日报，2021-12-28.

其他国家伙伴关系的重要途径，要在对外传播中强调求同存异，以谋求共同发展。比如，“一带一路”建设是中国提出的应对人类面临的共同挑战、维护和实现全人类的共同利益、同心打造人类命运共同体的实践方案，取得了斐然成就。[①]“一带一路”绿色发展国际联盟覆盖40多个国家，“一带一路”生态环保大数据服务平台纳入100多个国家生物多样性相关数据，通过打造伙伴关系进行扎实的互动交流，促进绿色发展合作。[②]再比如，在“一带一路”建设中，铁路发挥了重要作用，2011年第一列中欧班列开通，成为联通亚欧大陆的实体纽带。2017年西部陆海新通道铁海联运班列开通，已经辐射全球六大洲105个国家和地区的304个港口。在极大程度上节省了相关国家的贸易成本，并且提高了贸易效率。

二、对外传播“人类命运共同体”的指导方针

对外传播“人类命运共同体”，根本的指导方针是坚持马克思主义新闻观。概括来说，马克思主义新闻观是指19世纪中晚期马克思、恩格斯在无产阶级报刊活动实践中所总结的对新闻传播活动的现象、规律、本质的总体看法，以及无产阶级世界观与价值观在新闻传播领域的具体表现。马克思主义新闻观的形成过程历经从马克思、恩格斯创立奠基，到列宁继承发展，再到以毛泽东为代表的中国共产党人丰富创新。总体来看，马克思主义新闻观既是一个完整科学的理论体系，也是一个开放创新的理论体系。[③]

（一）马克思主义新闻观是完整科学的理论体系

从马克思主义的诞生，到马克思主义的苏俄化，再到马克思主义的中国化，是一个完整的理论系统，对此，有学者提出：坚持马克思主义新闻观决不是强调和坚持一两个观点，而是坚持完整的理论体系，贯彻理论体系的经典性和实践性。[④]

---

① 黄义灵，汪信砚．“一带一路”的文化互通与人类命运共同体建设［J］．江汉论坛，2017（12）：129-133.

② 建设更紧密的绿色发展伙伴关系［N］．人民日报，2021-04-26.

③ 本书编写组．马克思主义新闻观十二讲［M］．北京：高等教育出版社，2019：7-8.

④ 刘建明．马克思主义新闻观的经典性与实践性［J］．国际新闻界，2006（1）：5-10.

按照马克思、恩格斯新闻思想的发展历程，可以将其分为三个阶段：第一阶段是民主报刊时期，从《莱茵报》至《德法年鉴》杂志创刊（1838—1844年），主张报刊必须摆脱普鲁士的封建书报检查制度的束缚，实行普遍的出版自由，这就为马克思主义新闻观的诞生作了铺垫。第二阶段是工人报刊时期，从《德法年鉴》杂志停刊至第一国际工人报刊大发展（1844—1863年），强调工人报刊的使命是对现存的一切进行无情的批判，揭露旧的制度，报刊要经常地、深刻地影响舆论，要成为工人运动的坚强中心，这表明马克思主义新闻观已经形成。第三阶段是党的报刊时期，从第一国际成立至恩格斯逝世（1864—1895年），指出作为工人报刊发展的高级阶段的党报的一项重要使命，不仅要同资产阶级政府、封建专制政府作斗争，为无产阶级建立自己的政权作舆论准备，也要同工人运动内部的机会主义者、工人政党内部的机会主义思潮作斗争，这标志着马克思主义新闻观的成熟。

列宁主义是对马克思主义的继承。在马克思主义中国化之前，先有一个马克思主义苏俄化的过程，相比马克思主义，这个过程对于中国新闻理论及实践的影响更为直接。[①]比如，我国党报的组织建构很大程度上受到了第三国际的影响。1919年3月，列宁领导的共产国际在莫斯科成立，致力于在世界范围内建立无产阶级专政，建设社会主义和共产主义。1920年和1921年，第三国际曾经两次派代表到达我国，帮助筹建中国共产党。党成立之初，党报组织机构的建立是模仿苏联的主编责任下的编委会制度。从那时到现在，我国的党媒一直实行党委领导下的社长负责制或者总编负责制。

1938年，毛泽东在党的六届六中全会上首次提出“马克思主义中国化”这个命题。他分四次作了题为《论新阶段：抗日民族战争与抗日民族统一战线发展的新阶段》的报告，强调把马克思、恩格斯、列宁的理论“当作行动的指南”，而不是“当作教条看”。新中国成立初期，我们曾注重模仿苏联，认为“文艺为政治服务”，甚至“为每天一篇社论而奋斗”，绝对化、教条化的问题影响了我国新闻业自主创新的活力。[②]1978年，党的十一届三中全会决定全党工作从过去的以阶级斗争为纲转为以经济建设为中心，在这个总背景下，改革开放的总设计师邓小平果断地提出“文艺为人民服务、为社会主义服务”

---

① 程曼丽．研究马克思主义新闻观不可忽视列宁主义——兼谈从马克思主义的苏俄化到马克思主义的中国化［J］．新闻与写作，2019（11）：65-70.

② 童兵．新中国70年来马克思主义新闻观发展历程和未来走势［J］．新闻大学，2019（10）：1-16，123.

的“二为”方针，明确了文艺与政治的关系。[①]20世纪90年代，江泽民提出“祸福论”，明确提出要打好五个根底、发扬六种作风，包括打好理论路线根底、政策法律纪律根底、群众观点根底、知识根底、新闻业务根底；发扬敬业的作风、实事求是的作风、艰苦奋斗的作风、清正廉洁的作风、严谨细致的作风、勇于创新的作风。21世纪初，胡锦涛提出“以人为本”的新闻工作宗旨，还针对新闻行业提出贴近实际、贴近生活、贴近群众“三贴近”的工作方针。

党的十八大以来，习近平总书记在全国宣传思想工作会议、党的新闻舆论工作座谈会、哲学社会科学工作座谈会、文艺工作座谈会等重要会议上，对新闻舆论工作作出了重要指示，进一步发展创新了马克思主义新闻观的内涵，主要包括：新闻工作原则是将人民性与党性统一起来；新闻的功能是充分发挥其政治功能、经济功能、宣传功能、文化功能、传播功能以及外交功能；新闻要坚持把社会效益放在首位，努力实现经济效益与社会效益的统一。[②]

（二）马克思主义新闻观是开放创新的理论体系

2018年5月4日，习近平总书记在纪念马克思诞辰200周年大会上发表讲话时强调：“马克思主义是不断发展的开放的理论，始终站在时代前沿。应当将马克思主义视为发展的理论而不是教条，要结合实际深刻理解其理论精髓。”

从新闻传播学视角来看，马克思主义新闻观的一些重要观点为从事新闻舆论工作提供了基本原则。比如，恩格斯认为新闻是人类生产劳动的产物。对此，他指出“劳动是整个人类生活的第一个基本条件，而且达到这样的程度，以致我们在某种意义上不得不说：劳动创造了人本身。”[③]新闻还是社会交往实践的产物，对此，恩格斯认为：“劳动的发展必然促使社会成员更紧密地互相结合起来，因为劳动的发展使互相支持和共同协作的场合增多了，并且使每个人都清楚地意识到这种共同协作的好处。一句话，这些正在生成中的人，已经达到彼此间不得不说些什么的地步了。”[④]人类社会实践主要体现为生产劳动，反映的是人与自然的关系，而社会交往实践反映的是人与人的关系，主要以人际信息为主，是人自身的信息需求以及与之相关的信息传播活动。

---

① 仲呈祥．逐梦40年：在文艺中触摸时代脉搏［N］．光明日报，2018-12-13.

② 魏玉山 等．十八大以来党的新闻出版理论十大创新成果［J］．传媒，2017（19）：20-25.

③ 马克思恩格斯文集（第9卷）［M］．北京：人民出版社，2009：550.

④ 马克思恩格斯文集（第26卷）［M］．北京：人民出版社，2014：762.

又比如，关于新闻的定义，新闻是新近发生或者正在发生的事实的报道。从中可以看出，事实是第一位的，新闻是第二位的。早在1843年1月，马克思就提出只有“说的是事实”，而不是“希望出现的事实”的报刊，“才是真正的报刊”；只有“代表着社会舆论”，而不是“歪曲社会舆论”的报刊，才“应该受到国家的信任。”[①]恩格斯对此也提出要“完全立足于事实，只引用事实和直接以事实为根据的判断——由这样的判断进一步得出的结论本身仍然是明显的事实。”[②]这对我国的新闻理论家开展新闻研究提供了理论指引，陆定一在《我们对于新闻学的基本观点》中写到，事实决定新闻的性质，而不是性质对于客观事实或新闻（事实的报道）有什么决定作用。可见，从事新闻舆论工作，首先要重视事实，根据事实来描写事实，准确及时客观全面地报道事实。

又比如，关于新闻的真实性。众所周知，真实是新闻的生命。坚持新闻真实既是对新闻报道的基本要求，也是社会主义新闻事业必须遵循的基本业务规范和工作原则。1843年1月，马克思在《摩塞尔记者的辩护》中首次提出报刊的有机运动理论，在他看来，只要报刊生气勃勃地采取行动，全部事实就会被揭示出来。这是因为，虽然事情的整体最初只是以有时有意、有时无意地同时分别强调各种单个观点的形式显现出来的，但是归根到底，报刊的这种工作本身还是为它的工作人员准备了材料，让他把材料组成一个整体。这样，报刊就通过分工一步一步地掌握全部的事实，这里所采用的方式不是让某一个人去做全部的工作，而是由许多人分头去做一小部分工作。马克思详细阐述了坚持新闻真实的重要性，并且指出了运用发展的观点报道事实，这就要求新闻工作者要力求做到微观真实与宏观真实的统一，微观真实是实现新闻真实的基础条件，宏观真实是对新闻真实的更高要求，既要准确报道个别事实，也要从宏观上把握和反映事件或事物的全貌。

三、“人类命运共同体”对外话语构建的维度

改革开放以来，中国取得的成就举世瞩目，对世界经济增长的拉动贡献率超过30%，经济总量位居世界第二。同时也要看到，“人类命运共同体”对外

---

① 马克思恩格斯全集（第1卷）[M]. 北京：人民出版社，1995：398.
② 马克思恩格斯全集（第42卷）[M]. 北京：人民出版社，1979：413.

传播的实效性仍需提升，该理念对外话语体系的构建还要不断加强，对此有学者提出应当将价值体系、知识体系和表达体系等三个维度作为着手点。①

（一）价值体系维度：对外话语体系构建要基于“人类命运共同体”的超越性

要以文明交流超越文明隔阂、文明互鉴超越文明冲突、文明共存超越文明优越。基于超越意识构建起来的“人类命运共同体”理念，是一种新型文明观和价值观，它作为中国价值体系的重要组成部分，是由当前的国内和国际环境所决定的。从国内环境来看，中国综合实力不断提升，需要构建与之相匹配的国际话语体系，以便让世界更好地认识中国。从国外环境来看，西方文化中心主义盛行，忽视了广大发展中国家的国际话语权，从客观上阻碍了世界文化的多元发展。在这样的时代背景下，“人类命运共同体”的提出具有广阔的全球视野，也是中国对外话语体系创新发展的必然要求。实现中国对外话语体系超越性特征，不仅要立足原有话语体系基础，推动中华优秀传统文化创造性转化、创新性发展，使其与现代社会相协调、相适应，要站在世界和人类共同命运的高度，讲述中国经验、中国路径，也要尊重全人类的共同价值观念，要摒弃冷战思维，坚持正确的生存观、发展观与安全观等，尊重世界各国历史和文化，加强国际的互信和交流，推动构建“人类命运共同体”。

（二）知识体系维度：对外话语体系构建要展现“人类命运共同体”的包容性

文明是包容的。人类文明因包容才有交流互鉴的动力。现阶段，全球治理面临着诸多现实困境。提倡包容精神，既是历史的选择，也是现实发展的必然。历史经验已经证明，人类文明富有多样性，唯有求同存异、开放包容，才能推动文明的繁荣、人类的进步。立足信息化和全球化环境，国与国之间的联系更加紧密，应当互相尊重、互相理解，才能促进彼此共同发展。因此，推进对外话语体系构建，既要根植于中华优秀传统文化，继承其包容性的宝贵基因，也要善于吸收国外文明的优长，实现互融互通、兼收并蓄。这就要求坚持

---

① 唐润华，曹波．人类命运共同体视阈下中国对外话语体系的时代特征［J］．现代传播（中国传媒大学学报），2019（7）：33-37.

开放意识、交流意识和融通意识，要以开放意识为基础，不断增强文化自信，形成中国叙事和中国话语；要以交流意识为手段，加强与世界各国的文明互鉴，适时进行自我调整，提升我国对外话语体系适应复杂国际舆论场域的能力；要以融通意识为落脚点，不断创新对外话语的表达方式，运用国际社会容易理解和接受的方式讲述中国故事，实现中国观点国际表达，提升我国对外话语的实效性。

（三）表达体系维度：对外话语体系构建要秉承“人类命运共同体”的创新性

“人类命运共同体”理念之所以能够在国际社会引发广泛共鸣，是由于它在理论和实践两个层面都进行了创新。在理论上，“人类命运共同体”倡导统筹国内国际两个大局，构建对话协商的外交理论、共建共享的安全理论、合作共赢的经济发展理论、交流互鉴的文明交流理论和绿色低碳的生态建设理论等。在实践上，“人类命运共同体”坚持以多边主义、平等对话的方式，处理国与国之间的关系，主张妥善处理矛盾与分歧。因此，要不断创新对外话语表达，既要提升我国对外话语的传播力、影响力，也要善于借助信息技术发展带来的机遇，力争实现弯道超车。具体来说，一是进行体制机制创新，通过更新话语的生产方式、表达方式和对外传播模式等，提高国际传播效能。二是进行话语生产创新，精准把握目标国受众的需求，以互联互通的思维方式，摆脱中国对外话语传播在国际局势中遇到的现实困境。三是进行传播模式创新，应当注重传播的人格化和联动化，要将中国话语拓展到国外受众的日常生活中去，不断拓宽中国话语在别国的使用范围，实现内外结合、上下联动。

四、“人类命运共同体”对外话语构建的进路

所谓国际话语权，是指一种国际权力关系，通常以综合国力作为基础，反映了一个国家行为主体在整个世界政治经济权力结构中所处的位置及所产生的影响。[①]要打破我国长期迟滞于综合国力的话语权弱势，首要任务是加快构建对外话语体系，力争通过对外话语表达使目标愿意接受自己的观点并且产生实

① 胡正荣. 新时代中国国际话语权建构的现状与进路［J］. 人民论坛，2022（3）：119-122.

质性效果。

（一）强化战略传播体系的底座支撑

做好国际传播的关键是充分发挥国际传播主体的潜在力量。很长一段时期以来，我国的国际传播实践主体主要是政府与专业的对外媒体机构，在对外传播中取得了显著成绩，同时在信息技术赋能的当下还需不断提升和加强。随着国际传播主体日益多元，话语呈现方式也逐渐丰富，因此，需要不断创新国际传播实践，才能更好地适应全新的国际传播和舆论场域。就目前来看，应当将传统的国际传播体系进行转型升级，搭建起有中国特色的战略传播体系，并且以此作为国际传播的底座，加快构建我国对外话语的传播网络。众所周知，互联网具有去中心化、节点化等崭新特征，应当顺应网络传播规律，要将过去单一的官方传播转变为多维度、多层次、立体化的全民参与式传播。这不仅需要将政府、专业的外宣媒体吸纳进来，也需要将各类企业、事业、社会组织、学术机构、非政府组织与个体等都纳入进来，综合人际传播、组织传播和大众传播等多种传播方式，构建一个全新的对外话语传播体系。

（二）增强文化多元话语的内生力量

当前的国际舆论场域是以西方的民族中心主义和自利主义为导向，而“人类命运共同体”的话语内核是兼顾人文关怀和价值理性，这些都源于我国优越的社会主义制度和博大精深的中华优秀传统文化。在对外话语体系构建中，要讲好中国故事，既要展示中国近年来包括精准扶贫、生态治理等在内的富有正能量和具有持久影响力的治理事实，为世界减贫、环保事业贡献中国智慧、中国主张和中国方案，进一步彰显国家价值观，也要重视文化的穿透力，做到以文化人。关于具体的实施路径，一方面，要充分展现中华优秀传统文化的独有魅力，比如，美食短视频创作者李子柒，她通过创作充满诗情画意的中国式田园生活短视频，在海外新媒体平台成功“圈粉”，获得外国网友的广泛认同。另一方面，要加快文化创意产业发展。创新是文化的生命，有人认为，美国算不上文化资源大国，却是一个文化强国，好莱坞大片、麦当劳薯片、英特尔芯片被称为影响世界的“三片”，包含的正是独一无二的文化创意。因此，需要加大培养文化创意人才的力度。目前，我国与西方发达国家存在较大差距，比如，日本东京、英国伦敦和美国纽约的文化创意人才占总就业人数的比重分别是15%、14%和12%，我国的这一比例不足1%，还有很大的提升空间。①

（三）实现共同话语的价值认同

在国际舆论场上，国与国之间的较量本质上是价值观的比拼，其要点在于一个国家的价值观念能否被国际社会所接受。对于我国来说，要摆脱西方话语体系的束缚，构建有中国特色的对外话语体系，需要超越民族、国界、文化和意识形态的界限，着眼全世界全人类的共同利益和繁荣发展，从而达成全球共识。“人类命运共同体”理念正是这样的一种共同话语，一经提出立即得到广大发展中国家的普遍认同，彰显了中国的世界观、权力观和价值观。从这个角度上看，“人类命运共同体”已经成为我国对外话语表达的终极价值追求。需要注意的是要处理好两对关系：一是要处理好价值观的个别性和普遍性之间的关系，比如，在讲述有中国特色的故事时，也要挖掘其中蕴含的人类共有价值观念，要符合人类社会普遍认同的道德规范。二是要处理好价值观的宽容性和矛盾性之间的关系，使“人类命运共同体”理念成为求同存异、相互包容的共存场域，努力打造可信、可爱、可敬的中国形象。②

第三节　国际传播中“人类命运共同体”对外话语的视像化创新

在国际传播实践中，创新对外话语和阐释“人类命运共同体”内涵，凸显中国方案在全球治理中的价值和意义，是摆在媒体人面前的一项紧迫课题。立足信息技术环境，要善于将信息以视像化表达方式进行推广，通过搭建丰富的媒介符号场景，提升“人类命运共同体”对外传播的实际效果。

---

① 黄意武．中华优秀传统文化创造性转化、创新性发展面临的障碍及破解路径［J］．重庆社会科学，2020（5）：119-128.

② 胡正荣．新时代中国国际话语权建构的现状与进路［J］．人民论坛，2022（3）：119-122.

一、"人类命运共同体"对外话语的视像化因素

现阶段的社会正在经历一场以文字为中心向以视觉为中心的传播范式转移。视像化传播日益引发人们的广泛关注，这是一种以视觉为中心因素，运用视觉修辞手段使意义具象化的传播方式。它善于借助图像符号，以视觉媒介作为传播渠道，促进抽象意义可以被感知、被关联。[①]

（一）"人类命运共同体"对外话语的符号因素

传统媒体主要是以文字符号为主，所传递的政治理念较为单调乏味，缺乏足够的吸引力。新兴媒体主要是以视觉符号为主，包括H5、短视频和动漫等多种作品形式，呈现出多维立体的媒介景观，并且在这个过程中，既完成了政治理念的传播，也完成了政治视觉化的构建。相比文字符号，视觉符号更显得直观、生动、形象，也更能够激发人们的想象力和认同感。新媒体时代，从事对外传播工作，需要重视对视觉符号的运用，要发挥视觉符号在对外话语构建中的作用。由视觉符号构建的"人类命运共同体"对外话语体系，是以富有表现力和创造力的符号形式，描述该理论所包含的中国历史、中国当代的优秀文化，并且与目标国受众进行相应的符号转化和情感关联，向世界全面展示中国智慧、中国方案，提升"人类命运共同体"理念在国际舆论场上的道义感召力和政治影响力。

（二）"人类命运共同体"对外话语的场景因素

基于视觉因素搭建的各类场景，通常都具有镜像化的显著特征。换言之，在视像化传播过程中，政治理念的图像符号形式使其包含的时空关系被镜像化，接近镜子似的反射，因此被称为场景镜像化。[②]从事件上来看，运用典型场景报道新闻，视频、图片等视觉符号能够使新闻叙事的时空场景化，从而给人一种信息更为透明的感觉，并且能够让人真切地感触到新闻事件。比如，CGTN在《"人类命运共同体"：从神话到现实》的报道中，通过阐释"人

① 李畅，万婷．人类命运共同体思想对外传播的视像化建构理路研究［J］．新闻界，2019（8）：88-94.

② 陆佳怡，仇筠茜，高红梅．零度控制与镜像场景：公民新闻的透明性叙事［J］．国际新闻界，2019（5）：39-59.

类命运共同体”的含义，列举该理念在经济全球化、捍卫《巴黎协定》、南南合作等国际事务的处理上所发挥的具体作用，表明了构建“人类命运共同体”正在逐步从神话变为现实。[①]这篇报道浓缩了从2013年至2018年近5年时间内有关“人类命运共同体”的重大事件，嵌套短视频和新闻照片等都是展示的当时真实的时空场景，因此，相比文字报道，此类镜像化的场景更加接近新闻事件本身。

二、“人类命运共同体”对外话语的视像化实践

随着图像时代的来临，视觉传播已经成为人们感触客观世界的主要方式。视觉媒介依托图像符号，讲述新闻故事，构建故事意义，在政治传播中也展示出引人注目的实力。“人类命运共同体”对外话语构建需要转变思路，要加强视觉因素的运用，不断创新对外话语的表达方式。

（一）依托新技术进行融媒创新

“人类命运共同体”理念蕴含着跨越政治、文化和意识形态的共同价值，这些理念和内涵都具有高度的抽象性，需要以目标国成员能够理解和接受的方式进行传播。因此，要在对外传播中精心提炼能够体现“人类命运共同体”内核的典型符号，借助信息技术进行融媒创新。显而易见的是，融媒传播具有鲜明的空间偏向，它打破了传统媒体难以逾越的地理界限，甚至能够实现即时传播。其显著优势在于能够运用视觉符号，通过影像叙事、场景营造等多种手段，让抽象的政治理念变得形象可感。比如，荣获第二十八届中国新闻奖融媒创新三等奖的作品《奇迹：全球院士点赞中国》，从来自全球14个国家的28位全球顶级院士的视角出发，涉及无线通信、农业、环境科学等多个领域，讲述他们亲身经历的中国故事，展现中国在经济发展、全球治理等多个方面取得的显著成果。又比如，《“一带一路”睡前故事》系列短视频，是对时政微视频的成功创新，它立足海外受众的接受习惯，以一位美国父亲为小女儿讲述睡前故事的形式，由“讲好中国故事”的宏大叙事到亲子对话的微末叙事自然过

① 陆佳怡，仇筠茜，高红梅. 零度控制与镜像场景：公民新闻的透明性叙事［J］. 国际新闻界，2019（5）：39-59.

渡，叙事视角也由仰视转向平视，引发全球媒体现象级的关注与讨论。又比如，第三十届中国新闻奖获奖电视新闻作品《我们的非洲朋友》用镜头真实记录了17个中国建设者与非洲人民共创美好未来的感人故事，反映了中国与非洲共建人类命运共同体的坚定决心。该作品采用“片段+字幕+画外音”等多种视像化因素结合的方式，其中视频片段真实讲述了中国建设者在非洲与当地人民携手建设家园的故事；字幕的加入帮助观众更好地理解作品内容，提升了信息传播效果；画外音恰当补充画面不足，连接转换场面，又对视像内容的真实性进行佐证。视像化因素的渗透在丰富受众视觉感官体验的同时也营造了文本的传播语境，展现出别样的传播效果。

（二）以视像化场景实现符号转义

不同的国家在历史、文化等方面存在多重差异元素，使各自的价值观处于不同的认知域，彼此之间要进行交流互动，需要进行符号的意义转换。一般来说，处在特定语境中的符号，往往具有特殊含义，而当这个符号被放置在另一个语境下，其承载的意义有可能发生转变，有时候甚至是截然相反的。比如，中华民族的龙图腾是一种祥瑞的文化象征，但在西方文化中却被视为一种危险的怪兽，从而出现一种对抗性解码结果。目前，一些西方媒体出于对中国固有的刻板印象，将“人类命运共同体”解读为新儒家思想在当代的文化折射，是中国重回世界中心的一次文化推动。这种现象需要引起我们的关注，并且进行深入思考。站在全球高度，“人类命运共同体”理念的提出是以风险社会为背景的，要从国际视角出发，寻找具有世界意义的人类共同价值，需要注意中国和平崛起的场景设置，着重展示中国与其他国家互惠共赢的生动场景。这就要求在视像展现过程中，不仅要展示中国的变化，也要展示他国的变化，还要以逼真的生活场景要素来搭建多种类型的场景，形成涵盖社会、经济、文化等不同领域的视像场景矩阵，不断地充实抽象的政治理念。比如，获得第二十九届中国新闻奖的网络新闻访谈作品《新方案！新理念！中国为全球治理贡献智慧》，该作品的视频画面将动漫效果与实景拍摄巧妙结合，剪辑节奏感强，全景与特写画面相交融，同时借助动漫特效数字化解读中国成就。一方面注重影像的视听感染力，取得了良好的视觉传播效果，另一方面，在探寻外国受众审美旨趣的基础上，挖掘更深层次的情感共鸣，展现中国为构建人类命运共同体所做的不懈努力。

（三）发挥“刺点”效应增强情感体验

法国符号学家罗兰·巴尔特首创“刺点”这个概念，它是指画面中某个与整体环境不协调的信息元素，或者某些突兀的细节，由于隐藏着明显的反常性，常会引发意想不到的结果，以至于产生弦外之音、话外之意的特殊效果。从这个意义上看，视觉刺点正是视像化传播的起点。由于能够激起较为强烈的视觉冲突，进而带动情感反应，或是刺激的，或是激荡的，或是共鸣的，其直接效果是增强了受众的心理印象。有学者对视像化传播的视觉刺点进行了归类，认为主要有3种类型：具有强烈视觉冲击力的形象刺点、具有共情效应的形象刺点和能够满足人们审美需求震撼心灵的形象刺点。[①]比如，动漫作品《那年那兔那些事儿》将严肃的历史话语隐藏在萌卡通肖像中，拉近了与年轻人的心理距离，一经在互联网传播，立即获得广大网民的青睐。可见，“萌”正是这部动漫的刺点，深厚的历史底蕴与现代的萌卡通形象形成强烈对比，又能自然相融，萌卡通形象能够承载厚重的历史话题，活泼可爱的动漫形象折射出历史的深厚积淀，因此能够激发网民产生情感共鸣。

思考题

1. “人类命运共同体”理论的产生过程是怎样的？
2. “人类命运共同体”理论的特征是什么？
3. 提升国家文化软实力的现实意义是什么？
4. 国家文化软实力的重要含义是什么？
5. 请列举一两个中国新闻奖国际传播获奖作品，简要分析其对外话语构建的创新点。

---

① 李畅，万婷. 人类命运共同体思想对外传播的视像化建构理路研究［J］. 新闻界，2019（8）：88-94.

第八章

国际传播中加快构建中国话语和中国叙事体系

自改革开放以来，我国在中国特色社会主义道路上取得了令世人瞩目的建设成就，在国际上赢得了“中国奇迹”“中国震撼”等各种美誉，同时也应当认识到，我国在国际传播实践中遇到了多重困境和各种挑战。目前来看，西强东弱的国际舆论格局没有发生根本改变，西方发达国家拥有话语霸权，我们对中国特色社会主义进行描述还基本停留在使用本土话语阐释其特征的阶段，有待进一步努力，实现与世界的有效对接，并且需要不断探索既有典型意义又有传播价值的话语形式与叙事方式，不断提升国际传播能力。①

第一节　国际传播中加快构建中国话语体系

当今世界正经历百年未有之大变局，全球的政治格局、舆论环境和传播秩序发生了深刻变革，同时在国际舆论场中仍然存在刻板偏见、极化言论和虚假信息，阻碍了国际社会对中国的真实了解。② 党的十八大以来，党中央高度重视中国话语体系建设。由此可见，构建与我国综合国力相匹配的国际话语体系，有效应对西方世界的话语霸权，已经成为具有国家战略意义的重要课题。

① 黄海，段泽孝. 中国道路的国际传播话语体系构建研究［J］. 河海大学学报（哲学社会科学版），2019，21（5）：15-21，105.

② 胡正荣. 新时代中国国际话语权建构的现状与进路［J］. 人民论坛，2022（3）：119-122.

一、构建中国话语体系的根本原则

相比国内传播，国际传播所面对的受众不仅规模更加庞大，在思维方式、价值理念、文化习俗等方面也存在很大差异。这就决定了国际传播既不能自说自话以自我为主，也不能简单地搞一刀切，应当充分考虑国外不同受众的需求和特点，进行分层传播，提高国际传播的针对性、精准性和实效性。因此，首要任务是考虑社会分层因素，在此基础之上构建分层的中国话语体系。

（一）马克思的社会分层理论

分层（stratification）原本是地理学的概念，指的是一层一层相连的岩石，在历经数千万年累计之后形成地壳。在社会学中，“层”指的是社会群体，“分层”指的是按照人们所拥有的不同资源，主要包括经济、政治、文化、社会、声望、公民和人力等七种重要资源，将全体社会成员划分成不同群体，常会表现出一定的等级特性。①

作为社会学的重要奠基人，马克思是第一个也是最重要的社会分层理论家。社会学的另外两位奠基人埃米尔·涂尔干（Émile Durkheim）和马克斯·韦伯（Max Weber），也是在对马克思的早期著作进行回应的过程中建构起他们的理论。马克思的社会分层理论，是以历史唯物主义和经济决定论为前提的。在马克思看来，从人类生产的物质条件入手，是了解人类社会的重要途径，因为人类社会的政治组织、家庭制度、宗教和意识形态等都取决于物质条件。相应地，人类在不同阶段的生产力和生产方式不同，其社会分层形态也就不同。

马克思认为经济方面的生产关系是社会分层理论的基础，社会分层形态是以生产方式为基础的，生产方式还决定了上层建筑。对此，马克思明确指出，各个人借以进行生产的社会关系，即社会生产关系，是随着物质生产资料、生产力的变化和发展而变化和改变的。生产关系总合起来就构成所谓社会关系，构成所谓社会，并且构成一个处于一定历史发展阶段上的社会，具有独有的特征的社会。古代社会、封建社会和资产阶级社会都是这样的生产关系的总和，而其中每一个生产关系的总和同时又标志着人类历史发展中的一个特殊阶段。

---

① 李春玲，吕鹏. 社会分层理论［M］. 北京：中国社会科学出版社，2008：导论5-6.

"意识形态"这个概念是马克思对社会科学的一个重要贡献，他认为，人类意识是社会的产物，人们在生产生活之中感知到与他人的关系，进而形成社会经验和意识。但是，在同一个社会中，人们的社会经验和意识不是同质的，而是根据人们所处的不同社会层次来进行划分的。在某个特定的生产方式中，控制着生产资料的阶层，也控制了生产和传播思想的机制，比如学校、传媒、教堂等。[①]由此可见，在社会分层体系中，文化才是最重要的资源，不同的社会阶层对文化资源的占有程度不同，不同阶层对文化资源的需求也不同。

（二）国际传播的分层表达

根据社会分层理论，可以将社会成员划分成精英层和大众层。立足国际传播视角，不同的社会阶层的传播需求以及对传播内容的关注点等具有较大差异。精英层占有的社会资源较多，可以通过多种渠道获取更多信息，加之他们接受过良好的教育，具有较高的文化素养，因此思辨能力更强，拥有比较固定的价值观和意识形态。相比之下，大众层占有的社会资源较少，教育程度和文化素养等受限，在同等条件下更容易接受外界信息。从经济发达国家进行国际传播的经验来看，他们常将大众层作为主要传播对象，将符合大众需求、市场认可度高的影视作品、流行音乐等作为重要媒介，比如，好莱坞电影、日韩电视剧等都属于此列。

我们在国际传播中，可以借鉴经济发达国家的相关经验，要充分考虑社会分层因素，善于运用分层化的话语。比如，在对外阐述脱贫攻坚重大主题时，除了引用官方已有的文件话语之外，还要注意创新大众话语，要从现实生活中选材，以富有感染力的故事打动人心。被媒体誉为"甜野男孩"的丁真就是成功的一例，丁真是生活在四川甘孜藏族自治州理塘县的藏族小伙，因为一条不到十秒钟的视频走红网络，成了顶级流量。但是他并没有迷失自我，还是保持着特有的淳朴和纯真，并且在为家乡代言，努力为脱贫攻坚事业做贡献，让人们看到了一颗珍贵的赤子之心。

提高国际传播的有效性，关键在于构建分层的话语体系，做好全球化表达、区域化表达和分众化表达。比如，以新华社的新闻话语实践为例，从新华社成立之初的与西方各大通讯社相抗衡，到在改革开放中通过参照西方构建中

---

① 李春玲，吕鹏. 社会分层理论［M］. 北京：中国社会科学出版社，2008：28.

国新闻的开放性和丰富性，再到逐步打破自我封闭和以自我为中心建构主体性的观念和做法，面向国际新闻市场传播好中国声音，加快与世界接轨。目前，中国新闻业正在朝向多重世界，重构中国性与世界性的关系，“既表现共在共享、关系理性的‘中国性’，又立于多元交往的‘世界性’，使‘中国性’朝向关联的世界、可协商的世界、混杂的世界、合作的世界、交往的世界。”①

以分众化表达为例，国际传播需要针对不同受众的需求，既要重视话题设置，也要重视提升传播内容质量，还要重视创新叙事手段与表达方式等。比如，对国外政治精英层传播时，可以围绕协商民主、民主集中制原则等政治性议题构建政治话语体系，语言风格应当比较正式，注重中华优秀传统文化价值观与人类共有价值观的互通互融，不断加强世界各国政治精英对我国政治体制、执政理念与政策方针的认识和了解。又比如，对国外文化精英层传播时，可以围绕思想性、思辨性内容构建学术话语体系，从理论上阐释清楚“中国为什么行、中国共产党为什么能、中国特色社会主义为什么好”，解析中国的经济高质量发展、供给侧结构性改革等，探讨中国治理模式与世界其他治理模式的异同。又比如，对国外网民、新媒体用户等大众层传播时，可以围绕丰富多彩的中国故事构建网络话语体系，在词语、句式、表达方式等多个方面要贴近网民的使用习惯，以具有科技感、创新性、国际化的方式塑造可亲可敬的中国形象。②

二、构建中国话语体系的传播策略

国际话语体系的构建是一项艰辛复杂的系统工程，不仅需要多元的渠道平台，也需要文化和制度具有较强的吸引力，还需要有意识形态和核心价值观的正确引领等。因此，新时代构建国际话语体系，需要将战略传播体系、制度文化基础与核心价值观紧密结合起来，三者相辅相成、协调推进。

（一）立体搭建国际传播话语体系

第一，增强战略传播体系的支撑功效。相比传统的国际传播体系，国际话

---

① 单波，李龙腾．中国新闻话语实践的中国性与世界性——以新华社为考察对象［J］．新闻大学，2022（1）：45-58，121-122.

② 林克勤．自我觉醒与形象重构：中国文化域外分层传播的向度解析［J］．现代传播（中国传媒大学学报），2017（7）：10-15.

语体系的构建需要进一步升级，关键是做好顶层设计和统筹规划，对国际传播的主体以及战略、战术、资源等进行融合、整合，形成有中国特色的战略传播体系。在具体落实环节上，应当借助不同传播主体的优势，综合运用人际传播、组织传播和大众传播等多种方式，提升国际传播的针对性，有效地应对国际传播中的种种问题、重重阻碍。如此一来，从顶层设计到具体落实，以立体化传播网络为战略传播体系提供支撑力量。为此，要完善国际传播人才培养体系，要加强人才队伍的建设，深入推进增强“脚力、眼力、脑力、笔力”教育实践，打造一支视野宽阔、站位高远、责任心重、执行力强的国际传播人才队伍。这就要求创新培养机制，增加拔尖人才的源头供给。比如，要推动重点媒体与地方党委、政府、高校、智库等深度合作，共同建设国际传播培训基地。要加快推动现有人才队伍向全媒记者、编辑和管理人才转型，培养一批融通中外的名记者、名评论员，一批精通新媒体产品制作传播营销的全媒体人才和一批熟稔国际传播管理的复合型管理人才。要不断加强国际传播教育，目前来看，我国只有部分高校开设了国际传播专业，包括中国人民大学、清华大学、中国传媒大学、北京外国语大学和复旦大学等五所高校设有国际新闻传播硕士项目，注重培养学生跨文化、跨语境的传播能力，为国际传播培养后备人才。[①]

第二，增强制度文化的内生力量。国际话语体系的构建是一个内生力量向外延展的过程，国际的制度、文化和价值观念等才是最重要的决定因素。要想构建稳固的国际话语体系，不仅需要拥有强大的综合实力，也需要拥有优越坚实的制度根基和博大精深的优秀文化，并且兼具道德人文伦理和普世价值理性的话语内核，以此消解西方狭隘的民族中心主义、利己主义等思维倾向。关于这个方面，需要我们以中华优秀传统文化为根基，加强对外话语的构建，具体来说，有三点需要注意：其一，要强调核心理念，坚守中华文化立场，传播中国价值；其二，要重视对外话语的融通，应当重视国际话语表达，探寻中华文化国际表达的新模式；其三，要强调话语创新，既要以大历史观和大时代观挖掘中国文化的当代价值和精神能量，也要融入现代元素赋能对外传播。[②]比如，近几年，国产动画电影《哪吒之魔童降世》《西游记之大圣归来》《姜子

---

① 曲莹璞．加快建设适应新时代需要的国际传播人才队伍［J］．对外传播，2021（10）：4-6，22．

② 刘英才．中华优秀传统文化对外传播的话语构建与实践路径［J］．出版广角，2022（5）：88-91．

牙》等，都有意识地对传统文化进行了创造性地运用和转化，不仅在场景设计中体现了中国传统美学的审美意境，将大量古典的山水画元素融入故事情境之中，契合了观众对神话故事的想象，也在色彩处理上展示了中国风格，将人物的性格以外显的不同色彩进行呈现，通过冷暖色调的碰撞使用，形成冲击力十足的视觉效果，实现了主题、内容和意蕴的融会贯通，引发了观众的情感共鸣。

第三，增强核心价值理念的导向作用。当前，我们处在一个意识形态多样、价值观念多元的社会。对于当代国家而言，国际传播实践实质上是关于一个国家主体的政治制度、民族文化、社会生活等多个方面的传播，而这些都是以价值理念为基础的。如果具备扎实稳固的价值观根基，国际传播实践必然会得到加持、顺利推进，反之，就会成为无源之水、无本之木。由此可见，在国际舆论场中，不同国家主体之间的竞争实质上是价值理念的竞争。一个国家的价值理念能否得到国际社会的认可，直接影响到其国际话语体系的构建效果。对于我国来说，一个能够超越种族、文化和意识形态界限，着眼于世界和平与发展，反映全人类共同利益和追求，具有全球性共识的价值观尤为重要，“人类命运共同体”理念的提出正逢其时，该理念源自共产主义的奋斗理想，中华优秀传统文化，以及当代中国的外交实践。在全球化进程中，中国的发展与世界的进步是相互促进的，发挥负责任大国的积极作用，包括举办中国国际进口博览会、拓展自贸区建设、完善外商投资法律、推动“一带一路”建设等，体现共商共建共享的全球治理观。其中，共商，指的是对于合作建设的基础设施和经济社会发展的各种项目，不是由某一方说了算，而要充分听取合作建设各方建议，共商而定；共建，指的是合作建设各方对于共同建设的项目，本着有钱出钱、有力出力、有策献策、有技献技的共建精神，切实做到同心协力；共享，指的是合作建设项目所取得的一切成果，都要按照公平公正的原则，由合作方共同分享。①

（二）多维度多层次开展分类传播

分层传播是依据各个传播要素的不同特点，分类实施有目的有针对性的传

① 滕文生．为实现新型国际合作开辟新道路［N］．人民日报，2018-03-08.

播，以此提高传播的有效性和实效性。[①]按照分层传播的原则，需要考虑分类传播，既包括话语主体分类，也包括话语对象分类。[②]

首先，需要对话语主体进行分类。目前，我国国际传播逐步形成了以《人民日报》、新华社、中央广播电视总台、中国国际电视台等央媒为先导，带动多方主体共同参与国际传播，旨在多维度、多层次构建立体化的大外宣格局。这就需要各大传播主体各司其职，在国际传播工作中充分发挥各自的优势和特色，对外展示生动立体的国家形象。具体来说，政府部门在开展国际传播时，不仅要及时公布国家大政方针，让国际社会明确了解一个国家的发展路径，也要及时回应国际关切，对于国际社会的疑惑要及时予以解答，对于国际社会的误解要主动澄清事实，对于来自外界的污蔑抹黑要勇于回击等，在传播国家意志和核心价值观上把好舵。外宣媒体在开展国际传播时，要及时对外报道国家的发展建设情况，特别是要做好国家经济建设、民生保障、生态保护等各个方面的新闻报道，真实体现出国家的核心价值理念。跨国媒体企业开展国际传播时，要主动对外介绍企业的发展理念，包括重视企业信誉、积极承担社会责任与企业标准化经营等，提升国外受众对企业文化的认同感。智库机构开展国际传播时，要推动高端学术研究成果，让国外受众深入了解国家政策和国家制度的理论内涵和内在逻辑。自媒体开展国际传播时，要打造特色鲜明的适合网络传播的优质作品，通过生动的“小而美”的个性化故事，展现自己对生活的美好追求与热爱。

其次，需要对话语对象进行分类。关于这个方面，学者们已经进行了大量的研究。比如，有的学者提出应当提升我国对外传播的有效性，这就需要改变过去大一统的对外传播格局，实施精准化、区别化、国别化的对外传播战略。[③]有的学者提出了内容、渠道与语境的三位一体传播策略，并且提出要注重语境问题，应当考虑国际社会的历史和现实语境，在融通中外的过程中寻找新概念、新范畴、新表达，实现对受众的精确传播和有效传播。[④]有的学者提

① 向志强，何文君. 中国对外分层传播目标国选择的理论与方法［J］. 湖南大学学报（社会科学版），2018，32（3）：149-153.

② 胡正荣，田晓. 新时代中国国际传播话语体系的构建：分层、分类与分群［J］. 中国出版，2021（16）：3-7.

③ 孟建，董军. 中国对外传播战略的现实困境与适时转向——兼论“中国威胁论”的缘起、发展和我们应有的策略［J］. 对外传播，2013（11）：34-36，43.

④ 刘笑盈. 国际关系转型中的中国外宣：目标和途径［J］. 对外传播，2015（9）：45-47.

出要进行精细化传播和一国一策传播，所谓精细化传播，讲的是在对外传播中要基于不同国家、不同受众，尽可能做到差异化传播和经济化传播。比如，丝绸之路经济带的地理位置极为特殊，位于全球最严重的争端地带，这里不仅是能源密集地带，也是战略枢纽地带，还是民族冲突地带以及宗教重叠地带等。所谓一国一策传播，讲的是在对外传播中要将传播对象进行细分，比如，沙特、伊朗、伊拉克、叙利亚、苏丹、也门、阿富汗、巴基斯坦等都是伊斯兰国家，但是各国的情况大不相同，需要多加关注。有的学者认为创新对外传播话语，首先需要明确反对西方中心论的话语霸权，维护广大发展中国家的话语权，在对外传播过程中，需要找到使国际社会易于理解的概念表达方式，将具有民族风格的国家话语转变为能够被世界听懂的国际话语。[①]

（三）构建中国特色的中国话语体系

在国际话语体系中，话语表达体系是其中心点，是事关中国国际传播话语体系能否取得实效的核心因素。换句话说，加快构建中国话语体系是提升中国国际传播能力的有效路径。坚持“四个自信”的话语权，寻求与西方国家价值观的平等对话，不仅是一个实践反哺理论的过程，也是一个理论指导实践的过程。一方面，需要坚实地走好中国道路，向世界传播中华民族对自身文化、制度等的坚定信念，另一方面，需要观照世界各国能够接受的话语体系等理论体系和学术话语体系。

首先，要想凸显中国特色，需要深挖中国独有的文化基因，坚守民族文化定位、社会主义核心价值观，推进当代文化实践等，构建能够强有力表达中国特色社会主义又具有普遍性的中国话语体系。一是要将中国特色社会主义文化融入对外话语体系，立足当代中国的文化实践、文化语境以及世界文化发展趋向，探索当代的根本问题，构建对外话语体系，形成对中国特色社会主义的解释力和引导力，促进其成为国际传播话语体系的重要组成。二是要发掘中国特色社会主义核心价值观对世界的普遍价值，构建中国话语体系，以此从根本上超越西方世界主导的国际传播秩序。这个过程注定不是一帆风顺的，而是要面临多重困难。构建中国话语体系的要点在于传播好中国声音、讲好中国故事，

---

① 张明．改革开放与中国话语的创新［J］．武汉大学学报（哲学社会科学版），2019，72（2）：12-21.

实现从传播中国经验向普遍性的知识架构的跨越，为全球治理贡献中国智慧。三是要从话语态度、话语表达、话语逻辑、话语传播战略与话语传播战术等多个方面加强顶层设计，用博大精深的中华优秀传统文化，展示中国话语的魅力，提升中国话语的亲和力，并将其转化为世界对中国特色社会主义的深入理解，提升国际社会的认同感。比如，获得第三十届中国新闻奖的人民日报评论《为建设普遍安全的世界注入正能量——回望上半年中国外交成就③》，用中国声音讲述中国外交方案，展现我国大国外交成果。文章条理清晰、语言平实、论说严谨，多处引用我国重大外交行动中的在国际关系、全球治理及相关方面的观点作为支撑。在新冠肺炎疫情全球蔓延的背景下，向国际社会阐释以和平发展为主线的中国立场，通过对中国新安全观和全球治理理念的深入解释，完善中国外交话语体系，展现了我国用实际行动引发国际友人认同和共鸣的大国责任与担当。又比如，第三十一届中国新闻奖特别奖作品《生死金银潭》是《人民日报》在抗疫初期、举国上下关注武汉新冠肺炎疫情之时重磅推出的新闻纪录片，真实记录了武汉金银潭医院中医护工作者与患者之间的生死时刻。该片运用大量镜头语言，力求记录中国最真实的抗疫斗争场景，讲述最真实的抗疫生活。作品聚焦国内外受众的情感共鸣点，有力反击了外部的一些污名化言论。该片还被制作成多语种、多版本在海内外各类平台发布，实现了境内外全渠道、全平台传播，展现了我国“人民至上、生命至上”的国家形象，是对外讲好中国抗疫故事的典范。又比如，第三十届中国新闻奖特别奖作品《我们走在大路上》，是一部向全世界讲述中国故事的专题电视报道。主创团队精心挑选上百个红色经典故事，实地拍摄大量素材，作品画面精美流畅，讲述风格朴实亲和，真实展现70年来中国几代人的坚守与对美好生活的艰辛探索，向世界展现了坚韧顽强的中国人民形象。节目首轮在中央电视台综合频道黄金时段播出，此后被译制成多国语言全球上映。作品运用纪实影像向国内外展现不畏险阻、一路求索的中国形象，报道内容既具历史厚度，又有社会温度，启迪人们安而不忘危、治而不忘乱，是向世界展示中国发展之路、讲好中国发展故事的典范。

其次，要想凸显中国特色，需要结合中国特色社会主义国际传播话语体系的价值观念以及上述内容，注重细节构建，不断完善中国话语体系。同时也需要了解西方媒体关于中国的表述。比如，21世纪以来，英国的BBC主动聚焦中国，制作了大量的中国题材纪录片，其话语呈现出从单一到多元、从观察到深度参与的特点，虽然对中国的态度日益积极，但是BBC非常重视掌握话语权，其对中国的话语态度的实质性并未改变。这就表明，我国要想更好地进行国际传播，需要以坚定的文化自信在与西方主流媒体的博弈中寻找话语秩序的转机，从而实现从话语能力向话语权力的升级。[①]具体来说，一是在元话语层面设计描述中国特色社会主义的理论与学术话语，夯实与西方世界进行平等话语对话的理论根基。西方世界之所以主导国际话语权，一个重要原因就是其话语进入了元话语层面，并且获得了世界上很多国家的认同和引用。我国要想在国际上拥有更多的话语权，需要让中国特色社会主义理论、文化等成为其他国家能够接受、运用的理论。二是推动中国话语表达从本土话语升级为世界话语，需要在话语表达的层次、思路、逻辑、方式等多个方面下功夫。伴随中国综合国力的不断提升，中国经验为国际社会所赞叹，这是具有世界价值的。所谓的中国特色，不能只局限在指导中国实践上，需要从中归总出一系列发展中国家独立自主获得发展的理论、方法等，应当是一套结合本国国情而灵活运用的科学理论体系。三是创新对外传播话语表达，使之不仅符合中国国情、具有鲜明的中国特色，也能为国外受众听得懂、听得进。需要坚持中华优秀传统文化走出去战略，对文化基因进行深挖和推广，与境外文化实现交流互鉴。比如，《星空瞰华夏》是由五洲传播中心和美国国家地理、英国Wild Blue Media联合制作的三集考古纪录片，分别讲述了长城、元上都、石峁古城的历史新发现。2020年，该片在美国首播，当天就在Apple News热搜榜单上位列榜首，覆盖全球超5亿收视家庭。该系列纪录片不是对中国历史文献进行简单的视觉化再现，而是在科学考古、探索历史的过程中，引入了卫星遥感成像、数字摄影测量、三维动画等现代先进技术，去揭示历史中湮没难见的内容与图景。对此，总编辑井水清表示，为提高该片对外传播的覆盖面、落地域和影响力，五洲传播中心精心采用立体、多元的传播策略，针对不同的目标受众因国（事、时）施策，有针对性地推送、分发和传播，并且在传播渠道上多方发力，既有传统媒体与新媒体相结合、大中小屏相结合，也有合作共建与自由频道相结合，还加大了对VR、云平台的技术创新等。

---

① 宣莉，王庆福. BBC纪录片的中国话语探析［J］. 当代电视，2019（6）：68-72.

第二节　国际传播中加快构建中国叙事体系

立足叙事视角，讲好中国故事，不仅有助于我国更好地解决在国际事务中遇到的障碍和困难，也有助于实现跨文化交流沟通的愿景，进一步提升国家所主导的国际传播能力。因此，加快构建中国叙事体系，已经成为国家进行国际传播的重要议题。

一、关于国家叙事策略的研究成果概述

关于国家叙事策略，有很多学者进行了探讨。总体来说，可以分为两种类型：一类是从国家宏大叙事视角出发，比如，有学者在梳理中国从借鉴苏联模式向借鉴新加坡模式的历史进程中提出，国家叙事主要是通过与不同外来经验的互动来形塑自身改革力量，其重心在于考量其中相互生成的动员机制。有学者认为应当围绕现实世界变化，从更加广阔、创新和务实的视角展开，结合全球治理与传播叙事，探索国家进行国际传播战略的理论空间。[①]有学者从国家-个人关系切入，认为关于中国的现代化叙事，是在欧洲现代化的参照之下构筑起来的历史想象。[②]有学者聚焦国际舆论场有关突发事件议题的话语争锋，认为在突发事件条件下，应当结合具体的个人生活与宏观的社会图景，构架公共叙事的逻辑、框架、内容与亮点等，是客观真实反映当下社会秩序全貌、增强国际话语权的有效方式。比如，《习近平领导中国战“疫”》是新华社撰写的一篇特稿，以新冠肺炎疫情暴发初期中国抗疫关键时间节点为线索，穿插习近平主席决策部署抗疫工作的故事，再现抗疫初期的真实情景，获得第三十一届中国新闻奖。该作品是在抗疫国际报道中的一次主动尝试，聚焦于国家领导人这一核心符号上，通过第一人称的叙述方式和真实的影像记录，展现领导人的忙碌，表达领导人对新冠肺炎疫情严重地区的担忧和对人民生活的牵挂。特稿以严密的逻辑和翔实的事实，系统阐述我国抗疫取得重要战略性成果及其背后

① 王昀，陈先红．迈向全球治理语境的国家叙事："讲好中国故事"的互文叙事模型［J］．新闻与传播研究，2019（7）：17-32，126.

② 杨君．个体化的中国叙事：个人与国家关系的历史变迁［J］．福建论坛（人文社会科学版），2019（10）：154-161.

所凝聚的努力与坚守，收到了良好的传播效果。又比如，CGTN推出的纪录片“The lockdown：One month in Wuhan”（《武汉战疫纪》），通过不同的个体故事展现出新冠肺炎疫情影响下中国武汉在抗疫期间的城市社会生活面貌。该纪录片不仅展现了被迫滞留武汉的游荡者、医院内的医护人员、疑似病患、志愿者等社会成员的个人故事，也客观呈现了城市居民的焦虑心态，真实地进行公共叙事，在国外新媒体平台上发布一个月，获得近2000万的观看量以及3万余条评论留言。可见，这种将社会生活的公共性与个人生活的个体性相结合的方式，构建出公共叙事下民众的真情实感，获得了认同。①

另一类是从具体个案视角出发，比如，有学者以网络视频为研究对象。伴随视听媒介与新媒体传播的深度融合，产生了新的知识形态，促进了产业实践的飞速变化，不仅成为国际传播的最新研究热点，也成为新时代中国国际传播的创新领域。网络视频作为一种新型的传播形式，在近十年以来获得了快速发展，从较早的闪客动画到拍客行动，从网综网剧到短视频，逐步呈现出万物互联的媒介景观。从这个意义来看，网络视频不仅重构了用户的娱乐时空观、媒体体验以及知识分享等，也重构了新媒体时代的叙事逻辑与文化图景。②又比如，有学者以我国人权叙事作为研究对象。当前，人权已经成为全球性话语，我国的人权观念是经历了长时间考量的，即从实现温饱、小康社会、人的尊严、人民幸福以及美好生活等目标密切相连的演进脉络，形成了一套关于我国人权的理念，这是对世界人权话语的贡献。讨论人权问题，首先应当准确把握人权的内涵，要依据历史条件、社会现实与人的本质等多个层面，将其视为发展的观念，并且将政治、经济、社会等内容系统纳入到人权话语中去，不断完善相关理论，构建具有包容性和开放性的人权理论体系。③

二、案例分析：中国减贫成就国际传播的叙事研究

党的十八大以来，中国的减贫事业取得了举世瞩目的成就，中国832个贫困县全部摘帽，现行标准下近1亿农村贫困人口全部脱贫，提前10年实现了联

---

① 赵贺，鞠惠冰．话语空间与叙事建构：论突发事件国际舆论场域中的中国话语权［J］．现代传播（中国传媒大学学报），2020（12）：51-55.

② 吴炜华，张守信．视听微叙事的中国立场与文化图景［J］．中国出版，2019（24）：3-8.

③ 周力．从实现温饱到美好生活的中国人权叙事［J］．现代法学，2019，41（6）：20-27.

合国2030年可持续发展议程的减贫目标。中国减贫报道作为国际传播中的重要载体，已经成为向世界展示中国减贫故事的一道靓丽风景线。概括来说，中国减贫成就国际传播主要有以下几个特点。

第一，在叙事主体上，从主流媒体报道到多元叙事主体联动，拓展叙事主体的维度。在塑造叙事主体时，中国减贫报道转变了过去打造传播主体的官方形象，偏重打造传播主体的非官方形象。比如，强化非政府组织、社团组织、学术团体、公民个人等作为国际传播的主体，凸显其传播的、平等真诚的诉求。在这个过程中，值得关注的有三点：一是强调非官方主体，并非不需要官方主体，要避免从一个极端走向另一个极端；二是强调对目标受众的适应，并非要放弃中国文化价值的主体性，应当力争实现双向融合、多向传播的效果；三是强调后现代表达，并非要否定理性的阶梯，应当将碎片化网际信息作为国际传播的有益补充。[①]比如，荣获第二十九届中国新闻奖二等奖的融媒体创意互动作品《苗寨“十八”变》，它反映了小山村在脱贫攻坚中发生的变化，创作者采用全知视角进行零度聚焦，调用丰富多元的叙事元素，全面立体地讲述新闻故事。这种报道方式的优势在于能够直接展示空间，包括客观呈现外部的空间以及主观呈现被感知的空间，而且没有固定的叙事视角，可以根据传播效果需要随意切换观察点，不受视域限制，能够洞察事物的方方面面，能够更好地满足受众的在场体验需求。

第二，在叙事主题上，寻找中国减贫与国际减贫的结合点。叙事主题是呈现中国与世界建立连接的关键，中国以8年的减贫探索表明，中国的减贫经验对国际社会减贫事业具有重要的借鉴价值。可以说，中国在减贫实践中形成了一套有中国特色的减贫经验，并且向世界积极贡献中国的减贫方案。比如，成立了中国国际扶贫中心，建立了中国–东盟社会发展与减贫论坛，成立了中国国际发展知识中心等，同时提出设立南南合作援助基金和南南合作与发展学院，建立以合作共赢为核心的新型国际减贫交流合作关系，着力实现多元自主、可持续发展等国际减贫合作新机制。[②]基于此，中国减贫报道的根本出发点是加强与国际社会减贫事业进行交流互鉴、经验分享以及情感动员等，推动

---

① 刘俊．论融媒时代中国影视国际传播力提升的十个创新理念［J］．东岳论丛，2020，41（9）：87-96.

② 张琦，孔梅．理解中国减贫的世界意义 讲好中国减贫经验和故事［J］．对外传播，2020（5）：44-46.

国际经济社会健康发展。中国减贫报道的观念调适，是扎根于人类命运共同体的理念，强调中国减贫经验、展示国际合作意向与服务全球减贫事业等内容的比重，并且以其作为中国减贫国际传播的主要路径，在叙事主题上寻找中国减贫与世界减贫之间的最大公约数，拓展减贫报道的传播空间。

第三，在叙事焦点上，注重挖掘中国减贫对国际社会减贫的借鉴意义。中国减贫的核心理念是共享发展，即让世界贫困人口分享中国减贫成果，特别是为发展中国家提供可借鉴价值。2021年2月28日，国家高端智库向全球发布《中国减贫学》智库报告，该报告将中国减贫经验概括为：坚强领导、细绘蓝图、发展导向、数字管理和分级实施等五个方面，并且详细地提出，中国创造性地拓展了“益贫市场”机制，“有为政府”这一“看得见的手”是必不可少的“赋能之手”，通过提出“六个精准”“五个一批”，系统解决了扶贫中“扶持谁、谁来扶、怎么扶、如何退”等根本问题，被外国学者认为是具有世界意义的。为此，一批国际友人纷纷来到中国参观学习，比如，老挝领导人本扬亲自到湖南十八洞村走访并了解精准扶贫经验，巴基斯坦正义运动党领导人卡西姆·苏里率团考察江西的扶贫经验，马里财政部、卫生部等多名官员组成考察团深入广西农村考察减贫工作方式，津巴布韦公务员署的考察团到山西运城参观果蔬基地等。在相关报道中，我们多是借鉴“他者”叙事视角，以外国人学习中国减贫经验的实践来构建中国减贫故事，进而增强了中国减贫方案海外传播的影响力和感召力。

第四，在叙事话语上，尝试从政策解读向故事讲解转化，增强扶贫政策的置换功效。传统的国际传播中，国际传播与国内传播比较相似，重点在于对国家政策的解释，在外显形式上主要以文件解读、会议报道等时政新闻见长。步入新媒体时代，短视频成为社会化自媒体生产的重要方式。就新闻类短视频而言主要有两种制作手法：一种是截取新闻现场的高潮片段，运用动画、文字快闪等增强信息密度，发挥放大镜效应；另一种是把长视频拆条分发，使每条短视频既彼此独立，又与新闻故事存在不同角度、不同维度的关联，强化垂直内容的聚合效应。由于短视频内容具有碎片化、视觉化、具象化等特点，它比较容易与移动用户产生交互，增强用户的体验感。因此，在中国减贫成就国际传播中，运用短视频手段，将抽象化的减贫政策化简为一个个具体生动的扶贫故事，更加符合国际化的传播规律和国际受众的信息接收习惯。比如，《百天千万扶贫行动》《十八洞村龙金彪的Vlog | 脱贫之后》等报道围绕我国的精准扶

贫方略，采取Vlog第一视角，全景式深描脱贫群众的幸福生活，并将叙事者、聚焦者及行为者合三为一，让受众直接接触行为者，聆听他们的脱贫故事。

第五，在叙事情感上，注重中国减贫报道的人本化呈现，引导受众产生共情效应。共情（empathy）这个概念是舶来品，又被翻译为“同感”“同理心”等，最初是由英国心理学家爱德华·布雷福德·铁钦纳（Edward Bradford Titchener）从德文单词“einfühlung”翻译而来，它的内涵由诠释艺术品与观察者之间的关系拓展至交互主体范畴，特指对他人行为的内部模拟。该词引入新闻传播学之后，是指以身体空间为必要前提，包含动作或行为的感觉、情绪与感受在内的复杂心理活动，主要有两层含义：个体与自我的主体性同在，个体浸入并接受他人经验。在一般情况下，共情主要发生在自我与他人的交互活动中，主要通过调动文字、图片、音视频等多种媒介手段，让不同叙事主体在交互过程中实现共情效应。比如，在当下的融合新闻报道中，共情主要体现为两种情况：一种情况是聚焦叙事主体，要求其身体和认知同步抵达新闻现场并接触新闻事实，这既是一种身体与心灵的双重在场，也是一种新的在场叙事形态，有利于再现新闻事实并深挖价值底蕴。另一种情况是聚焦叙事主体与用户的交互关系，通过发挥重新介入、再造及调整等多重新闻叙事功能增强现实，为用户带来更逼真的沉浸式新闻体验。值得关注的是，相比传统新闻叙事中的故事空间，基于融合媒介营造的故事空间更加真实可感，无论从客体、尺度还是从种种关系来看，它与真实世界中的情形都最为相似且逼真，能够让用户潜身于特定境界或思想活动中，深化他们对新闻事件的理解。实践证明，在减贫报道中通过共情手法的灵活运用，将国家减贫精神寄托在个体命运身上，能够有效提升减贫报道的国际传播效果。比如，纪录片《2020我们的脱贫故事》第一集《从赵家洼到广惠园》，该片开始部分展现的是山西贫困户坐在一起看电视，通过“习主席瘦了，咱是胖了”的言语表达，让减贫故事更加真实生动、可亲可感。[①]

第六，在叙事效应上，强调中国减贫报道交互主体性的纵深建构，实现国际传播的共享效应。立足叙事学视角，共享是多个叙事主体彼此间通过交互作用而生成的独特品质，正如意大利神经生理学家维多利奥·加莱塞（Vittorio

① 牛慧清，丁韬．论中国脱贫攻坚纪录片国际传播的叙事逻辑［J］．现代传播（中国传媒大学学报），2022（3）：99-107.

Gallese）提出的共享的多重交互主体性。[①]对此，他还详细描述了这一形成过程：当行为主体观察到他人的一些具体活动时，行为主体所能够直接接触的是他人的行为方式以及他人表露的情绪所形成的表达系统，从而一个有意义的交互个体性联系就会自动建立，使得行为主体可以共享他人的感受与情绪。对于多个行为主体而言，他们不仅具有交互个体性，也具有同一性，包括自我与自我主体的同一性、自我与他人的同一性等，在此基础之上，就会形成共享的多重交互主体性。由此可知，共享是建立在同一性基础上的，同一性是增强共享的多重交互主体性的关键。比如，《中国日报》推出的短视频专题报道《老外看小康中国》荣获第三十一届中国新闻奖媒体融合奖项一等奖。2020年是我国决胜全面建成小康社会之年，如何向全球受众特别是英语国家受众讲通“全面建成小康社会”这个独具中国特色的词语，是中国日报创作团队着力思考解决的问题。创作团队在面对新冠肺炎疫情防控带来的实地采访困难等瓶颈时，选择创意性结合现场实拍、动画、人物采访等多种形式。《老外看小康中国》运用寓言故事的方式使抽象的理念具象化，推动“全面建成小康社会”这样一个宏大的叙事主题更加生动形象接地气。《中国日报》新媒体中心主任柯荣谊在谈及这部由三个故事组成的主旋律外宣纪录片时表示，团队于2017年推出的《“一带一路”睡前故事》取得的良好传播效果给予了他们寓言故事的创作灵感，通过讲述人们普遍关心的话题来切入，以尽量有趣的方式向海内外受众讲述中国发展之路对全人类发展模式的启示。《老外看小康中国》这部总时长不到8分钟的纪录片共登上微博热搜话题榜4次，微博开机屏1次、知乎视频热榜3次；总传播量累计破亿，海外社交平台超1000万次，引发大量账号转载转发以及中外网民热议，为此中宣部《新闻阅评》评价该片：依靠精心策划和精良制作吸引受众观看，启发受众思考，再配合灵活的传播方式通过多平台触达受众，不失为主旋律外宣的一个样本。

① 陈巍，何静．镜像神经元、同感与共享的多重交互主体性——加莱塞的现象学神经科学思想及其意义［J］．浙江社会科学，2017，No.251（7）：91-97，158.

思考题

1. 马克思的社会分层理论是什么？
2. 分层传播是一种怎样的传播模式呢？
3. 分类传播主要有哪些类型呢？
4. 请列举一两篇关于国家叙事策略的学术论文，并且概述其主要论点。
5. 请列举一两个国际传播的成功案例，简要分析其在叙事上的创新点。

第九章

国际传播与讲好中国故事

置身全球化语境中，中西方对“中国”一词的理解存在巨大的差别。究其原因，包括主客观两个方面：客观上，中西方文化价值观、历史传统、意识形态等存在很大差异，加上近代以来中国长期推行闭关锁国政策，与外界存在较大的隔膜；主观上，西方世界长期对中国乃至整个东方存有歧视和偏见，特别是在冷战思维影响下故意歪曲，甚至是污名化、妖魔化，近年来面对中国的快速发展感到恐慌和焦虑，影响了当前中国故事的传播实效。在这里，我们首先要明确“中国”的含义，中国是一个由历史上不同的地区、不同的民族逐渐形成的具有文化共同体特质的主权国家。①

第一节　国际传播中讲好中国故事的重要意义

中国故事是丰富多彩的，是具有强大吸引力的。立足全球化背景，讲好中国故事至关重要，事关中国的文化软实力与国际话语权的有效提升，事关中国如何坚定文化自信、更好地向世界传播中华优秀传统文化，事关中国如何更好地参与全球治理、贡献中国智慧与中国方案等。在国际传播中，讲好构建人类

---

① 陈先红，宋发枝.“讲好中国故事”：国家立场、话语策略与传播战略［J］. 现代传播（中国传媒大学学报），2020（1）：40-46，52.

命运共同体的故事，讲好加强“一带一路”建设的故事，讲好打赢脱贫攻坚战的故事等，不仅有利于提升我国的国际传播能力建设，也有利于展现中国的国家形象，还有利于外界更加全面客观地认识和了解中国。

一、增强我国的国际传播能力建设的需要

党的十八大以来，从国家层面加强了国际传播的顶层设计，已经构建起对外传播的网络体系，同时也要认识到，解构西方话语霸权、构建中国话语体系是时代赋予我们的重要责任。目前来看，西强我弱的国际舆论生态还没有得到根本改变，西方国家以民主、自由、人权等普世价值占领着道义高地，对发展中国家进行意识形态划界，大搞价值观输出。①随着中国国家实力的不断提升，西方媒体常以有色眼镜看中国，在国际上掀起所谓“中国威胁论”的负面声音，使得许多国外公众对中国产生了误解。这些误解的形成，除了大国单边主义和冷战思维的影响之外，更多的是由于信息传播的不对称所造成的。②目前，我们还面临有理说不出、说了传不开的问题，国际传播能力建设有待不断加强。讲故事能够超越传统的文化隔阂，运用全球各国人民喜爱的通用语言，具有联结中外、沟通世界的心理认同基础，可以说是国际传播的最佳方式和有效方法。③中国故事是中华民族这个多族群共同体生活中的事件及其过程的记录形式。讲好中国故事，根本在于加强国际传播能力建设，要谋好局、布好篇，关键在实现有效传播。瞄准中西方在传播方式上的区别，要加强分众传播、精准传播，逐渐实现机构、人员、内容和平台的本土化，打造更多符合海外受众接收习惯、满足他们需求的新闻产品和媒体服务，形成中国声音的国际化表达和在地化传播。此外，还要坚持国际视野，加快建设国际一流媒体，善于借力海外媒体，优化国际传播资源，用好新型媒体，实现线上线下紧密结合，有序提升国际传播能力。

二、塑造可信可爱可敬国家形象的需要

很长一段时期以来，中国的国家形象他塑远远大于自塑，在国际社会中面

---

① 陈映锜．牢牢把握讲好中国故事的话语权和主导权［J］．当代传播，2022（1）：71-73，86.

② 姚旭，展姿．讲好中国故事 塑造国家形象［J］．新闻爱好者，2017（2）：79-81.

③ 黄良奇．新时代讲好中国故事：价值引领、议题方略与对外传播意义［J］．当代传播，2019（5）：54-60.

临着“讲什么、怎么讲、跟谁讲”的事实困境。迈入新时代，中华民族已经深刻认识到落后挨打、贫困挨饿、失语挨骂的沉痛教训，我们需要讲好中国故事，不仅要讲好中华民族5000多年来文明发展的故事，也要讲好中华民族从站起来到富起来再到强起来的故事，努力传播当代中国价值观念。当代中国价值观念，就是中国特色社会主义价值观念，代表了中国先进文化的前进方向。我国成功走出了一条中国特色社会主义道路，实践证明我们的道路、理论体系、制度是成功的。要加强提炼和阐释，拓展对外传播平台和载体，把当代中国价值观念贯穿于国际交流和传播方方面面。在国际传播中，需要通过讲好中国故事，努力减少国际舆论场域中客观上存在信息输入输出的逆差，软硬实力的落差，中国真实与西方印象的反差。习近平主席还强调，要注重把握好基调，既开放自信也谦逊谦和，努力塑造可信、可爱、可敬的中国形象。可见，国家形象必须进行自塑，中国故事必须自己讲述，既要注重宏观展示，深耕中华优秀传统文化的精髓，深挖中国特色社会主义和改革开放的独特优势以及参与全球治理的中国智慧等，深入思考中华民族对国际国内两大发展态势的把握与思考，也要注重微观呈现，表述好中国故事中丰富多彩的人物、事件、时空和情景等。真实的故事最能够吸引人，真诚的态度最能够感染人，坚持自己讲与别人讲相结合，真实、生动地讲述中国故事，将中国道路、中国精神、中国文化等融入中国故事讲述之中，不仅要讲清楚事实，讲明白原则，讲透彻道理，也要使得讲述充满亲和力，充满活力，充满吸引力。

三、促使外界认识全面真实立体的中国的需要

国际传播的最终目的在于让外界对本国情况形成一个全面认知与良好评价，这主要是通过该国与国际之间的政治、经济、文化、军事、科技等沟通交流实现的。故事是关于一系列真实事件的讲述与呈现，其本身就是一个内涵丰富、复杂而又系统地在一个序列上紧密相连又具有一定规律的事件，讲故事是提升一个国家国际传播实效的重要手段。[①]讲好中国故事，是一个与世界他国文明进行交流互鉴、创造先进文化的过程。在这个过程中，能够向世界广泛传播中国声音，比如，弘扬中国博大精深的优秀传统文化、缤纷多彩的民俗风情

---

① 姚旭，展姿. 讲好中国故事 塑造国家形象［J］. 新闻爱好者，2017（2）：79-81.

等，吸引外国受众了解中华文化，帮助国外受众消解对中国文化产生的误解。比如，展示我国改革开放以来的经济发展情况，脱贫攻坚取得的成就等，不仅要讲好政府的故事，更要讲好民间的故事，精选有温度、有品质的优秀素材，展现中国人民勤劳奋进的态度和充满活力的中华民族形象，帮助国外受众看到真实生动、原汁原味的当代中国社会。讲好中国故事要讲究方式方法，结合国外受众特点，注意语言运用得当，让国外受众深入了解中国的和谐外交政策，逐渐解构消解西方媒体炒作的中国崩溃论、中国傲慢论等不良言论所造成的负面影响。对此，习近平主席指出：要创新对外话语表达方式，研究国外不同受众的习惯和特点，采用融通中外的概念、范畴、表述，把我们想讲的和国外受众想听的结合起来，把“陈情”和“说理”结合起来，把“自己讲”和“别人讲”结合起来，使故事更为国际社会和海外受众所认同。由此可见，通过讲好中国故事，既可以不断提升中国良好的国家形象，也能够让世界看到一个全面、真实、立体的中国，更好地促进外国受众对中国的认知、认同和好感。[①]比如，获得第三十二届中国新闻奖一等奖的《观中国》系列报道，是引导世界人民了解真实中国的优秀力作。该作品邀请多位国际知名专家学者就中外热点话题深入探讨，分享各自对于中国发展硕果背后根本逻辑的观点，以此向世界阐明中国的发展路径和方向。首篇作品是邀请法国著名汉学家汪德迈（Léon Vandermeersch）以“外眼看中国”的方式引导海外受众认识可信、可爱、可敬的中国形象，该系列报道共有六篇，均以客观并且具有深度的视角，有效地回应了长久以来国际社会对中国的关切和疑问，收到了良好的传播效果。

第二节　国际传播中讲好中国故事面临的挑战

目前，我国的国际传播能力建设取得了长足发展，但是在讲好中国故事方面，仍然有较大的提升空间。从国际传播实践来看，有待提升文化传播能力，淡化宣传色彩，丰富发声渠道，完善话语体系建设等；从国际传播形势来看，仍需提高叙事传播能力，加速打造中国话语体系和叙事体系建设；从国际传播

① 张铤. 讲好中国故事的时代价值与传播策略［J］. 中国出版，2019（13）：54-57.

效果来看，仍需提高国际传播能力，特别是兼修内功与外功，提高中国故事传播的精准性、实效性等。这些问题，有的是外部因素造成的，有的是内部因素造成的，有的是历史遗留问题，有的是后天习惯养成的，有的是现实催生出来的，都是在讲好中国故事过程中随时可能面临的挑战。

一、来自外部环境的挑战

伴随国际格局的东升西降，国际舆论场的争斗变得异常激烈。近年来，一些西方国家通过多种手段来压制中国声音，与此同时，针对中国的污名化力度也在逐渐加大。比如，美国参议院外交关系委员会通过了《2021年战略竞争法案》，计划每年投入3亿美元用于传播抹黑中国的负面信息。[①]美国还利用《外国代理人登记法》和《外交使团法》，多次对中国媒体驻美机构和人员采取打压和歧视做法，致使新华社、中国新闻社、中国国际电视台、《人民日报》、《环球时报》等9家机构驻美人数大幅削减。2020年，美国国务院宣布自3月13日起将作为“外国使团”列管的5家中国媒体驻美中国籍员工数量削减60人，削减比例达40%，变相驱逐中国驻美记者。又比如，澳大利亚的情报人员突然对中国驻澳记者住所进行突击搜查，并且还长时间地盘问记者，同时要求记者不将此次搜查的事情说出去，严重侵犯了中国驻澳记者的正当合法权益。这种压制还蔓延到新媒体领域，中国媒体的海外媒体账号受到一系列打压和限制，比如，美国政府对Tik Tok和微信进行封堵，Twitter取消了帖文推广，将中国开设的Twitter官方账号和个人账号贴上“中国国家媒体”标签，脸谱限制播发内容等。[②]相比过去的国际传播重点依靠传统主流媒体关于社会认知、情感塑造等功能，未来的国际传播将升级为依托社交媒体的个体交互、强化体验等功能，强调社会性数字化生存适应。旧的传播秩序逐步退场，新的传播格局正在重构，在这样的国际背景之下，一些西方国家借机发挥，不顾中国为世界进步和发展贡献力量的事实，肆意造谣诋毁，自2020年以来，西方主流媒体借助新冠肺炎疫情散播有关疫情起源、感染人数、人权状况等问题的反逻辑、反科学、反常识言论，引导民众重构冷战意识，加深意识形态对抗性话语建构。可

① 陈怡. 向世界讲好中国故事：核心点、切入点、创新点［J］. 中国记者，2021（10）：6-9.
② 同①.

见，这些都对我国的国际传播形成了挑战。

二、来自内部环境的挑战

开展国际传播，对内首先要完备文化自觉和文化自信。20世纪末，费孝通先生提出了文化自觉的命题，在他看来，唯有对自身民族文化的发展历程、思想精髓和文化贡献始终保持清醒的认识和充分的自觉，才能真正建立起一个民族应有的文化自信。目前来看，坚定文化自信具有至关重要的现实意义，这不仅事关文化的繁荣兴盛，也事关中华民族的伟大复兴。可以说，要激发全民族文化创新创造活力，建设中国特色社会主义强国，就必须具备高度的文化自信。十九大报告指出，中国特色社会主义文化，源自中华民族5000多年文明历史所孕育的中华优秀传统文化，熔铸于党领导人民在革命、建设、改革中创造的革命文化和社会主义先进文化，根植于中国特色社会主义伟大实践。迈入新时代，需要我们坚定文化自信，首要任务是深挖中华优秀传统文化的基因，通过普及传播，使之成为培养中国精神、激发中国创造的强劲动力。2017年印发的《关于实施中华优秀传统文化传承发展工程的意见》明确指出：到2025年，中华优秀传统文化传承发展体系基本形成。目前来看，主流媒体非常注重中华文化的传播，先后涌现出一批精品栏目，比如，中央电视台的“开学第一讲”“中国诗词大会”“开讲啦”等，以及地方电视台丰富多彩的文化栏目。在中秋节、春节和元宵节等重大传统节日，他们都会集中推送与节日相关的各种文化大餐，让人们从中感受到美好生活的甜美，祖国山河的秀美以及民族文化的精彩。近年来，我国的文化环境正在得到改善，文化自觉得到了大幅提升，文化自信得到了有力增强，同时也应该看到，我们在对外讲故事、对外传播技巧等方面还有待进一步加强，比如，还没有做到细分场域，将国内话语等同于国际话语来使用，我们习惯使用这样的报道术语建立对外开放的桥头堡和前沿阵地，如果将其运用到国际话语中就会引起周边国家的警觉与不适。又比如，我们所使用的“汉语国际推广”这样的字眼属于硬传播用语，无法体现出双主体的对等性，很难得到对象国青睐的软交流，如此一来，很容易为所谓“中国威胁论”和中国傲慢论制造口实，影响国际传播效果。[①]

---

① 陈映锜. 牢牢把握讲好中国故事的话语权和主导权［J］. 当代传播，2022（1）：71-73，86.

第三节　国际传播中讲好中国故事的策略

概括来说，讲好中国故事需要几个重要步骤。首先，需要重视国际社会的倾听需求，把握目标受众的特点、习惯等，以此作为出发点，做好中国故事的议题设置。其次，需要将中国故事的文化要素进行融合，将中国故事叙事进行网络融合，将传播媒介进行平台融合等，促进中国故事世界的体系化、系统化，实现立体化的中国故事传播。最后，需要经由口头、文本、音频、视频等多种媒体传播手段，向世界提供源源不断的、充满情感能量的、具有中国观点的故事流，确保中国国际传播话语体系的同一性，不断提升国际传播能力。①

一、从文化层面讲好中国故事

中西方本源的差异在于文化的差异。文化是人类在处理人和世界关系中所采取的精神活动与实践活动的方式及其所创造出来的物质和精神成果的总和，是活动方式与活动成果的辩证统一。②文化是一个不断发展、创造、创新的过程，它不仅包括丰富的内容，比如哲学、宗教、科学、技术、文艺等，也具有客观自在的发展规律，是在一定的意志驱动下、一定的思想指导下由人发挥其能动性创造出来的。正如恩格斯说的，马克思主义“和任何新的学说一样，它必须首先从已有的思想材料出发，虽然它的根源深藏在物质的经济的事实中。”③文化的创造，既受到已经积累起来的思想材料的影响，也受到经济事实的影响，体现出鲜明的积累性。需要注意的是，虽然历史唯物主义并不否认精神动力对文化发展的能动作用，但并不意味着可以将精神动力当作影响文化发展的终极因素，也不能无限夸大精神的能动作用，否则就可能会陷入历史唯心主义。因此，文化研究应该遵循实事求是原则，如此一来才能越来越接近真理。

中西文化的差异是多方面的，表现在人与自然的关系与家庭关系等。以人

① 陈先红，宋发枝．讲好中国故事的融合叙事策略［J］．新闻与写作，2019（5）：43-47.

② 张岱年，程宜山．中国文化精神［M］．北京：北京大学出版社，2015：导论2.

③ 马克思恩格斯选集（第3卷）［M］．北京：人民出版社，1979：404.

与自然关系为例，西方文化强调征服自然，比如，培根提出的“知识就是力量”，在他看来，为了在行动中更好地支配自然是人类追求科学的目的。又比如，笛卡尔认为了解一切物体的力量和作用，就能够在一切适合的地方充分利用这些力量和作用，使得人类成为自然的主人。对此，马克思曾经评价说：“笛卡尔和培根一样，认为生产形式的改变和人对自然的实际统治，是思维方式改变的结果。”[①]中国文化重视人与自然和谐相处，主要以《周易大传》提倡的天人协调说占主导地位，认为人类是自然界的产物，属于自然界的一部分，强调人对于自然既应有所因任，又应有所改造，人既应遵循自然规律，又应发挥自己的能动性。[②]以家庭关系为例，中国文化以家族为本位，强调个人的职责与义务。西方文化以个体为本位，注重个人的自由和权利。对此，在五四时期，李大钊曾经进行过明确解释：南道之民族因自然之富、物产之丰，故其生计以农业为主。其民族为定住的。北道之民族因自然之赐予甚乏、不能不转徙移动，故其生计以工商为主。其民族为移住的。唯其定住于一所也，故其家族繁衍；惟其移住各处也，故其家族简单。家族繁衍故行家族主义；家族简单故行个人主义。[③]

从文化演进历程来看，中国在悠久的历史中形成了独有的文化基因。有的学者将中国文化精神的核心要义概括为七个方面，分别是：文明之初的创造精神（人文化成），穷本探源的辩证精神（刚柔相济），天人关系的艰苦探索精神（天人之际），人格养成的道德人文精神（厚德载物），博采众家之长的文化会通精神（和而不同），以天下为己任的责任精神（经世致用），中华文化在近代的丰富与发展（生生不息）。[④]有的学者认为中国文化是一个包含诸多文化要素的统一体系，主要有四个方面，分别是：刚健有为——处理各种关系的人生总则，包括自强不息和厚德载物两个方面，和与中——主要解决人与人的关系，比如民族关系与人伦关系，崇德利用——主要解决人自身的关系，即精神生活与物质生活的关系，天人协调——主要解决人与自然的关系。[⑤]

---

① 张岱年，程宜山. 中国文化精神［M］. 北京：北京大学出版社，2015：42.
② 同① 45-46.
③ 李大钊. 东西文明根本之异点［J］. 言治，1918（7）.
④ 张岂之. 张岂之谈中华优秀传统文化［M］. 南京：江苏人民出版社，2019：157.
⑤ 同① 14-15.

中国的文化讲述在一定程度上受到中国文化潜移默化的影响，融合了自然、社会、民俗、神话等多种文化要素，并且以极大的兼容性使得中国叙事呈现出独有的审美意蕴。比如，《水墨徽州》是第三十届中国新闻奖国际传播专题二等奖获奖作品，该视频的总时长约28分钟，于2019年在英国天空电视台首播，累计收视人群超过1000万，获得了海外受众的一致好评。该视频主要分为几个章节：风水的秘密，祠堂，信仰的依托，一砖一瓦皆文化，寻味山水间，通过对徽州的历史建筑、文化传说、民风民俗等多个方面的叙述和刻画，有效传播了中国的“和”“善”“包容”等传统文化思想。《水墨徽州》能够取得较好的国际传播效果，主要得益于以下两点：一方面，展现优质内容，做到内容为王。该片所选取的徽州无论是自然景色还是人文景观都十分引人入胜，通过细细寻访，促使受众深入了解人文景观背后所蕴含的文化精髓，相比官方宣传说教式的表达方式，更适合当前的网络传播环境，因此取得了良好的传播效果。另一方面，选取合适渠道，便于内容落地。该片在英国天空电视台播出，并在多个视频网站和社交媒体平台上铺开，使得优质内容得到最大限度的送达，可以说，这是一次成功的对外传播案例，将中国文化的内核和理念对海外受众进行了有效阐释。

二、从叙事层面讲好中国故事

不同国家之间在风俗习惯、传播情境、语言表达等多个方面存在差异，任何一个国家在对外传播、塑造形象的过程中，倘若一味地以本国语言进行传播，就会产生传播隔阂与障碍，无法准确地传情达意，同时容易被一些别有用心之人加以恶意曲解和利用，传播不当言论，损害国家形象。同理，想要讲好中国故事，自说自话的叙事模式很难获得其他国家受众的认同，应当做好他者叙事，减少传播障碍，学会换位思考，多从他国受众视角组织语言进行信息传播。

我们知道，新闻叙事是一种特殊的叙事方式，一直以来都力求客观公正地呈现事实真相，但是在新闻实践中，由于新闻主体、新闻背景、新闻资源等复杂环境的差别，使得新闻叙事与文学叙事一样，都会具有一定的倾向性。如果这种倾向性是保持在一定的范围之内，则是合理的，反之，如果这种倾向性超出了合理范围，就会不可避免地影响新闻的可信度。因此，为了确保客观性和公正性，国际传播多采用“他者”叙事视角。“他者”（the other）是一个舶来词，最初是哲学术语，是由法国哲学家笛卡尔最早提出来的，将“我者”与“他者”作为独立个体进行了区分。德国哲学家埃德蒙德·胡塞尔（Edmund Husserl）认为，每个人都有自己的位置并从这个位置上去看周边的事物，而且每个人将因此而看到不同的事物显相。……尽管如此，我们与我们的邻人相互理解并共同假定存在着一个客观的时空现实，一个我们本身也属于其中的、事实上存在着的周围世界。[①]法国哲学家莫里斯·梅洛-庞蒂（Maurice Merleau-Ponty）认为：由于他人处在世界中，由于他人在世界中是可见的，由于他人是我的视觉场的一部分，所以，在我是为了我的自我的意义上，他人不是一个自我。[②]由此可见，这些学者认为“他者”是一个与“我者”相对的概念，并且都是各自独立的，需要站在“我者”的视角上对于“他者”进行再认识。

在这里，我们是将“他者”视为一个相对于并且独立于“我者”之外的身份概念，是以“他者”形象来反映“我者”。换言之，以他国语言构建他者叙事，展示我者形象，以减少传播障碍，提高国外受众的认同感。从2007年起，《人民日报》（海外版），加强与海外华文媒体合作，相继创办了《日本周刊》《韩国周刊》《英国周刊》《意大利周刊》等，分别使用本国语言在当地发行。比如，荣获第三十届中国新闻奖广播电视作品二等奖的纪录片《一个美国制片人眼中的粤港澳大湾区》，由中国广东广播电视台、澳门有线电视公司、香港有线电视公司，以及美国新线公司联合摄制，美国公共电视台制片人兼主持人，两届艾美奖得主杰弗里·莱曼（Jeffrey Lehmann）和他的摄影团队从广州出发，一路途经了9个城市，从探访神秘昂贵的莞香到体验人工智能技术的便利；从体验中国功夫咏春拳到采访参与港珠澳大桥通行的工作人员，在杰弗里的镜头里，值得记录的不仅有中国蓬勃发展的高精尖科技，还有潜藏在武馆和小巷中的大量中国的民俗风情和传统文化。这部纪录片凸显出粤港澳大湾区独特的竞争力，引导中外观众思考这个世界级湾区的巨大潜力。此外，主持人作为出镜记者的表达方式也使国外观众更容易产生认同感，该片在全美国超过300个城市播出，覆盖整个北美地区3亿人口以及全球27亿观众，而制片人

---

① 胡塞尔. 纯粹现象学通论［M］. 李幼蒸，译. 北京：商务印书馆，1992：93.

② 莫里斯·梅洛-庞蒂. 知觉现象学［M］. 姜志辉，译. 北京：商务印书馆，2001：443.

杰弗里·莱曼也凭借这部纪录片荣获2019年第四十届美国泰利奖纪录片白银奖，这一奖项是全球纪录片和电视节目的最高奖项。又比如，被中宣部《新闻阅评》点赞的第三十一届中国新闻奖二等奖作品《闪耀的平凡》，坚持中国故事国际表达的制作理念，借助两名国际嘉宾的“他者”叙事视角，在理论和文化上探寻共同话语，以弥补“我者”与“他者”的认知沟壑。该纪录片围绕中国在科技创新、环境保护、农业科学、文化传承等多个领域的发展成果，讲述中国人为世界科技文明和人类生存发展作出的努力和贡献，为全球的脱贫攻坚、粮食安全、沙漠治理等难题提供了中国方案和中国智慧。该纪录片不仅在国内取得了良好的社会效果，还登上美国天下卫视、美国中文电视台黄金时段，为外国受众认识真实、全面、立体的中国打开了一扇窗口。[①]又比如，荣获第三十一届中国新闻奖三等奖的融媒体作品《在中国，看Frank打开长三角“盲盒”》，该作品以旅居中国近三十年的英国媒体人Frank的视角，全面展现了长三角区域一体化的发展历程。在叙事线索上，该作品选取深受全球年轻群体喜爱的“盲盒”作为载体，串联各类新闻报道、新闻游戏以及周边玩偶等多样类型的新闻产品，是在重大主题报道的年轻化表达方面进行的一次尝试。此外，该作品采用平民化的叙述视角，以6位长三角人的平凡故事支撑起长三角地区发展成果的宏大主题。在叙事话语上，该作品还融合了文字、视频、H5等多种形式，丰富受众阅读体验，立体化讲述长三角的发展故事。

三、从传播层面讲好中国故事

立足传播层面，讲好中国故事，需要从内部和外部同时推进，增强国际传播能力。

从内部来看，首先需要通过多做现场新闻报道、做好现场新闻报道，破除外国受众群体的刻板印象。一般来说，在语言、习俗与个人经历的多重影响之下，人们头脑中容易形成对外界事物的固定观点或者固定看法，被称之为“刻板印象”。正如前面所述，世界的信息传播秩序是由欧美发达国家构建

---

① 许静，雷跃捷.《闪耀的平凡》：外国人视角的中国故事［J］. 中国广播电视学刊，2021（3）：94-96.

起来的，他们在制作有关发展中国家的新闻报道时，习惯以负面报道为主，着重强调天灾人祸、文明落后等内容，导致外国民众在本国常年累积的负面报道中对发展中国家以及该国人民形成了刻板印象，甚至在认识上存有偏见。如果单纯地依靠媒体的政策宣传和文字报道，很难扭转他们的看法。因此，需要多做现场新闻报道，将镜头呈现作为重要的国际传播路径，让国外受众更加直接、准确、快速地了解整个新闻事件的来龙去脉。比如，荣获第三十届中国新闻奖一等奖的“Fighting Terrorism in Xinjiang”（《中国新疆，反恐前沿》）。该作品为CGTN精心制作的电视新闻纪录片，起因是美国通过所谓《维吾尔人权政策法案》，就涉疆问题加大对华施压。该纪录片真实回顾近30年我国新疆地区饱受暴力恐怖势力、民族分裂势力和宗教极端势力的侵扰，通过公布大量真实视频还原乌鲁木齐“7·5”事件的真实样貌，全面展现新疆各族人民几十年来与“三股势力”的不懈斗争，并进一步揭露暴力恐怖案件的幕后元凶。该纪录片在CGTN各外语频道同步播出，获得多家境外媒体引用及中国大使馆转载，同时相关话题登上微博热搜榜，产生了外宣推动内宣、内宣带动外宣的良好效应，在国内及国际舆论场上都引起了网友的强烈认同，同时也得到了各国人民对中国涉疆政策的肯定。该纪录片改变以往说教色彩浓厚的宣传方式，转而通过公布原始视频来客观呈现暴恐事实，是我国对外传播中的标志性新闻事件，呼吁全世界团结起来，共同应对极端恐怖主义。可见，此类国际报道很好地见证了我国在构建良好传播秩序过程中所作出的努力，将真实的中国形象通过现场新闻报道传向国际社会，让国外的民众看到中国的正面形象，有利于破除他们对中国的刻板印象。从中可以看出，记者深入到新闻事件发生的最前线，通过现场报道更能吸引受众的关注，特别是语言文字、视频画面等直观的象征符号，可以直接作用于民众的刻板印象，从而唤起他们的情感。

其次，增强主动设置议题的能力，抢占国际舆论先机。长期以来的国际传播经验表明，与其注重对西方媒体刻意设置的议题进行回应，倒不如深入挖掘其故意回避的事实，主动设置相关议题，在国际传播中发出迥异于西方媒体的声音，及时发出中国声音，既能跟得上国际热点，也能获得国际民众关注。主动设置报道议题，有助于抢占舆论先机，从而将舆论主动权掌握在自己手中。如此一来，不仅能够有效地避免西方某些别有用心的媒体恶意中伤、损毁国家形象，也能够有效地避免在国际舆论场上陷入被动困境。荣获第三十一届中国新闻奖二等奖的“Novel Experience”(《中外携手战疫情》)系列报道，是由《中国日报》在2020年刊发，该报道于2020年1月底开始策划，自2月上旬正式推出，至年底截稿，共包含37篇文章，受访者遍布全国。在受访者中，既有坚守武汉、服务病患的法国医生，也有生活在海南、坚持捐献“熊猫血”的哈萨克斯坦小伙，有在江苏积极复工复产的俄罗斯企业家，也有主动在社交平台为中国发声的美国人等。该系列报道在报纸上刊登的同时，还以视频等形式在中国日报网、客户端、国内外社交平台上推出，受到海内外高度关注。其中专访美国作家马意骏（Mario Cavolo）的文章，有效批驳西方抹黑中国言论，被美联社等海外主流媒体转引152频次，全球传播量超3000万，相关视频也被各媒体转发，全球传播量超1500万，评论超1万条。在华外国人群体，多为长期在中国生活和工作的“中国通”，他们的亲身经历和言论观点对外国读者具有天然的可信度。通过集中讲述他们参与和见证中国人民抗击新冠肺炎疫情伟大斗争的故事，借用“外嘴”向国际社会有力地展现了中国抗疫的历程与成就，分享了中国抗疫的经验，有效批驳了一些西方国家对我国恶意攻击抹黑的行径，维护了国家利益。相关报道引起海外广泛关注和强烈共鸣，是我国外宣媒体积极作为、掌握对外报道主动权的又一典型范例。

从外部来看，首先要善于用好外国媒体，在国际社会上争取到更多地支持。在国际传播中，经常会遇到事实被任意扭曲甚至故意歪曲的情况，致使外界形成误解、曲解等，这时可以借助国外的多种传播渠道，对一切污蔑、抹黑国家形象的不当言论及时予以反击，向国际社会传递正确的价值理念。2018年7月31日，中国驻墨西哥大使和驻立陶宛大使分别在国外主流媒体上发表署名文章，就外界关于中国与他国开展国际合作提出的质疑进行了正式答复，并且向合作国的民众表达了开展合作的美好愿景，在国际社会上起到了良好的传播效果。一篇文章是中国驻墨西哥大使邱小琪在墨西哥的《千年报》上发表的，题目是《金砖合作开启第二个“黄金十年”》，文章回首过去展望未来，从坚持合作共赢，建设开放经济；坚持创新引领，把握发展机遇；坚持包容普惠，造福各国人民；坚持多边主义，完善全球治理等多个方面，明确提出金砖合作是顺势而为，前景光明。另一篇文章是中国驻立陶宛大使申知非在立陶宛的《立陶宛晨报》上发表的，题目是《风好正扬帆，合作恰逢时》，文章鲜明指出“16+1合作”绝不是分化欧洲的地缘政治工具，而是中国与中东欧16国双边关系以及中欧全面战略伙伴关系重要组成部分和有益补充。可见，借助国外主流媒体发声，具有较强的操作性，不仅能够产生较强的国际影响力，也有助于更好地树立国家形象。

其次，善于用好国外新媒体意见领袖，提升光环效应。在国内，讲好新闻故事需要通过网红、网络名人与网络大V等多个群体，向社会传递正能量，增强人民群众的凝聚力。在国外，讲好中国故事同样需要借用国外的网络平台，比如，Facebook、YouTube、Twitter、Instagram、Linkedin等，及时把中国的方方面面传递给国际社会，让国外受众们能够快速了解真实的中国。在国际传播过程中，网络意见领袖们拥有庞大的粉丝群体，他们的传播层次多样、范围广泛，并且能够产生独特的光环效应。从事国际传播事业，理应重视国外网络意见领袖们的力量，引导他们客观真实地传播相关信息，同时要对一切恶意损害国家形象的失实信息进行正面回应，正确引领国际舆论的发展趋势。比如《美国小哥丝路奇遇记》，在2019年第二届“一带一路”国际合作高峰论坛即将开幕之时，美国记者科林重走古代丝绸之路，去敦煌寻找中西文化交融的历史印记。视频中科林进入阳关，展示亲身体验丝绸之路出关仪式的全过程，通过身体实践的表达吸引公众对“一带一路”的关注。可见，外籍记者的身份能够起到借船出海、借筒发声的效应，影响国际舆论秩序，提升国际传播效果，实现传播效益最大化。

四、讲好中国故事需要注意的几个问题

首先，需要多使用暗示结论，少使用明示结论，增强国际新闻报道的客观性和真实性。一般情况下，在新闻报道中使用明示结论能让观点更加鲜明，从而帮助受众理解传播者的立场，同时由于宣传意图过于明显，可能会使报道略显生硬，也可能会降低报道在受众心中的真实性。在国际传播中也是如此，如果进行过于直白的宣传，或者透露出较为浓厚的主观色彩，或者过于直观地表明传播者的观点等，不但很难取得良好的传播效果，可能还会导致国外受众对媒体的公信力产生怀疑。比如，在国际报道中，使用明示结论容易受到一些境外媒体的恶意揣测，散布不实信息，造成负面影响。因此，在复杂的国际舆论环境中，想要讲好中国故事，确保其实效性，信息传达务必力求客观，要少使用明示结论，多使用暗示结论。相比明示结论，暗示结论是将观点寓于材料之中，需要受众根据材料自行深入理解，在潜移默化中接受传播者的意见。

比如，荣获第三十一届中国新闻奖国际传播一等奖的《“近观中国”之“大变局·中国治”》系列报道，为了最大程度上削减国际社会的“理解赤字”，该报道选取了2020年受到外界高度关注的一系列重大事件，讲明中国理念主张、讲清中国行为逻辑，面对中国在大变局中“怎么说、怎么做、怎么想”的外部关切予以了回答。该报道以外界观察中国的视角叙事，致力于与外部对话、沟通，有意识地构建起与外界的勾连，实现中国故事国际表达以及中国叙事对外解码，凸显了中国对世界的善意、诚意和关切。[①]

其次，既要诉诸理性，也要诉诸感性。讲故事就是讲事实、讲形象、讲情感、讲道理，讲事实才能说服人，讲形象才能打动人，讲情感才能感染人，讲道理才能影响人。[②]在国际新闻报道中，不仅要诉诸理性，也要诉诸感性，从而实现良好的传播与说服效果。比如，对于重大国际问题需要表达观点时，需要诉诸理性。由中华环保联合会制作的纪录片《气候大会之旅》在2019年联合国气候变化大会的“中国角”播出，这部纪录片穿插历届联合国气候变化大会珍贵的影像资料，以《联合国气候变化框架条约》从难以执行到逐渐完善的发展历程为背景，以中国从事应对气候变化工作的研究者、青年领袖、企业家等的讲述为线索，展现了中国民间机构在应对气候变化方面做出的探索和努力。与此同时，融入中国专家对气候变化议题的分析，增强了纪录片的权威性。这部纪录片取得了良好的社会效应，在描绘中国各方组织携手应对气候变化图景的同时，对于呼吁联合国成员国重视气候变化带来的挑战，形成全球治理的局面具有积极意义。又比如，参与国际事务时，要发表自己的观点、讲好中国故事，需要诉诸感性。荣获第三十一届中国新闻奖国际传播二等奖的电视新闻专题《沙县小吃“安家”葡萄牙》，作为中餐代言人同时也是全球最大的快餐连锁品牌，“沙县小吃”素有中国传统美食的“活化石”之称。这个来自中国的传统街头小吃如今从沙县俞邦村来到了葡萄牙波尔图，主人公的女儿以自拍自述的方式，记录了新冠肺炎疫情防控期间父亲的沙县小吃在当地政策支持和鼓励下一步步“安家”葡萄牙的故事，将观众拉进她的视角，沉浸式体验小吃店的日常营业情景。以小吃为媒，这些传统美食不仅促进了中葡两国人民的文化

---

① 郭金超．让世界读懂中国——以中新社“大变局·中国治”系列报道为例［J］．新闻战线，2021（23）：31-34.

② 文建．把握国际话语权 有效传播中国声音——习近平外宣工作思路理念探析［J］．中国记者，2016（4）：35-37.

交流与文化传播，同时也是近些年中国在文化贸易方面发展的一个方向。这是一个“一带一路”倡议背景下的“小人物”身上发生的故事，该专题新闻在华人头条APP休闲频道、葡萄牙站点“食在葡国”等频道上线，并在全球70个国家和地区的140多个站点进行全网传播，实现了中国故事国际化表达的良好传播效果。

最后，需要用好一面提示和两面提示的传播技巧，处理好报道的平衡问题。在信息传递过程中，传播者经常受到情感因素的影响，不可避免地带有倾向性。为了确保观点顺利抵达受众，传播者会采用一些传播技巧，对受众进行观点提示。具体到国际传播过程中，可以运用一面提示和两面提示的传播技巧。所谓一面提示，只向受众提示于己有利的观点，虽然能阐明传播者的观点，但容易让受众产生逆反心理。所谓两面提示，不仅提示于己有利的观点，也提示对方的观点，给人一种公平感，从而能帮助受众消除心理反感。我国一直以来致力于构建国际信息传播新秩序，需要在国际传播中多使用两面提示的传播技巧，给传受双方营造公平感，保障国际报道尽可能地平衡。比如，荣获第三十一届中国新闻奖二等奖的作品《小朋友们传递中意友谊》，该报道主要讲述了中国宋庆龄基金会幼教中心和意大利佩斯卡拉市的师生们通过网络携手战疫的故事。在全球新冠肺炎疫情暴发、各国共同抗疫的关键时刻，中意两国的小朋友们互致慰问，分享防疫知识以及居家防疫经验，共度艰难时刻，期盼春暖花开，抗疫胜利。《经济日报》记者专访了意大利佩斯卡拉市的小朋友们、佩斯卡拉市市长以及意大利阿布鲁佐大区文化交流中心的董事长，以文字、图片、视频等多种形式来讲述这个美好故事，在报纸、海外社交账号、微信、微博等多个平台进行内容推送，并且依据各分发平台的不同特色对新闻产品进行改进，比如，官方微信头条图文报道《中国孩子的一封信感动了意大利的一座城》、通讯《中意儿童鸿雁传书：我们是同一座花园里的花朵》等，在Face book、Twitter等平台也进行了转载。该报道以平等包容的姿态进行内容传播，引起了不同国家与文化之间的共情，呼吁全世界共同抗击新冠肺炎疫情。中意小朋友之间的友好交流互动，促进了中意两国人民的友谊，也激起了全世界人民战胜疫情的信心与决心。

思考题

1. 讲好中国故事的重要意义是什么？
2. 讲好中国故事面临着哪些挑战？
3. 中国文化精神的核心要义是什么？
4. 讲好中国故事需要注意哪些问题？
5. 请列举一两个讲好中国故事的案例，分析其在国际传播中的具体策略。

后记

我与国际传播的缘分始于2011年，那年我考入了中国传媒大学传播研究院的国际新闻学专业，师从何崇元先生，他当时担任人民日报社副社长，在国内创办过“两报一刊”：1993年创办了《环球时报》，2003年创办了《生命时报》，2006年创办了《环球人物》杂志。

我在上学期间，跟随导师致力于探索国际传播学，曾经在中国香港浸会大学、马来西亚理科大学和泰国朱拉隆功大学等多所高校参加国际学术会议，在新加坡南洋理工大学参加学术交流，在泰国玛希隆大学参加暑期访学。近年来，我坚持科研与教学相结合，并且以科研成果反哺教学。科研上，撰写的著作《媒介叙事：环球人物和时代周刊新闻话语研究》获得第十届河北省社会科学基金项目优秀成果二等奖；撰写的英文论文“Improve Emergency Reports to Enhance Media Soft Power”获得教育部高等学校新闻学科教学指导委员会主办的第二届全国新闻学青年学者优秀学术成果奖；翻译的德国不莱梅雅各布斯大学彼得·鲁德斯（Peter Ludes）教授的英文论文“Updating Marx’s Concept of Alternative”（《马克思的“可替代性”概念之更新》），被收录于《马克思归来（上下卷）》，该丛书由瑞典的大众传播学者克里斯蒂安·福克斯（Christian Fuchs）和加拿大的传播政治经济学家文特森·莫斯可（Vincent Mosco）主编，2016年由华东师范大学出版社出版。教学上，获得第六届西浦全国大学教学创新大赛三等奖、河北省教师教育教学信息化大赛二等奖、河北大学线上教学优秀课堂一等奖、ISW（Instructional Skills Workshop，教学技能工作坊）国际认证资格，被聘任为智慧树高等教育研究院特聘专家等。

博士毕业后，我回到河北大学新闻传播学院继续任教，于2014年针对新闻学专业的本科生开设了国际传播课程。正是从那时起，我国以自信开放的姿态融入全球一体化的时代潮流，在国际社会上的地位明显上升。特别是党的十八大以来，我国大力推进国际传播能力建设，已经初步构建起多主体、立体式的大外宣格局。2021年5月31日，习近平总书记主持中共中央政治局集体学习时强调：讲好中国故事，传播好中国声音，展示真实、立体、全面的中国，是加强我国国际传播能力建设的重要任务。

本书以此作为切入点展开研究，注重理论与实践相结合。从理论层面，我们对国际传播的主体、内容、手段、效果和受众等进行了详细分析，探索国际传播活动的特殊规律；从实践层面，我们对近年来中国的国际传播活动进行了深入探讨，包括国际传播中“人类命运共同体”对外话语的构建、国际传播中加快构建中国话语和中国叙事体系、国际传播与讲好中国故事等，以期为我国的国际传播事业提供有益的参考。

感谢我所在的河北大学新闻传播学院为我撰写《国际传播》提供了大力支持！感谢河北大学“战略传播与中国智慧创新团队”对本书出版的大力支持！感谢青海师范大学对本书出版的大力支持！感谢我的父母，他们多年来一直关注国际时事，给了我许多灵感和启发！感谢我的博士生导师何崇元先生，他为我提供了在人民日报社与《环球人物》杂志社实习的机会，使我能够近距离接触并且参与到国际新闻报道工作中去，积累了许多经验！感谢我的硕士研究生焦飞越、郭可欣、雷江琳、葛佳悦、王纯、王可欣、叶君楠、胡诗月等，她们帮我收集整理了很多的新闻案例、文献资料等！

和曼

2023年5月于河北大学